UTB 2599

Eine Arbeitsgemeinschaft der Verlage

Beltz Verlag Weinheim · Basel
Böhlau Verlag Köln · Weimar · Wien
Wilhelm Fink Verlag München
A. Francke Verlag Tübingen und Basel
Haupt Verlag Bern · Stuttgart · Wien
Lucius & Lucius Verlagsgesellschaft Stuttgart
Mohr Siebeck Tübingen
C. F. Müller Verlag Heidelberg
Ernst Reinhardt Verlag München und Basel
Ferdinand Schöningh Verlag Paderborn · München · Wien · Zürich
Eugen Ulmer Verlag Stuttgart
UVK Verlagsgesellschaft Konstanz
Vandenhoeck & Ruprecht Göttingen
Verlag Recht und Wirtschaft Frankfurt am Main
VS Verlag für Sozialwissenschaften Wiesbaden
WUV Facultas Wien

*Professor Robert Hanhart
sowie der Belegschaft und den Studenten
des Septuaginta-Unternehmens in Göttingen
gewidmet.*

Kirstin De Troyer

Die Septuaginta und die Endgestalt des Alten Testaments

Untersuchungen zur Entstehungsgeschichte alttestamentlicher Texte

Übersetzt aus dem Amerikanischen
von Gesine Schenke Robinson

Vandenhoeck & Ruprecht

Dr. theol. Kristin De Troyer ist Professorin für Altes Testament an der Claremont School of Theology, Universität Claremont, Kalifornien.

Zu ihren wichtigsten Publikationen gehören: Het einde van de Alpha-tekst van Ester, Löwen 1997; The End of the Alpha-Text of Esther. Translation Technique and Narrative Technique in MT-LXX 8.1–17 and AT 7.14–41, Atlanta 2000; Ester, 's-Hertogenbosch 2003, ²2004; Rewriting the Sacred Text. What the Old Greek Texts Tell Us about the Literary Development of the Bible, Atlanta 2003; zusammen mit Lange, Armin/Ego, Beate/Lichtenberger, Hermann: Twelve Minor Prophets (Biblia Qumranica, 3B), Leiden 2004; Joshua (Papyri Graecae Schøyen, I; Papyrologica Florentina, XXXV-Manuscripts in the Schøyen Collection, V), Florenz 2005.

Übersetzung von *Rewriting the Sacred Text*, Atlanta/Leiden 2003.

Mit 17 Abbildungen

Bibliografische Information der Deutschen Bibliothek

Die Deutsche Bibliothek verzeichnet diese Publikation in der Deutschen Nationalbiografie; detaillierte bibliografische Daten sind im Internet über <http://dnb.ddb.de> abrufbar.

ISBN 3-8252-2599-2 (UTB)
ISBN 3-525-03606-X (Vandenhoeck & Ruprecht)

© 2005 Vandenhoeck & Ruprecht GmbH & Co. KG, Göttingen
Internet: www.v-r.de
Alle Rechte vorbehalten. Das Werk einschließlich seiner Teile ist urheberrechtlich geschützt. Jede Verwertung außerhalb der engen Grenzen des Urheberrechtsgesetzes ist ohne Zustimmung des Verlages unzulässig und strafbar. Das gilt insbesondere für Vervielfältigungen, Übersetzungen, Mikroverfilmungen und die Einspeisung und Verarbeitung in elektronischen Systemen. – Printed in Germany.

Umschlaggestaltung: Atelier Reichert, Stuttgart
Satz: Satzspiegel, Nörten-Hardenberg
Druck und Bindung: Hubert & Co., Göttingen

ISBN 3-8252-2599-2 (**UTB-Bestellnummer**)

Inhalt

Vorwort 7

Einleitung 9

Kapitel I:
Ein umgeschriebener hebräischer Bibeltext:
Über die Hilfe Gottes im altgriechischen Estherbuch 26

Kapitel II:
Ein prä-masoretischer Bibeltext:
Die letzte Bearbeitung eines alten Josuabuches 49

Kapitel III:
Ein umgeschriebener griechischer Bibeltext:
Das letzte Kapitel des Alpha-Textes von Esther 84

Kapitel IV:
Eine verlorene hebräische Vorlage?
Ein näherer Blick auf den Tempelbauer im 3. Esdras 121

Ergebnisse 161

Anhang

Abbildungen 164

Abbildungsnachweis 185

Literaturverzeichnis 188
1. Textausgaben und Kommentare 188
2. Monografien 192
3. Artikel 195

Register 201
Stichwortverzeichnis 201
Autorenverzeichnis 203
Zeugenverzeichnis 205

Vorwort

Es ist eine wahre Freude, mein Buch ins Deutsche übersetzt zu sehen, ein Buch, das schließlich in Göttingen geschrieben wurde! Deshalb möchte ich meinen tief empfundenen Dank Dr. Reinhilde Ruprecht gegenüber aussprechen, und ebenso dem Verlagshaus Vandenhoeck & Ruprecht in Göttingen, das ich schon seit langen bewundert habe. Dr. Ruprecht war es, die mich ermutigte, mein englisches Manuskript »Rewriting the Sacred Text. What the Old Greek Texts Tell Us about the Literary Growth of the Bible« einzureichen, und die entschied, es ins Deutsche übersetzen zu lassen. Mein besonderer Dank gilt auch Jörg Persch, einer von solch' weisen Lektoren, die ihre Spur in der wissenschaftlichen Welt hinterlassen. Ferner muss ich noch sagen, dass ich den/die beste(n) aller ÜbersetzerInnen hatte, nämlich meine Freundin und Kollegin Dr. Gesine Schenke Robinson. Da wir sehr nah beieinander wohnen, konnte ich einfach vorbeigehen (mit meinem Sohn David im Kinderwagen) und im Gras sitzend – etwas, das man ja in Südkalifornien das ganze Jahr über machen kann – »Übersetzung abhandeln«. Meinen Dank möchte ich auch Prof. Dr. Heinz-Josef Fabry gegenüber ausdrücken, der die deutsche Übersetzung durchging und nicht nur wertvolle Hinweise gab, sondern mich auch vor einigen tatsächlichen Fehlern bewahrte.

Eine reflektierende Abschlussbemerkung: Bei der Zusammenarbeit mit all diesen weisen doctores fragte ich mich, wer wohl eigentlich die wissenschaftliche Arbeit mehr voranbringt: die doctores, die innerhalb der academia arbeiten, oder jene, die die academia bilden?

Claremont, den 22. April 2005   Kristin De Troyer

Einleitung

In dem vorliegenden Buch geht es darum aufzuzeigen, wie biblische Texte immer wieder umgeschrieben wurden. Dabei wird das Augenmerk besonders auf den altgriechischen Bibeltext gelegt, ein Text, der gemeinhin die »Septuaginta« genannt wird. Was aber ist die Septuaginta?

»Ich dachte immer, dass Wissenschaftler den von Rahlfs publizierten Text meinen, wenn sie über die Septuaginta reden. Das war die Septuaginta, nämlich der eine (feststehende) griechische Text der Bibel.« Diese Bemerkung des Claremonter Doktoranden im Alten Testament, Rabbi J. B. Sachs-Rosen, ist beispielhaft dafür, wie generell über die Septuaginta gedacht wird, denn in der Tat lernt man diese meist erst durch die wohlbekannte, blau eingebundene Ausgabe von Rahlfs kennen.[1] Für die ältere Generation bedeutet Rahlfs: zwei Bände in blauem Leinen; für die jüngeren Forscher: ein handliches Buch in blauem Einband. Die oben wiedergegebene Bemerkung des Studenten macht deutlich, dass der griechische Text der Septuaginta gemeinhin als ein feststehender Text angesehen wird, oder genauer gesagt, dass die gedruckte Fassung der Septuaginta einen unveränderlichen Text wiedergibt.

Um eine Vorstellung davon zu bekommen, was die Septuaginta wirklich ist, müssen mindesten sechs Fragen beantwortet werden: quis? (wer?), quid? (was?), quomodo (wie?), ubi? (wo?), quando (wann?), cur (warum?). Diese Fragen sollen hier in möglichst einfacher Form beantwortet werden. Selbstverständlich gibt es eine Reihe von technischen Handbüchern zur Septuaginta.[2] Dieses Buch soll jedoch den anderen

---

1 A. Rahlfs, Septuaginta. Id est Vetus Testamentum graece iuxta LXX interpretes, Stuttgart 1935, 1979.
2 Die besten Handbücher sind: Emanuel Tov, The Text-critical Use of the Septuagint in Biblical Research. Revised and Enlarged Second Edition (Jerusalem Biblical Studies 8), Jerusalem 1981, ²1997 (abgekürzt: TC/LXX). Dieses Buch kann zusammen mit ders., Textual Criticism of the Hebrew

nicht einfach ein weiteres Handbuch hinzufügen; vielmehr zielt es darauf ab, anhand von vier Texten Perspektiven für die Benutzung des altgriechischen Textes zu eröffnen. Man könnte nun Einspruch erheben und sagen, dass die Septuaginta als ein literarisches Dokument für sich gelesen werden sollte, und nicht als ein Textzeuge und ein Mittel zur Untersuchung des Alten Testaments. Dieser Einwand wäre absolut gerechtfertigt: die Septuaginta ist ein Dokument, das um seiner selbst willen gelesen werden sollte. Sie verschafft aber auch wertvolle Hinweise darüber, wie der griechische Text als ein literarischer Text mit einer bestimmten Textgeschichte gelesen werden kann. Ferner wird sich zeigen, auf welche Weise die Ergebnisse einer Untersuchung der Septuaginta für die Rekonstruktion der Textgeschichte des Alten Testaments fruchtbar gemacht werden können.

Die erste Frage: »Wer schrieb die Septuaginta?«, scheint eine leichte Frage zu sein. Der Brief des Aristeas führt aus, dass 72 Übersetzer für die Übersetzung verantwortlich waren.[3] Er beschreibt, wie auf Geheiß des Königs Ptolemäus II. Philadelphus (283–246 v. u. Z.) eine Delegation – Aristeas eingeschlossen – zu Eleasar, dem Hohen Priester in Jerusalem, gesandt wurde. Ziel der Mission war es, der besten Kopie des jüdischen Gesetzes habhaft zu werden, um es ins Griechische zu übersetzen und diese Übersetzung in der Bibliothek von Alexandria der Verwaltung des Bibliothekars Demetrius zu unterstellen. 72 Personen wurden auserwählt und als Übersetzer mit der wertvollsten Kopie der Gesetzesrolle nach Alexandria geschickt. Auf der Halbinsel Pharos arbeiteten sie jeder für sich an der Übersetzung und erstellten auf wunderhafte Weise einen übereinstimmenden, großartigen Text. Er wurde von der Bibliothek sofort angenommen. Ja, auch die ortsansässigen Juden waren offenbar überaus begeistert von der Übersetzung. Allerdings gibt es in dieser Erzählung eine Menge legendärer Elemente. Wie Mose auf den Berg gesandt wurde, um Gottes Gebote niederzuschreiben, so

---

Bible, Minneapolis 1992, ²2001 (abgekürzt: TC/HB), konsultiert werden. Letztgenanntes Buch gibt Auskünfte über die Zeugen, Editionen und anstehenden Probleme; das erstgenannte ist ein Handbuch zum textkritischen Gebrauch der Septuaginta. Ein neueres Handbuch ist: Natalio Fernández Marcos, The Septuagint in Context. Introduction to the Greek Version of the Bible, Leiden 2000.

3 Zum Aristeasbrief siehe z. B. Meisner, Aristeasbrief (Jüdische Schriften aus hellenistisch-römischer Zeit, Bd. II) Gütersloh, in Vorbereitung.

waren die Übersetzer auf die Halbinsel gesandt, um ihr Werk zu vollbringen. Wie Mose 40 Tage lang auf dem Berg zubrachte, so arbeiteten die 72 Übersetzer 72 Tage lang. Die im Aristeasbrief verwendete Sprache, die beschriebenen Umstände und die wundersame Übereinstimmung der einzelnen Übersetzungen machen den Aristeasbrief zu einer schönen literarischen Fiktion. Immerhin aber bezeugt er die Existenz einer griechischen Bibel – oder zumindest eines griechischen Pentateuchs – im späten 3. oder 2. Jh. v. u. Z.

Unterdessen ist deutlich geworden, dass man im Hinblick auf die Septuaginta nicht nur von einem Verfasser oder Übersetzer sprechen kann. Jedes biblische Buch scheint seinen eigenen Verfasser und Übersetzer gehabt zu haben. Die doppelte Designierung als Verfasser und Übersetzer ist hier übrigens Absicht. In den sonstigen Publikationen werden diese zwei Rollen getrennt. Ich bin jedoch der Meinung, dass jeder Übersetzer auch ein Verfasser war. Wieviel »Verfasserschaft« einer Übersetzung zugesprochen werden kann, ist genau das Problem, mit dem sich das hier vorliegende Buch auseinander setzen wird. Eine letzte Bemerkung zu der Frage: Wer schrieb die Septuaginta? »Septuaginta« ist die lateinische Zahl 70. Die »70« wiederum kann als eine Abkürzung der »72« angesehen werden. Man kann in den »70« aber auch symbolisch eine Anspielung auf die 70 Ältesten sehen, die dabei waren, als Mose die Worte Gottes niederschrieb.

Was genau ist die Septuaginta? Es ist üblich geworden, zu unterscheiden zwischen der Septuaginta als einer Kollektion von Büchern in der griechischen Bibel und dem Werk, das die Übersetzer als Übersetzung eines anderen Buches erstellt hatten: dem altgriechischen Text. Genauer gesagt, man spricht von den altgriechischen Proverbien oder dem altgriechischen Samuel, um anzuzeigen, dass es sich um den rekonstruierten altgriechischen Text handelt, wie er ursprünglich aus der hebräischen Vorlage übersetzt wurde. »Der« altgriechische Septuagintatext selbst ist nämlich gar nicht mehr als originale altgriechische Rolle vorhanden. Vielmehr handelt es sich um einen rekonstruierten Text, hergestellt aus Textelementen einer Reihe von Zeugen. Die Ausgabe von Rahlfs z. B. fußt vor allem auf dem Codex Vaticanus aus dem 4. Jh. u. Z. Wo sie dem Codex Vaticanus nicht folgt, stammen die Lesungen aus dem Codex Sinaiticus und dem Codex Alexandrinus. Diese Methode der Herstellung eines Textes – nämlich der Auswahl verschiedener Textelemente aus einer Vielfalt von Zeugen, immer in der Hoffnung, dass dieser Text dann dem altgriechischen Text, wie er aus der Feder der Übersetzer floss, möglichst ähnlich ist – ist eine Methode, mit der angehende Erforscher des Alten Testaments gemeinhin nur wenig vertraut sind. Für den hebräischen Text ist es üblich, ihn so zu übernehmen, wie er vor allem von dem Codex Leningradensis geboten wird – oder im Falle der *editio major* der Hebrew University, der Codex Aleppo – und damit einen diplomatischen Abdruck des jeweiligen hebräischen Textes zu publizieren.[4] Die *editio major* der Septuaginta dagegen ist ein eklektischer Text.

Welche Bücher gehören zur Septuaginta (siehe Abb. 1)? Ist die Septuaginta mit dem Kanon der römisch-katholischen Kirche identisch? Nein, denn Psalm 151 findet sich in der Ausgabe von Rahlfs, nicht aber im römisch-katholischen Kanon. Ähnlich verhält es sich mit 3. Esdras (= Esdrae I). Allerdings ist 3. Esdras sowohl Teil der griechischen (siehe Abb. 1, Esdrae I) als auch der slawischen Bibel. Enthält die Septuaginta alle Bücher, die sich im Codex Vaticanus finden? Ja, alle Bücher der Septuaginta kommen vom Codex Vaticanus – abgesehen von einigen Lakunen in Genesis, 2. Könige und den Psalmen –, mit Ausnahme der Makkabäerbücher und des Gebets des Manasse. Die Bestimmung des genauen Inhalts der Septuaginta ist schwierig. Der Verweis auf einen alexandrinischen oder palästinensischen Kanon löst noch nicht das Problem, besonders da die Entdeckungen in der judäischen Wüste (und der Cairo Geniza) Kopien von Büchern ans Tageslicht brachten, die bisher nur in Griechisch bekannt waren (wie Jesus Sirach) und die ursprünglich als zum alexandrinischen Kanon gehörig angesehen wurden, nicht zum palästinensischen. Welche Bücher sind nun in dem Kanon? Allgemein wird anerkannt, dass der Pentateuch und die Propheten Teil des Alten Testaments waren; Schwierigkeiten bereiten die Schriften. Es ist immer noch nicht klar, welche Bücher über die Psalmen hinaus zum hebräischen Kanon gehörten. Wenn aber schon dieser Sachverhalt unklar ist, wie kann man dann eine endgültige Liste des so genannten Alexandrinischen Kanons herstellen? Überhaupt ist das ganze Konzept eines Kanons eine schwierige Angelegenheit. Gab es wirklich ein Konzil, das über eine Liste von Büchern abstimmte? Oder ist das Konzil von Jabne/Jamnia (ca. 90 u. Z.) auch nur eine Legende?

---

4   Es gibt ein Projekt, *The Oxford Hebrew Bible Project*, unter R. Hendel von der *University of California*, San Francisco, das ebenfalls einen eklektischen Text, also einen aus einer Menge von Zeugen ausgewählten Text für die hebräische Bibel rekonstruieren will.

Schwierig zu beschreiben ist ferner, wie der Prozess des Übersetzens des Alten Testaments vor sich ging. Die technischen Studien der Schule von Helsinki geben die genaue Art der Übersetzungstechniken an, die für die verschiedenen biblischen Büchern angewendet wurden. Die Ergebnisse dieser Schule können als exakte Beschreibung dessen gelesen werden, wie besonders grammatische Elemente und syntaktische Konstruktionen übersetzt wurden. Andere Gelehrte haben sich mit der lexikalischen Dimension des Übersetzungsprojekts herumgeschlagen. Manche nahmen an, dass der Pentateuch als eine Art Wörterbuch für spätere Übersetzer gedient haben könnte.

Warum die Septuaginta überhaupt entstand, wurde mit der Zusammenfassung des Aristeasbriefes schon angesprochen. Doch warum die Septuaginta wirklich entstand, ist schwer nachzuvollziehen. Verwiesen wurde darauf, dass die alexandrinische Gemeinde sicher eine muttersprachliche Bibel brauchte. Allerdings scheint dieser Wunsch nach einer griechischen Bibel auch in Judäa vorhanden gewesen zu sein. Wiederum sind es die Entdeckungen in der judäischen Wüste, die unsere Vorstellungen hier revidiert haben, denn unter diesen befanden sich ebenfalls griechisch geschriebene Rollen.

In späterer Zeit übernahmen auch Christen die Septuaginta als ihre Bibel. Ja, die Septuaginta wurde für Juden und Christen gleichermaßen Mittel zum Zweck in der eher apologetischen Debatte um den genauen Wortlaut biblischer Passagen – es ist immerhin doch wichtig zu wissen, ob Jesaja 7,14 nun auf eine Jungfrau verweist oder nicht. Sowohl von den apologetischen Debatten als auch durch die Entdeckungen der Schriftrollen in der judäischen Wüste haben wir gelernt, dass der Prozess des Revidierens des altgriechischen Textes schon sehr früh eingesetzt hatte[5] – es scheint offenbar immer so zu sein, dass von dem Moment an, wo eine Bibel veröffentlicht ist, eine Revision nötig wird. Sowohl jüdische als auch christliche Gelehrte unternehmen Revisionen und Rezensionen[6] griechischer Texte. Was solche Revisionen mit sich brachten, ist ebenfalls Gegenstand des vorliegenden Buches.

---

5 Siehe z. B. Emanuel Tov, The Greek Minor Prophets Scroll from Naḥal Ḥever (8ḤevXIIGr): The Seiyâl Collection I, DJD 8, Oxford 1990; Dominique Barthélemy, Les devanciers d'Aquila. VT.S 10, Leiden 1963.
6 Hier wird zwischen Revision und Rezension unterschieden, wobei sich der Begriff »Rezension« auf Korrekturen eines griechischen Textes auf einen (anderen oder veränderten) hebräischen Text hin bezieht, während

Eine andere fortlaufende Diskussion dreht sich um die alttestamentlichen Zitate im Neuen Testament. Vielfach wird angenommen, die Verfasser der Evangelien hätten die Bibel auf Griechisch zitiert. Wie kann man dann die Unterschiede zwischen den Zitaten im Neuen Testament und dem Text der Septuaginta erklären? Vieles aus den Debatten der Kirchenväter kann man nur verstehen, wenn man die griechische Bibel im Blick hat. Die Septuaginta blieb die Bibel der Christen, bis Hieronymus mit seinem standardisierten lateinischen Text, der Vulgata, auf den Plan trat. Die Juden waren zu dieser Zeit – wenn nicht früher – bereits dazu übergegangen, den hebräischen Text der Bibel auf Aramäisch zu lesen und zu kommentieren.

Die Legende des Aristeasbriefes versetzt die Entstehung der Septuaginta nach Alexandria, obgleich gestützt auf Material – nämlich auf den Text des kostbaren Pentateuchs und die Zusammenarbeit der 72 Übersetzer – aus Jerusalem. Genauer gesagt, die Legende verankert die Herkunft der Septuaginta im 3. Jh. v. u. Z., in der Mitte der hellenistischen Zeit. Die hellenistische Epoche scheint allerdings eher Neutestamentler oder bestenfalls eine Minderheit von Alttestamentlern zu interessieren. Gerade die Geschichte der letzten Jahrhunderte vor der Zeitenwende ist jedoch für das Verständnis sowohl der späteren rabbinischen als auch der frühen christlichen Literatur entscheidend.

Die Geschichte und das Umfeld der hellenistischen Epoche bilden auch den intellektuellen Hintergrund für das Verständnis der unglaublich herausfordernden Umstände hinsichtlich der jüdischen Identität. In der hellenistischen Zeit mussten die Juden ihre Identität im Verhältnis zu den Griechen und deren Art des Lebens und Denkens neu bestimmen. Obgleich zeitliches Umfeld und Umstände des Exils wohl in ähnlicher Weise wirkten – die Juden mussten ihre Identität ja auch im Verhältnis zu den Neubabyloniern und Persern neu bestimmen –, war die prekäre Lage der Juden in der hellenistischen Zeit ganz anders. Während die Exilgemeinde in der exilischen Zeit ihre Identität fern von ihrem Land, ihrem (zerstörten) Tempel und ihrer Sozialordnung überdenken musste, vollzog sich die Neuorientierung der Juden des 2. Jh. innerhalb ihres eigenen, aber von Fremden regierten Landes, angesichts eines Tempels unter (manchmal) fraglicher Leitung, sowie unter völlig neuen so-

---

der Begriff »Revision« andere Formen von Veränderungen umschließt, wie etwa Verbesserungen der griechischen Sprache.

zialen Lebensbedingungen. In exilischer und nachexilischer Zeit entstand eine Spaltung zwischen den Exiljuden und denen, die zurückgeblieben waren. Im 2. Jh. v. u. Z. gab es einen Unterschied zwischen denen, die es vorzogen, in einer inneren Diaspora, also als Juden abgeschlossen von anderen, ohne nähere Beziehung zu den Griechen zu leben, und denen, die in der neuen Welt und Kultur »zu Hause« waren. Allerdings waren beide Gruppen mit dem wachsenden Einfluss der griechisch-hellenistischen Kultur konfrontiert.

Schließlich – und am wichtigsten für dieses Buch – ist die Tatsache, dass sich die Endredaktion (einiger) biblischer Bücher während der hellenistischen Epoche vollzog. Die Geschichte und die Umstände der hellenistischen Zeit sind daher auch für das Verständnis der letzten Redaktion des biblischen Textes von Bedeutung. Das vorliegende Buch will zeigen, wie man die Spuren der letzten Redaktion (einiger) biblischer Bücher verfolgen kann.

Die oben angeschnittenen Fragen drehten sich um »die Septuaginta«, den altgriechischen Bibeltext. Wie bereits gesagt, gibt es keine Kopie eines altgriechischen Textes, der direkt von den Übersetzern herrührt. Ein solcher Text muss daher mithilfe von späteren Textzeugen rekonstruiert werden. Diese Rekonstruktion des altgriechischen Textes, sowie eine genaue Beschreibung der Zeugen – einschließlich einer Beschreibung des »Stammbaums« von Zeugen –, kann man in der *editio major* der Septuaginta finden, nämlich *Die Septuaginta, vetus testamentum graecum*, herausgegeben von der *Academiae Scientarum Gottingensis*.[7] Der oben auf der Seite abgedruckte Text ist der rekonstruierte Text; der unten abgedruckte Apparat bietet alle Varianten samt ihrer Zeugen zu dem eklektischen Text.[8] Der Apparat kann als Legitimation des gewählten Textes angesehen werden; er kann aber auch zur Rekonstruktion der Textgeschichte des jeweiligen Textes benutzt werden. Das vorliegende Buch wird Beispiele für die Verwendung des Apparats geben, aber auch viele Elemente und Gesichtspunkte der Textgeschichte behandeln, be-

---

7   Publiziert von Vandenhoeck & Ruprecht, Göttingen.
8   Über dem Apparat findet sich eine Liste von Zeugen, die für die Rekonstruktion verwendet wurden. Darüber hinaus enthalten einige Bände einen zweiten Apparat (abgedruckt unter dem ersten) mit allen Zeugen der frühen jüdischen Rezensionen.

sonders einiger Revisionen und Rezensionen. Damit soll der Leser von der Vertrautheit mit der blauen Rahlfsausgabe zu einem bestimmten Grad der Vertrautheit und Kompetenz im Umgang mit den roten Septuagintabänden der Göttinger Edition geführt werden.

Wie einleitend gesagt wurde, geht es in dem vorliegenden Buch darum aufzuzeigen, wie biblische Texte immer wieder umgeschrieben wurden. Tatsächlich sind seit der ersten Niederschrift von Wörtern, die später zur Heiligen Schrift wurden, biblische Texte immer wieder von Gläubigen neu bearbeitet und umgeschrieben worden. Bibelforscher sprechen von unterschiedlichen Versionen oder Abfassungen, um deutlich zu machen, dass es sich um den gleichen biblischen Text handelt, nicht aber um identischen Wortlaut. Das bedeutet, dass der biblische Text, genauer gesagt, der kanonische biblische Text, auf wiederholt bearbeitetem, umgeschriebenem Text beruht. Die deuterokanonischen Bücher (oder apokryphen Bücher) waren ebenfalls wiederholter Neufassung ausgesetzt. Von einem Text als von einer Version eines anderen Textes zu reden, resultiert jedoch in einer Aufspaltung zwischen biblischem und nicht-biblischem Text, zwischen einem Text, der bearbeitet wird – der Quelle – und dem bearbeiteten Text selbst – dem (neuen) Produkt. Das ist m. E. eine falsche Aufspaltung, denn der biblische Text selbst ist oft nichts anderes als ein wieder und wieder bearbeiteter und umgeschriebener Text.

Der biblische Text ist das Ergebnis eines fortlaufenden redaktionellen Prozesses. Die von einer Person, Gruppe oder Schule verfasste Literatur wurde immer wieder neu gelesen und neu abgefasst von späteren Lesern und Autoren. Als Beispiel sei das Jesajabuch[9] genannt. Es ist allgemein bekannt, dass die »extensive redactional activity . . . expanded the earliest forms of the oracles of Isaiah ben Amoz into a sixty-six-chapter book that contains the work of prophetic writers from the preexilic, exilic and postexilic periods, and presents a theological interpretation of some four hundred years of Judean historical experience and expectations for the future.«[10] Die Auffassungen der einen Person oder Gruppe mögen von späteren Lesern oder Autoren entweder geteilt oder nicht geteilt und

---

9   Dieser gesamte Abschnitt – einschließlich des Beispiels – stützt sich sehr stark auf Marvin Sweeney, ein Kollege der *Claremont School of Theology* und *School of Religion* der *Claremont Graduate University*.
10 Marvin Sweeney, King Josiah of Judah: The Lost Messiah of Israel, Oxford 2001, 234.

daher immer wieder anders interpretiert und neu übermittelt worden sein.[11] Marvin Sweeney führt z. B. aus, dass die josianische Edition des Jesajabuches eine Kombination von Material repräsentiert, »that stem from the eighth-century prophet Isaiah ben Amoz and materials that were composed specifically for the seventh- century edition of the book.«[12] Der Zweck des Materials aus dem 7. Jh. ist zweifach: Einmal macht es die josianische Absicht deutlich, zum anderen formt es das überlieferte Material so, dass es im historischen Kontext von Josia und seiner hermeneutischen Perspektive gelesen werden kann.[13]

Das Deuteronomistische Geschichtswerk (DtrG) bietet ein weiteres Beispiel für die weit reichende redaktionelle Bearbeitung eines biblischen Textes. Die gegenwärtige Form des DtrG stammt aus der Zeit des Exils und erklärt das Phänomen des Exils als Reaktion Gottes auf die Verfehlung des Königs Manasse. Die Sünden hätten Gott veranlasst, Jerusalem und Juda zu zerstören.[14] Eine frühere Abfassung des DtrG stammt aus der Zeit des Königs Josia und stellt diesen als idealen König dar.[15] Eine noch frühere Form war während der Herrschaft des Hiskia entstanden. Diese Version zeigt das Haus Davids als den rechtmäßigen Herrscher Israels, ja legt vielleicht sogar nahe, dass auch über den Norden ein davidischer König herrschen sollte.[16] Sweeney verweist letztendlich auch auf das Deuteronomium selbst, ein Buch, das die Ziele und Vorstellungen des DtrG ergänzt.[17]

Die Analysen des Jesajabuches und des literarischen DtrG zeigen, dass der hinter der Entwicklung der biblischen Texte stehende redaktionelle Prozess nichts anderes ist als ein Neulesen und Neuschreiben dieser Texte.

Der Prozess des Neulesens und Neuschreibens setzt sich dann in der auf biblischen Texten fußenden Literatur immer weiter fort. In seinem Kapitel mit dem Titel »The Bible Rewritten and Expanded«[18] untersucht

---

11 Ders., King Josiah of Judah, 235.
12 Ders., King Josiah of Judah, 236.
13 Ders., King Josiah of Judah, 236.
14 Ders., King Josiah of Judah, 315.
15 Ders., King Josiah of Judah, 315.
16 Ders., King Josiah of Judah, 316.
17 Ders., King Josiah of Judah, 316.
18 George W. E. Nickelsburg, The Bible Rewritten and Expanded, in: M. E. Stone (Hg.), Jewish Writings of the Second Temple Period: Apocrypha, Pseudepigrapha, Qumran Sectarian Writings, Philo, Josephus. Compen-

George W. E. Nickelsburg unterschiedliche Arten von umgeschriebenen und erweiterten biblischen Texten, die alle in dieser oder jener Form die Ereignisse der biblischen Geschichte wiedererzählen.[19] Er umreißt auch die Entwicklung der unterschiedlichen Formen nacherzählter Geschichten, ihr literarisches Genre und ihre verschiedenen Funktionen. Schriften wie die *Jubiläen* und das *Genesis Apokryphon* sind Paraphrasen ausgedehnter Teile des Pentateuchs, während die in 1. Henoch 6–11 enthaltene Geschichte eine bestimmte Gruppe von Episoden aus einem kurzen Bibelabschnitt nacherzählt, nämlich die Henoch- und Noah-Traditionen.[20] Das Buch *Biblische Altertümer* ist eine späte Paraphrase, die einen großen Teil des Materials von Genesis bis Samuel umfasst.[21] Nickelsburg verweist auf Erweiterungen, die für viele Paraphrasen typisch sind. Eine spezielle Art der Erweiterung, das Inkorporieren neuen Materials in vorhandene Texte, behandelt er getrennt – und wir werden darauf später zurückkommen.[22] In seiner Behandlung der *Jubiläen* stellt Nickelsburg fest, dass der/die VerfasserIn[23] den biblischen Text oft wörtlich wiedergibt, dass aber auch ausgelassen wird, was nicht brauchbar erscheint. Normalerweise arbeitet er/sie die Erzählung um und fügt Zusätze entsprechend dem eigenem Interesse und der eigenen Absicht hinzu.[24] Die meisten Zusätze scheinen halachischer Natur zu sein; die nicht halachischen Zusätze sind Revisionen, die entweder religiös begründet sind oder der Paränese dienen.[25] Nach Nickelsburg vollzogen sich alle diese redaktionellen Prozesse im 2. Jh. v. u. Z.[26]

Nickelsburg nennt das *Genesis Apokryphon* ein Sammelwerk patriarchischer Erzählungen.[27] Die Schrift *Biblische Altertümer* wurde auf verschiedene Weise bearbeitet. Der/die VerfasserIn fasste kurz zusammen,

---

dia rerum iudaicarum ad Novum Testamentum II: The Literature of the Jewish People in the Period of the Second Temple and the Talmud, Assen/Philadelphia 1984, 89.
19 Ders., The Bible Rewritten.
20 Ders., The Bible Rewritten.
21 Ders., The Bible Rewritten.
22 Ders., The Bible Rewritten, 130ff.
23 Die Bezeichnungen »der/die VerfasserIn« bzw. »er/sie« gehen auf meine eigene Entscheidung zurück.
24 Nickelsburg, The Bible Rewritten, 97.
25 Ders., The Bible Rewritten, 98.
26 Ders., The Bible Rewritten, 101.
27 Ders., The Bible Rewritten, 104.

ließ weg, paraphrasierte, zitierte wörtlich, revidierte radikal, interpolierte Gebete, Reden oder erzählende Erweiterungen, ja fügte sogar ganze Geschichten neu hinzu.[28] Nickelsburg setzt die Abfassung und redaktionelle Bearbeitung dieses Buches unmittelbar vor oder nach dem Fall Jerusalems, 70 u. Z., an.[29] In seiner Behandlung der Beziehung zwischen der Schrift *Leben Adams und Evas* und der *Apokalypse des Mose* spricht er von einem Rezensionsprozess und führt aus, dass die *Apokalypse des Mose* die ursprünglichere Form sei, während das *Leben Adams und Evas* eine Erweiterung des früheren Werkes darstelle.[30] Ferner legt er dar, dass die slawische und armenische Abfassung miteinander verwandt und »intermediate steps in the recensional process« seien.[31] Das Konzept eines Rezensionsprozesses wurde auch von Eugene Ulrich in seiner Behandlung der verschiedenen Formen derselben Passage im Qumrantext festgestellt.[32]

Nach seiner Beschäftigung mit den Schriften, »that interpret biblical stories by retelling and paraphrasing them, often adding new material«,[33] wendet sich Nickelsburg den Erweiterungen biblischer Bücher zu. Diese Erweiterungen definiert er als »blocks of text interpolated into, or added to the form of the biblical books that is known to us in the canonical Hebrew Bible.«[34] Entsprechend klassifiziert er 3. Esdras, Esther, Jeremia und Daniel, aber auch das in dem hebräischen Psalmenbuch von Qumran (11QPs^a) erhaltene *Lied Davids*, als Erweiterungen. Im Zusammenhang mit seiner Behandlung dieser Erweiterungen macht er eine wichtige Bemerkung: »In this section there is a problem of classification«,[35] und verdeutlicht, dass die meisten der Erweiterungen auch

---

28 Ders., The Bible Rewritten, 107.
29 Ders., The Bible Rewritten, 109.
30 Nickelsburg beschreibt die Verwandtschaft der beiden Schriften mit größerer Präzision: ders., The Bible Rewritten, 116.
31 Ders., The Bible Rewritten.
32 Eugene Ulrich, The Dead Sea Scrolls and the Origins of the Bible, Studies in the Dead Sea Scrolls and Related Literature, Grand Rapids, MI/Leiden 1999, bes. Kapitel 3 (»Double Literary Editions of the Biblical Narratives und Reflections on Determining the Form to be Translated«) und Kapitel 6 (»Multiple Literary Editions: Reflections Toward a Theory of the History of the Biblical Text«).
33 Nickelsburg, The Bible Rewritten, 130.
34 Ders., The Bible Rewritten.
35 Ders., The Bible Rewritten.

in anderen Teilen des Bandes, zu dem er hier beitrug, hätten behandelt werden können. Die Zusätze zu Daniel hätten z. B. unter »Psalms, Hymns and Prayers« erscheinen können.[36] Allerdings scheint sich vielleicht ein ganz anderes Klassifikationsproblem zu ergeben. Alle Zusätze stehen unter dem Titel: »The Bible Rewritten and Expanded«. Könnten dagegen nicht manche dieser Zusätze einfach eine literarische Entwicklung des biblischen Textes selbst darstellen?

Harold W. Attridge weist in seinem Beitrag zur Historiographie noch auf ein weiteres Klassifikationsproblem hin.[37] 3. Esdras etwa sei nicht nur ein Beispiel für Historiographie sondern auch für »scriptural paraphrases«.[38] Die Frage wäre dann also: Ist 3. Esdras eine biblische Historiographie oder eine Paraphrase biblischer Historiographie? In beiden Fällen ist der Text eine Interpretation eines gegebenen Textes; in beiden Fällen ist es ein umgeschriebener biblischer Text.

Mit der Entdeckung der Schriften aus der judäischen Wüste ist die Frage biblischer Interpretation wieder in den Mittelpunkt der Forschung getreten. Genauer gesagt, »a more sensitive approach to the interpretative function of Jewish literature of the Hellenistic-Roman period«[39] hat sich entwickelt. Devorah Dimant betont die Notwendigkeit einer Untersuchung nicht nur der verschiedenen Arten und Weisen sondern auch der Funktion biblischer Interpretation.[40] Sie unterscheidet zwischen der erläuternden (expositionalen) Art und Weise von Interpretation, wie sie sich in den *Pescharim* von Qumran findet, und der gestaltenden (kompositionalen) Art und Weise, wie sie sich besonders

---

36 Das ist Kapitel 13 des Bandes; siehe David Flusser, Psalms, Hymns, and Prayers, in: M. E. Stone (Hg.), Jewish Writings of the Second Temple Period: Apocrypha, Pseudepigrapha, Qumran Sectarian Writings, Philo, Josephus. Compendia rerum iudaicarum ad Novum Testamentum II: The Literature of the Jewish People in the Period of the Second Temple and the Talmud, Assen/Philadelphia 1984, 551–577.
37 Harold W. Attridge, Historiography, in: M. E. Stone (Hg.), Jewish Writings of the Second Temple Period: Apocrypha, Pseudepigrapha, Qumran Sectarian Writings, Philo, Josephus. Compendia rerum iudaicarum ad Novum Testamentum II: The Literature of the Jewish People in the Period of the Second Temple and the Talmud, Assen/Philadelphia 1984, 157–184.
38 Ders., Historiography, 157.
39 Devorah Dimant, Literary Typologies and Biblical Interpretation in the Hellenistic-Roman Period, in: Shemaryahu Talmon (Hg.), Jewish Civilization in the Hellenistic-Roman Period, Philadelphia 1991, 73.
40 Dies., Literary Typologies, 74.

in den Apokryphen und Pseudepigraphen findet.[41] »The device of incorporating biblical texts is used extensively in the Apocrypha and Pseudepigrapha, and even in the Bible itself.« Sie fährt fort: »It is a main feature in narrative works sometimes designated ›rewritten Bible.‹«[42] Ihre Unterscheidung der zwei Arten und Weisen sind einleuchtend, doch stellt sich die Frage, wie weit man zwischen biblischen Texten auf der einen und Apokryphen und Pseudepigraphen auf der anderen Seite unterscheiden kann. Sind letztere nicht auch biblisch?[43] Vielmehr ist es doch genau der Prozess des Umschreibens, der biblische und außer-biblische Schriften miteinander verbindet und sie einander ähnlich sein lässt – wenn nicht sogar gleich macht.

Der Prozess des Neufassens macht sich auch in den Übersetzungen (antike ebenso wie moderne) bemerkbar. Obgleich Nickelsburgs in seinem Beitrag diese Texte benutzt und kommentiert,[44] wurde in dieser Einleitung noch nicht unter der Perspektive der Neufassung eines biblischen Textes auf sie eingegangen. Wenn es zu Übersetzungen des Bibeltextes kommt, gibt es zwei extreme Positionen: Eine Übersetzung kann wörtlich sein und sich genau an den Quellentext halten, oder eher frei und den Zieltext im Blick haben.[45] James Barr hat allerdings in seiner Studie mit dem Titel *The Typologies of Literalism in Ancient Biblical Translations*[46] eingewendet, dass sich diese Gegensätze nicht auf alte Übersetzungen übertragen lassen. Er hat erklärt: »Truly, ›free‹ translation, in the sense in which this might be understood by the modern literary public, scarcely existed in the world of the LXX, or indeed of much of ancient biblical translation in general.«[47] Barr wendet sich auch

---

41 Dies., Literary Typologies, 74–77.
42 Dies., Literary Typologies, 78.
43 Obgleich sich der Begriff auf Sammlungen von Texten bezieht, wäre es doch besser, diese Unterteilung aufzugeben, wenn es um den Prozess der redaktionellen Bearbeitung von Texten geht.
44 Schließlich erscheinen die meisten Erweiterungen und angeführten interpretierenden Texte in griechischen Übersetzungen semitischer Originale.
45 Siehe Kristin De Troyer, Septuagint and Gender Studies: The Very Beginning of a Promising Liaison, in: Athalya Brenner/Carol Fontaine (Hg.), A Feminist Companion to Reading the Bible: Approaches, Methods and Strategies, Sheffield 1997, 326–343.
46 James Barr, The Typology of Literalism in Ancient Biblical Translations, Mitteilungen des Septuaginta-Unternehmens 15, Göttingen 1979.
47 Ders., The Typology of Literalism, 7.

dagegen, dass alle Übersetzungen Interpretationen seien.[48] Er zieht es vor, genauestens zu untersuchen, bis zu welchem Grad eine Übersetzung Interpretation ist.[49] Dann beschreibt er zwei Arten von Interpretation, die in antiken Übersetzungen sichtbar seien: »The first is a sort of basic syntactic/semantic comprehension of the meaning of the text«, während die zweite »matters of content, of reference, or of theological exegesis« betreffe.[50] Genau diese zweite Art von Interpretation ist es, die in dem vorliegenden Buch näher beleuchtet werden soll.

Die vier Kapitel dieses Buches repräsentieren vier verschiedene Möglichkeiten, wie Erweiterungen eines biblischen Textes entdeckt werden können, wenn man speziell griechische Bibeltexte untersucht. Das erste Kapitel, mit dem Untertitel »Über die Hilfe Gottes im altgriechischen Estherbuch«, konzentriert sich auf den hebräischen und altgriechischen Text des Estherbuches und zeigt, inwiefern die griechische biblische Erzählung eine neugefasste hebräische biblische Erzählung ist. Im zweiten Kapitel, mit dem Untertitel »Die letzte Bearbeitung eines alten Josuabuches«, geht es um die hebräischen und griechischen Texte des Josuabuches. Dabei wird der in einem altgriechischen Manuskript der Schøyen Sammlung vorliegende prä-masoretische Text herausdestilliert. Das dritte Kapitel, mit dem Untertitel »Das letzte Kapitel des Alpha-Textes von Esther«, behandelt den altgriechischen und den zweiten griechischen Esthertext – auch Alpha-Text (A-Text) genannt – und zeigt, wie die griechische Bibel selbst neu gefasst wurde. Im vierten Kapitel, mit dem Untertitel »Ein näherer Blick auf den Tempelbauer im 3. Esdras«, wird nahe gelegt, nach dem hinter dem 3. Esdras liegenden, verloren gegangenen hebräischen/aramäischen Text zu suchen, einem weiteren umgeschriebenen biblischen Text.

---

48 Ders., The Typology of Literalism, 16.
49 Ders., The Typology of Literalism.
50 Ders., The Typology of Literalism, 17. Barr hat seine Vorstellungen über das syntaktische und semantische Grundverständnis der Bedeutung des Textes entwickelt in seinem klassischen Buch, The Semantics of Biblical Language, Oxford 1961; Nachdr., London/Philadelphia 1991. Für Beispiele freier Neufassung siehe auch: ders., Comparative Philology and the Text of the Old Testament, Oxford 1968; Nachdr. mit Zusätzen und Korrekturen, Winona Lake, IN 1987, 255–259.

In jedem Kapitel dieses Buches werden die Ausführungen in vierfacher Gestalt dargeboten. Zuerst erscheint jeweils der hebräische und griechische Text mit entsprechender deutscher Übersetzung und wird kurz die These formuliert. Danach werden jeweils die Zeugen aufgeführt und die einschlägigen Meinungen über den entsprechenden Text diskutiert. Als Drittes wird jeweils eine Analyse des behandelten Textes erstellt, einschließlich textkritischer und struktureller Überprüfungen. Schließlich werden die Ergebnisse in einem Schlusskapitel zusammengefasst. Vorerst sind allerdings noch einige Bemerkungen über den Inhalt des zweiten Präsentationsabschnitts notwendig.

In dem Abschnitt »Zeugen und Meinungen« wird zuerst ein Überblick über die Zeugen geboten. Der Begriff »Zeugen« kann in zweifacher Hinsicht verwendet werden. Einmal kann er sich auf hypothetische, hinter den antiken Übersetzungen liegende hebräische Texte beziehen. Die Übersetzungen bieten eine »alte« Perspektive des hebräischen Bibeltextes, eines Textes, der meist ähnlich oder identisch mit dem masoretischen Text (MT) ist, d. h. mit dem in den meisten hebräischen Bibeln abgedruckten hebräischen Text des Alten Testaments. Sehr oft findet man in den alten Übersetzungen Anhaltspunkte für das Verständnis des hebräischen Textes. In diesen Fällen sind sie nicht nur hilfreich für die Interpretation sondern auch für die Rekonstruktion schwieriger Passagen des hebräischen Textes. Die gegenwärtige Erforschung der in der judäischen Wüste und anderswo gefundenen Texte hat allerdings die verbreitete Vorstellung, dass alte Übersetzungen grundsätzlich für die Rekonstruktion und Interpretation des hebräischen Bibeltextes verwendet werden könnten, wieder in Frage gestellt. Einige paläo-hebräische, hebräische und griechische Texte aus der judäischen Wüste, sowie einige griechische Manuskripte von anderen Gegenden, geben nämlich keineswegs den traditionellen hebräischen Bibeltext wieder; sie setzten eher einen hebräischen Text voraus, der etwas älter und manchmal auch anders ist als der masoretische Text. Die Texte, die älter sind als der Masoretische Text, sind proto-masoretische Texte, prä-masoretische Texte oder Texte, die man nicht als proto- oder prä-masoretische Texte bezeichnen kann. Der proto-masoretische Text ist der konsonantische masoretische Text, allerdings ohne dessen Eigenheiten, nämlich Akzente und Vokalisation. Mit dem Begriff prä-masoretischer Text wird auf die Stufe vor dem proto-masoretischen Text zurückgegriffen. Der prä-masoretische Text unterscheidet sich vom proto-masoretischen Text durch das Fehlen und variieren von Wörtern, Konzepten, Redeeinheiten oder Versen, die für den (proto-)masoretischen Text (siehe Kapitel II) bezeichnend sind. Andere Texte können weder als »vor-« noch als »proto-«masoretisch bezeichnet werden, sondern sind lediglich alternative Texte. Die griechischen Texte unter den prä-masoretischen und alternativen Bibeltexten können natürlich nicht länger »alte Übersetzungen von hebräischen Bibeltexten« genannt werden, denn es ist nicht länger sicher, von welchem Bibeltext sie eigentlich die »Übersetzung« darstellen. Darüber hinaus ist absolut sicher, dass die alte Übersetzung, oder genauer gesagt, die Septuaginta (LXX),[51] keine Übersetzung der masoretischen Bibel ist, sondern einer prä-masoretischen Bibel, deren Texte fast alle, jedoch nicht alle, mit dem masoretischen Bibeltext identisch sind. Jedesmal, wenn in diesem Buch der Begriff »alte Übersetzung« verwendet wird, bezieht er sich auf die maßgebenden alten Übersetzungen, wie den Altgriechen (oft ein Synonym für die Septuaginta), den Altlateiner (die Vetus Latina), den (neuen) Lateiner (die Vulgata), die syrische Übersetzung (die Peschitta), die aramäische Übersetzung (der Targum), und so weiter. Es ist kaum länger anzunehmen, dass diese »alten Übersetzungen« auf dem masoretischen Text des Alten Testaments basieren.

Diese Behauptung dürfte auf diejenigen herausfordernd wirken, die immer noch im Rahmen einer strengen Trennung der verschiedenen Methoden denken, wie sie z. B. bei Steck in seiner berühmten »Exegese des Alten Testaments. Leitfaden der Methodik« beschrieben werden.[52] Es geht darum, ob man immer noch Literarkritik oder redaktionsgeschichtliche Fragestellungen getrennt von der Textkritik behandeln kann – bzw. umgekehrt –, oder eben nicht. Wo enden Literarkritik oder Redaktionsgeschichte, und wo beginnt Textkritik?

Der Begriff »Zeugen« kann sich aber auch auf tatsächlich vorhandene Zeugen beziehen, wie der Papyrus Oxyrhynchus des Hiob; die große Jesajarolle aus der judäischen Wüste; der Codex Leningradensis mit dem gesamten Alten Testament (bekannt auch als Firkowitsch B.19 A oder

---

51 In der Septuagintaforschung wird unterschieden zwischen dem altgriechischen (AG) Text, der ersten griechischen Übersetzung eines jeden hebräischen Textes, und der Kollektion von griechischen Bibeltexten in der griechischen Bibel: der Septuaginta (LXX).

52 Odil Hannes Steck, Exegese des Alten Testaments. Leitfaden der Methodik. Ein Arbeitsbuch für Proseminare, Seminare und Vorlesungen, Neukirchen-Vluyn 1971, [12]1989.

als Petropolitanus); der Chester Beatty Papyrus, P^{967} genannt, mit einem altgriechischen Text aus Ezechiel, Daniel und Esther; der Codex Monacensis 6225 mit, unter anderem, einem bedeutenden altlateinischen Exodusbuch; und so weiter. Die meisten dieser Manuskripte sind großartige Zeugen der alten Übersetzungen und alten Texte. Die Manuskripte der judäischen Wüste haben z. B. Forschern geholfen, den hebräischen Bibeltext herzustellen, der vom 2. Jh. v. u. Z. bis zum 1. Jh. u. Z. benutzt wurde. Damit wurde der moderne Leser mehr als zehn Jahrhunderte näher an die ursprüngliche Abfassungszeit herangeführt (wenn man den Codex Leningradensis aus dem 11. Jh. mit den älteren Zeugen von Qumran vergleicht). Die Chester Beatty Papyri erlauben einen Blick auf den altgriechischen Text vor der Revision durch Origenes. Codex Monacensis ist unerlässlich für die Rekonstruktion des Altlateiners.

Unter der Überschrift »Meinungen« wird die wissenschaftliche Diskussion zusammengefasst. Dabei liegt der Schwerpunkt auf den jüngsten Forschungsergebnissen und ihren Repräsentanten, ohne einen erschöpfenden historischen Überblick über alle relevanten Meinungen geben zu wollen. Lediglich in Anmerkungen wird auf umfassendere Überblicke oder Zusammenfassungen verwiesen.

Es war beabsichtigt, dieses Buch so zu schreiben, dass es für viele Interessierte lesbar ist oder von ihnen herangezogen werden kann. Zwar konnte nicht völlig auf die gebräuchliche Terminologie verzichtet werden, doch stand das Bemühen im Vordergrund, wenn immer technische Begriffe verwendet werden, diese ausführlich zu erklären. Hoffentlich erbringt dieses Buch auch den Beweis, dass biblische Exegese nicht länger betrieben werden kann ohne sich mit anderen Bibeltexten, vor allem den griechischen, zu befassen, und dass exegetische Arbeiten, die nur vage auf andere Texte hinweisen, schlechthin unvollständig sind.

Kapitel I[1]

Ein umgeschriebener hebräischer Bibeltext: Über die Hilfe Gottes im altgriechischen Estherbuch

A. Text und These

1. Der MT und LXX Text von Esther 4,13–14[2]

ויאמר מרדכי	καὶ εἶπεν Μαρδοχαῖος
להשיב	πρὸς Αχραθαῖον Πορεύητι
	καὶ εἰπὸν αὐτῇ
אל־אסתר	Εσθηρ,
אל־תדמי בנפשך להמלט	μὴ εἴπῃς σεαυτῇ ὅτι σωθήσῃ μόνη
בית־המלך מכל־היהודים	ἐν τῇ βασιλείᾳ παρὰ πάντας τοὺς Ἰουδαίους

1 Dieses Kapitel basiert auf einem Vortrag, gehalten auf der Tagung der British Society of Old Testament Studies in Nottingham 1998, und im gleichen Jahr, in einer anderen Version, an der Claremont School of Theology.
2 Obgleich der Schwerpunkt auf Vers 14 liegt, wird auch Vers 13 geboten, um ein vollständigeres Bild der Bedeutung des Satzes zu geben, den Mordechai hier ausspricht. Für den hebräische Text siehe Saebe, M.: Esther, Biblia Hebraica Quinta, 18: General Introduction and Megilloth, Stuttgart 2004 oder F. Maass (Hg.), Megilloth: Librum Esther, BHS 13, Stuttgart 1977; und für den griechischen Text Robert Hanhart, Esther, in: Septuaginta, Vetus Testamentum graecum, auctoritate Academiae Scientiarum Gottingensis editum Vol. VIII/3, Göttingen 1966, ²1983.

כי אם־החרש תחרישי בעת־ הזאת	ὡς ὅτι ἐὰν παρακούσῃς ἐν τούτῳ τῷ καιρῷ
רוח והצלה יעמוד ליהודים	ἄλλοθεν
ממקום אחר	βοήθεικα καὶ σκέπη ἔσται τοῖς Ἰουδαίοις
ואת ובית־אביך תאבדו	σὺ δὲ καὶ οἶκος τοῦ πατρός σου ἀπολεῖσθε
ומי יודע אם־לעת כזאת הגעת למלכות	καὶ τίς οἶδεν εἰ εἰς τὸν καιρὸν τοῦτον ἐβασίλευσας

Übersetzung des hebräischen Textes:

13. Mordechai sagte ihnen (den Vermittlern), sie sollten Esther antworten: »Glaub ja nicht, dass du im Königspalast allein von allen anderen Juden entkommen könntest. 14. Denn wenn du schweigst in einer solchen Zeit wie dieser, wird den Juden Linderung und Errettung anderswoher zuteil werden, aber du und das Haus deines Vaters werden untergehen. Wer weiß, vielleicht bist du gerade für eine solche Zeit wie dieser zu königlicher Würde gekommen?«

Übersetzung des griechischen LXX Textes:

13. Mordechai[3] sagte zu Akrataios: »Geh zurück und sage zu ihr: ›Esther, sage nicht zu dir selbst, dass du allein unter allen Juden lebend entkommen könntest. 14. Denn wenn du schweigst in einer solchen Zeit wie dieser, wird den Juden Hilfe und Schutz anderswoher kommen, aber du und das Haus deines Vaters werden untergehen, und wer weiß, ob du nicht Königin wurdest für (genau) diese Zeit?‹«

2. These

Die Wendung »anderswoher« ist entscheidend für die Interpretation des hebräischen Estherbuches. Die Frage ist, ob sie sich auf Gott bezieht oder nicht. Wenn die Wendung »anderswoher« sich tatsächlich auf Gott bezieht, dann steht Gott hinter der ganzen hebräischen Es-

---

[3] Im griechischen Text heißt Mordechai »Mardochaios«.

thererzählung;[4] wenn nicht, könnte Esther als ein »a-theistisches« biblisches Buch bezeichnet werden,[5] in dem der Name Gottes nirgendwo erwähnt wird. In dem altgriechischen Esthertext ist Gott dagegen ausdrücklich genannt (z. B. 6,13). Deshalb soll hier behauptet werden, dass der griechische Übersetzer des hebräischen Estherbuches die Esthererzählung so umgeschrieben hat, dass Gott ein integrierender Bestandteil des Ganzen wurde.[6] In der griechischen, neu gefassten hebräischen Bibel spielt Gott eine herausragende Rolle.

B. Textzeugen und Meinungen

1. Textzeugen

Etliche Zeugen bieten einen Text, der dem hebräischen Text sehr nahe steht. Die syrische Übersetzung,[7] die Vulgata[8] und die Vetus Latina[9]

4 Für eine religiöse Auslegung siehe Keil, Seeligman und Moore: Carl Friedrich Keil, Biblischer Commentar über die Nachexilischen Geschichtsbücher: Chronik, Esra, Nehemia und Esther, Biblischer Commentar über das Alte Testament, Leipzig 1970; Isac L. Seeligmann, Menschliches Heldentum und göttliche Hilfe, ThZ 19 (1963) 385–411; Carey A. Moore, The Greek Text of Esther, Diss., Baltimore, MD 1965.
5 Zur nichtreligiösen Auslegung siehe Day und Fox: Linda Day, Three Faces of a Queen: Characterization in the Books of Esther, JSOT.S 186 Sheffield 1995, 56; Michael V. Fox, Character and Ideology in the Book of Esther, Studies on the Personalities of the Old Testament 6, Columbia 1991; Nachdr., Grand Rapids, MI: 2000, 63.
6 Siehe auch K. De Troyer, ›And God Was Created . . .‹ On Translating Hebrew into Greek, in: K. Feyaerts (Hg.), The Bible through Metaphor and Translation: A Cognitive Semantic Perspective, Religions and Discourse 15, Edinburgh 2003, 205–218.
7 S. Lee, Vetus Testamentum syriace, London 1823; B. Walton, Biblia Polyglotta, London 1657; Nachdr. Graz 1964.
8 Bonifatius Fischer, Robert Weber und Roger Gryson (Hg.), Biblia Sacra iuxta Vulgatam versionem, Stuttgart 1969, ²1975.
9 Petrus Sabatier, Bibliorum sacrorum latinae versiones antiquae seu Vetus Italica et caeterae quaecumque in codicibus Mss et antiquorum libris reperiri potuerunt: quae cum Vulgata Latina et cum textu graeco comparantur, Bd. 1, Reims 1743; Nachdr., Turnhout 1991. Siehe auch Jean-Claude Haelewyck, La

scheinen alle von einem Text, wie dem gegenwärtigen hebräischen Text, übersetzt worden zu sein. Der syrische Text des Estherbuches übersetzt das Hebräische folgendermaßen: »Wenn du (Esther) still bleibst in dieser Zeit, wird den Juden anderswoher Linderung und Rettung kommen.« Die »Vulgata der Ostkirche« folgt demnach nahezu dem hebräischen Text; sie nennt Gott nicht in Vers 14. Im MT fehlt Gott sogar in dem wichtigen Vers 6,13, ist aber in der LXX in 6,13 genannt. Der syrische Text repräsentiert in 6,13 wieder die nicht-religiöse Auslegung des hebräischen Textes. Die Vulgata, dem von Hieronymus hergestellten lateinischen Text, übersetzt folgendermaßen: *Si enim nunc silueris per aliam occassionem liberabuntur Judaei; et tu, et domus patris tui, peribitis. Et quis novit, utrum idcirco ad regnum veneris, ut in tali temporis parareris.* Auch die Vulgata nennt Gott nicht in 6,13.

Die beiden Targumim (auf aramäisch),[10] der zweite griechische Text des Estherbuches, (gemeinhin als der Alpha-Text bezeichnet [hier auch A-Text]),[11] und Josephus (der jüdische Erzähler)[12] haben allerdings eine religiöse Auslegung von Vers 14.[13]

---

version latine du livre d'Esther dans le ›Monacensis‹ 6239, Revue Bénédictine 101 (1991) 7–27; 103 (1993) 289–306. Ders.: La version latine du livre d'Esther dans la première Bible d'Alcalá: Avec un appendice sur les citations patristiques vielles latines, in: J. M. Auwers/A. Wénin (Hg.), Lectures et relectures de la Bible, FS P.-M. Bogaert, Bibliotheca ephemeridum theologicarum lovaniensium 144, Leuven 1999, 165–193.

10 Paul de Lagarde, Hagiographa Chaldaice, Leipzig 1873. Nachdr. Osnabrück 1967; Bernard Grossfeld, The Two Targums of Esther: Translated with Apparatus and Notes, The Aramaic Bible 18, Collegeville, MN 1991. Alexander Sperber, The Hagiographa: Transition from Translation to Midrash, The Bible in Aramaic IV A, Leiden 1968. Zur Diskussion über das Verhältnis zwischen dem ersten und dritten Targum vgl. Rimon Kasher and Michael L. Klein, New Fragments of Targum to Esther from the Cairo Genizah, HUCA 61 (1990) 89–124; Th. Legrand, Les Targums d'Esther. Essai de Comparaison des Targums I et III du livre d'Esther, Semitica 37 (1987) 71–94.

11 Siehe Hanhart, Esther.

12 Josephus, Jewish Antiquities: Books IX–X, in: Ralph Marcus (Hg.), Loeb Classical Library, Cambridge 1958; ders., Jewish Antiquities: Books XVIII–XX, in: Louis H. Feldman (Hg.), Loeb Classical Library, Cambridge 1969.

13 Im altlateinischen Text, der dem von Hieronymus hergestellten Text vorausgeht, heißt es in 4,14: *si igitur non praemiseris in hoc tempore aliunde auxilium et defensor Judaeis erit*. Sabatier, der Verfasser der 1743er Edition der neuen und alten lateinischen Bibel, zitiert den Text des Codex Corbeiensis, d. h. Manuskript 151 in Grysons Liste.

Der Alpha-Text sagt z. B. ganz deutlich: »Gott ist ihnen ein Helfer und ein Retter.«[14]

Es ist nicht nur wichtig, eine Vorstellung von den alten Übersetzungen zu haben, sondern auch, sich einzelne Manuskript-Zeugen, z. B. den altgriechischen Text, genau anzusehen. Der altgriechische Text von P^{967} bietet in Vers 13 eine andere Lesung (siehe Abb. 3, 4 und 5). Der Editor von LXX-Esther schrieb zu Vers 13 im Apparat: »om πρὸς Αχραθαιος A' 967 71: cf M.« Diese kurze Wendung sagt nur, dass die zitierten griechischen Wörter in Codex A und der ihm verwandten Kursive 311, in P^{967} und in der Kursive 71 ausgelassen sind und dass diese Auslassung dem masoretischen Text entspricht. Der Papyrus lässt die Worte »(zu) Akrataios« aus. Wie Hanhart in seiner Anmerkung notiert, könnte diese Auslassung auf den Einfluss des hebräischen Textes zurückgehen, der ebenso den Namen Akrataios (zusammen mit der Präposition) weglässt.[15] Der griechische Text von P^{967} bietet damit eine gute Sicht des altgriechischen Textes, und vielleicht auch einen Blick auf frühe Revisionen. Viele der Varianten in Vers 14 gehören zur Revision des Origenes, der versuchte, den griechischen Text näher an den hebräischen heranzubringen. Genauer gesagt, die Wendung »anderswoher«[16] ist revidiert in einer Reihe von Manuskripten, die alle die

---

In 6,13 hat der Altlateiner: *et dixerunt ei amici, et uxor ipsius: si de genere Judaeorum est Mardochaeus, incipe humiliari in conspectu ejus: non poteris repugnare ei, quia jam propheta est.* Es ist nicht ganz klar, ob sich der Text auf die göttliche Vorhersehung oder einfach nur auf die Agag-Saul Debatte bezieht. Falls der Übersetzer der Vetus Latina die Auseinandersetzung zwischen Mordechai und Haman mit der Auseinandersetzung zwischen Saul und Agag verglich, bietet der Altlateiner keinen religiösen Text.

14 In diesen Texten ist der andere »religiöse« Abschnitt, 6,13, in religiöser Sprache wiedergegeben. Siehe K. De Troyer, Translation or Interpretation? A Sample from the Books of Esther, SCSt 51, Atlanta, GA 2001, 343–353.

15 In seiner Einleitung merkt Hanhart allerdings an, dass der mögliche Einfluss des hebräischen Textes noch nicht beweist, dass es eine revidierende Tradition vor Origenes gab. Vgl. R. Hanhart, Esther, 60. In Vers 13 lässt P^{967} ebenfalls die Worte aus: »zu ihr selbst«. Hanhart sieht darin für P^{967} typische »kleinere entbehrliche Satzglieder«. Vgl. ders., Esther, 58. Zum Papyrus siehe Frederic G. Kenyon, The Chester Beatty Biblical Papyri. Descriptions and Texts of the Twelve Manuscripts on Papyrus of the Greek Bible, Faszikel VII: Ezekiel, Daniel, Esther, London 1937 (Text)-1938 (Folios).

16 Im Griechischen ἄλλοθεν.

Revision des Origenes reflektieren.[17] Diese Manuskripte haben das Adverb ἄλλοθεν zu ἀλλαχόθεν verändert, obgleich beide »anderswoher« bedeuten. Die erste Form ist in der griechischen Bibel nur in Esther bezeugt, die zweite nur in 4. Makkabäer 1,7, einem recht späten Buch.[18] Der vorhergehende Abschnitt verlangt nach weiterer Erläuterung. Den altgriechischen Text zu rekonstruieren ist ein recht kompliziertes Unterfangen. Es gibt keinen einzigen vollständigen altgriechischen Bibeltext.[19] Es ist sogar zweifelhaft, ob es schon vor dem 2. Jh. eine »komplette«[20] griechische Bibel gab, bevor das Codexsystem auf die biblischen Texte angewendet wurde.[21] Mit der Übernahme der Buchform konnten mehr Bücher in einem einzigen Band zusammengefasst werden.[22] Oft

---

17 Die Reihe von Manuskripten ist *b* genannt und enthält die Kursive 46–64–98–243–248–381–728–731. Die Änderung erscheint auch in Manuskript 311, das gleichermaßen vom Werk des Origenes abhängig ist.
18 In Trommius' Konkordanz von 1718 ist ἀλλαχόθεν angeführt und auf Est 4,13 hingewiesen (auf nichts sonst). Das bedeutet, dass Trommius – zumindest für Esther – hexaplarische Quellen benutzt hat. Vgl. Abraham Trommius, Concordantiae graecae versionis vulgo dictae LXX interpretum, cujus voces secundum ordinem elementorum sermonis graeci digestae recensentur, contra atque in Opere Kircheriano factum fuerat. Leguntur hic praeterea voces graecae pro hebraicos redditae. Ab antiquis omnibus Veteris Testamenti Interpretibus, quorum nonnisi fragmenta extant, Aquila, Symmacho, Theodotione et aliis quorum maximam partem super in lucem edidit Domnus Bernardus de Montfaucon, Amsterdam 1718; Nachdr., Bd. 2, Kampen [25]1992.
19 Nicht einmal der Codex Vaticanus, der berühmteste griechische Bibelcodex, bietet für alle Abschnitte von Samuel, den Königsbüchern (im Griechischen werden die Bücher »Königreiche« genannt) und Richter den altgriechischen Text. Stattdessen hat er die *kaige* Rezension des griechischen Textes. Die *kaige* Rezension ist eine der ältesten Rezensionen der altgriechischen Bibel. Vgl. Henry St. John Thackeray, A Grammar of the Old Testament in Greek According to the Septuagint, Cambridge 1909; Nachdr., Hildesheim 1987.
20 Gemeint ist eine Bibel, die alle griechischen biblischen Bücher enthielt.
21 Die älteste erhaltene, vollständige Bibel in Griechisch ist der Codex Vaticanus aus dem 4. Jh. Der Vatikan publizierte eine ausgezeichnete Faksimile Edition mit dem Titel: Codex vaticanus graecus 1209, Bibliorum sacrorum graecorum, Vatican City 1999.
22 Der Chester Beatty Papyrus (P^{967}) ist exemplarisch. Die Bücher Ezechiel, Daniel und Esther sind Teil eines einzigen Papyruscodex. In das 3. Jh. datiert, ist dieses Manuskript der älteste gegenwärtig bekannte griechische Esthertext. Vgl. F. G. Kenyon, The Chester Beatty Biblical Papyri, Bd. 1, 43–49. Ein anderes Beispiel ist der Papyrus Oxyrhynchus von Esther (Nr. 4443) in Oxyrhynchus Papyri LXV (1998), 4–8. Siehe auch den Vortrag von Anna Passoni

nahm allerdings ein einziges biblisches Buch einen ganzen Codexband ein, wie z. B. das Josuabuch.[23]

Nachdem die Bücher der hebräischen Bibel – und der Begriff wird hier absichtlich vage benutzt, denn was war die hebräische Bibel im 3., 2. und 1. Jh. v. u. Z.? – zum ersten Mal ins Griechische übersetzt worden waren, setzten etliche Runden von Korrekturen ein. In der ersten Runde wurde das Griechische verbessert; in der nächsten Runde wurde der Text näher an den »originalen« hebräischen Text herangebracht.[24] Einer der berühmtesten »Revisoren« war Origenes. Er verglich die vorhandene altgriechische Übersetzung mit dem hebräischen Bibeltext, wie er ihn im 3. Jh. u. Z. vor sich hatte, und mit den griechischen Übersetzungen von Theodotion, Symmachus und Aquila. Dieses Werk des Origenes heißt Hexapla, da es in sechs Kolumnen angelegt ist.[25] Origenes benutzte Symbole wie den Asteriskus (*) und den Obelus (÷) um anzuzeigen, welche Texte er dem Altgriechischen hinzugefügt hat und welche nur im altgriechischen, nicht aber im hebräischen Text vorhan-

---

Dell'Acqua (Università Catholica del S. Cuore) auf der SBL Tagung in Rom, 2001, mit dem Titel: »The Liberation Decree of Add. E in Esther LXX: Some Lexical Observations Starting from a New Papyrus.«

23 Gemessen an der Länge des Papyruscodex MS 2648 kann dieser Codex nur das biblische Josuabuch enthalten haben; vgl. De Troyer, Joshua (Papyri Graecae Schøyen, PSchøyen I, ed. Rosario Pintaudi; Papyrologica Florentina, XXXV/Manuscripts in the Schøyen Collection, V), Firenze, 2005, pp. 79–145 + Plates XVI–XXVII.

24 Vergleiche die Übersetzungsgeschichte der englischen, spanischen, deutschen und anderen Bibelübersetzungen.

25 Diese sechs Kolumnen enthalten die folgenden Texte: den hebräischen Text, eine Transkription des hebräischen Textes, die griechische Bibelübersetzung des Aquila, die Übersetzung von Symmachus, Origenes eigenen revidierten Text, und schließlich den griechischen Text von Theodot. Vgl. Emanuel Tov, Textual Criticism of the Hebrew Bible, Minneapolis/Assen 1992, ²2001, 147–148. Siehe auch ders., The Text-Critical Use of the Septuagint in Biblical Research, Jerusalem Biblical Studies 8, Jerusalem ²1997, 107 und 110. Das Adjektiv »hexaplarisch« soll insbesondere die fünfte Kolumne anzeigen, also den neuen, revidierten griechischen Standardtext des Origenes. Zu einem seltenen Rest der Hexapla siehe die Mercati Psalmenfragmente: Giovanni Mercati, Psalterii Hexapli reliquiae, Vatican City 1958, 1965. Siehe auch Adrian Schenker, Hexaplarische Psalmenbruchstücke, OBO 8, Freiburg/Göttingen 1975; und ders., Psalmen in der Hexapla: Erste kritische und vollständige Ausgabe der hexaplarischen Fragmente auf dem Rande der Handschrift Ottobonianus Graecus 398 zu den Ps 24–32, Studi e Testi 295, Vatican City 1982.

den waren. Die meisten der griechischen Bibeln basierten auf der »Neuen Revidierten Standardversion« des Origenes, oder waren auf diese hin zugeschnitten. Die Änderung von ἄλλοθεν zu ἀλλαχόθεν in Vers 14 ist eine Änderung des Origenes, die in einer Reihe von deutlich hexaplarischen Manuskripten vorkommt und die demnach vom Text des Origenes abhängig sind. Unglücklicherweise verschwanden mit dem Kopieren der Texte die meisten der von Origenes verwendeten Zeichen, so dass es äußerst schwierig wurde, die griechischen Texte vor Origenes von dem griechischen Text nach Origenes zu unterscheiden. Welcher Text war der unrevidierte altgriechische Text? Und welcher Text war derjenige, der dem hebräischen Text näher stand? Auch wurde deutlich, dass der hebräische Text, auf dem der altgriechische basierte, ein anderer war als der, den Origenes im 3. Jh. benutzt hatte. So lässt sich zwar das Vorgehen des Origenes nachvollziehen, doch hinter sein Werk zurückzugehen und den altgriechischen Text zu rekonstruieren ist ein ganz anderes Unterfangen. Hierbei sind die altgriechischen Papyri von unschätzbarer Bedeutung. Griechische Texte, wie die Chester Beatty Papyri, scheinen unabhängig von der Revision des Origenes zu sein und spielen deshalb eine entscheidende Rolle bei der Rekonstruktion des altgriechischen Textes vor Origenes. Allerdings kommt Hanhart nach eingehender Untersuchung zu dem Ergebnis, dass in P^{967}, genauer gesagt, im Esthertext von P^{967}, vielleicht schon Spuren von unsystematischen Korrekturen eines hebräischen Textes vorhanden sind, wie die Auslassung von »(zu) Akrataios« in Vers 13. Das verkompliziert natürlich die Rekonstruktion des altgriechischen Esthertextes vor Origenes.

Trotz der mannigfaltigen Schwierigkeiten haben Gelehrte einen Text erstellt, der in der Forschung weithin als dem altgriechischen Text vor Origenes sehr nahe stehend angesehen wird. Der Text, wie er in der Göttinger Estherausgabe abgedruckt ist (obere Seitenhälfte) und wie er am Beginn dieses Kapitels zitiert wurde, ist dem altgriechischen Esthertext ähnlich – wenn nicht gar identisch mit ihm.

2. Gegenwärtige Meinungen

Bei der Diskussion von Vers 14 geht es fast immer um die Anwesenheit oder Abwesenheit Gottes im Estherbuch. Nur selten, z. B. in Moores Werk,[26] ist der griechische Septuagintatext von Esther als Argument für oder gegen göttliche Präsenz und/oder Vorhersehung verwendet worden. Es gibt kaum eine Auseinandersetzung über die Herkunft und Entstehung des griechischen Septuagintatextes. Die Abhängigkeit der griechischen Übersetzung vom hebräischen Estherbuch wird schlechthin vorausgesetzt.

C. Analyse

1. MT

a) Struktur

Die hebräische Esthergeschichte ist formal eine wirklich gute Erzählung. Ihr Verfasser wusste, wie man die verschiedenen Teile einer Geschichte am wirkungsvollsten aufbaut und präsentiert. Oft greift er auf in früheren Versen oder Kapiteln erzählte Elemente zurück und verwendet sie erneut in einer anderen Szene. Die Handlungsträger sind begrenzt: der König, die ehemalige und die neue Königin, ein Held, ein Gegenspieler, einige Helfer, und eine Gruppe von Leuten als Zeugen der Vorgänge. Die Handlung beginnt mit einer Beschreibung des Königs und seines Königreiches. Königin Wasti wird verstoßen und man hält Ausschau nach einer neuen Königin. Die Jüdin Esther wird Königin. In der Zwischenzeit hat Haman einen Plan zur Ausrottung aller Juden entwickelt. Esthers Onkel Mordechai erfährt davon und überzeugt Esther, sich beim König für ihr Volk einzusetzen. Die Spannung zwischen Haman und Mordechai wächst, während Esther sich auf ihre Audienz vorbereitet. Sie stellt zuerst Haman als Schurken bloß und bittet dann den König, auf Ha-

---

26 Moore, Esther, Anchor Bible 7B, Garden City 1971, 50.

mans Plan entsprechend zu reagieren. Der König reagiert, Mordechai und Esther tun, was sie zu tun haben, die Juden fügen sich der Initiative, und alles nimmt ein gutes Ende. Die Juden jubeln, viele konvertieren, Esther und Mordechai schreiben ihre Memoiren, und Esther verzeichnet die Details des Purimfestes. Der Verfasser beendet die Erzählung mit einem kurzen Bericht darüber, wie man den König und Mordechai in Erinnerung behielt.

In Einzelnen ist das Estherbuch folgendermaßen strukturiert:

1,1–2:	Einführung in das Reich des Königs Ahasveros
1,3–9:	Bericht über die Hofbeamten
1,10–22:	Bericht über die Aktion des Königs gegen Wasti
2,1–18:	Bericht über die Suche nach einer Königin und Esthers Krönung
2,19–23:	Bericht über die Aufdeckung der Verschwörung gegen den König
3,1–6:	Bericht über den Racheplan Hamans gegen alle Juden
3,7–14:	Bericht über den offiziellen Plan zur Ausrottung der Juden
3,15–4,3:	Bericht über die Reaktion der Juden und der Bürger von Susa
4,4–17:	Bericht über Esthers Reaktion auf den Ausrottungsplan
5,1–5a:	Bericht über Esthers Audienz beim König
5,5b–8:	Bericht über ein Festmahl in Esthers Haus
5,9–14:	Bericht über Hamans Racheplan gegen Mordechai
6,1–11:	Bericht über die Erhöhung Mordechais durch den König
6,12–14:	Bericht über Hamans und Mordechais Reaktion auf die Tat des Königs
7,1:	Einführung einer neuen Situation
7,2–4:	Bericht über ein Gespräch zwischen Esther und dem König
7,5–8:	Bericht über ein zweites Gespräch zwischen Esther und dem König
7,9–10:	Bericht über ein Gespräch zwischen Harbona und dem König
8,1–2:	Einführung der Szene
8,3–8:	Bericht über ein Gespräch zwischen Esther und dem König
8,9–14:	Bericht über den offiziellen Plan zur Abwehr von Hamans Plan
8,15–17:	Bericht über eine Aktion Mordechais und die Reaktion der Stadtbürger
9,1–19:	Bericht über die Selbstverteidigung der Juden gegen ihre Feinde
9,20–32:	Bericht über die Aufzeichnung der Ereignisse
10,1–3:	Der Ausgang der Erzählung und Schluß des Buches

Im vierten Kapitel versucht Mordechai Esther zu überzeugen, ihm zu helfen, die Ausführung des tödlichen Plans des Haman abzuwenden. Esther ist nicht allzu versessen darauf, ihm zu helfen, denn sie weiß, dass es riskant ist, ungerufen vor dem König zu erscheinen. Darauf antwortet Mordechai – und das ist der Abschnitt der Erzählung, auf den wir uns konzentrieren werden –, dass Esther gerade die rechte Person zur rechten Zeit am rechten Ort sein könnte, um die Vollstreckung des Ausrottungsplans zu verhindern.

Mordechai und Esther sprechen bei dieser Begegnung nicht unmittelbar miteinander, sondern benutzen Diener als Unterhändler. Kapitel 4,4–17 bietet zwei Berichte über zwei indirekte Konversationen. Dabei enthält der zweite Teil von Kapitel 4 einen Doppelbericht. Der erste Bericht ist sehr kurz (Vers 4). Er enthält Esthers erste Reaktion und eine Reaktion Mordechais auf Esthers Reaktion. Der zweite Bericht dagegen ist eher ausgedehnt (Vers 5–17), hat aber dieselbe Struktur wie der erste Bericht. Die Struktur des Doppelberichtes sieht folgendermaßen aus:

V. 4:	Bericht über Esthers erste Reaktion	
	V. 4a:	Esther erfährt, was Mordechai macht
	V. 4b:	Esther reagiert
	V. 4c:	Mordechai reagiert
V. 5–17:	Bericht über Esthers zweite Reaktion	
	V. 5–8:	Esther erfährt, warum Mordechai so agiert, wie er es tut
	V. 9–16:	Esther reagiert
	V. 17:	Mordechai reagiert

Als Esther erkennt, dass es bei Mordechais Problem nicht einfach um Bekleidung geht, sucht sie weiter nach Gründen, warum Mordechai in Sack und Asche umhergeht. Ihre zweite Reaktion ist eine Ermittlung. Der Bericht der zweiten Reaktion Esthers ist eine kunstvolle Komposition. Vers 5 beauftragt Esther ihren Eunuchen Hatach mit Mordechai zu sprechen. Vers 6 geht Hatach zu Mordechai. Vers 7 und 8 erzählt Mordechai dem Hatach, was eigentlich geschah. Hatach kommt Vers 9 mit dieser Nachricht zu Esther zurück, und Esther beauftragt Vers 10 Hatach erneut, mit Mordechai zu reden. Vers 11 enthält ihre Nachricht, und Vers 12 übermitteln »sie«[27] diese Nachricht. Vers 13–14 fasst Mordechai seine

---

27 Der Plural ist hier eher unerwartet.

Unterweisung für Esther zusammen. Vers 15 lässt Esther ihre Reaktion dem Mordechai durch ihre Diener übermitteln. Ihre Vorschläge und Anordnungen für Mordechai sind Vers 16 zusammengefasst. Vers 17 macht Mordechai alles so, wie Esther es wünscht. Der Bericht über Esthers zweite Reaktion ist demnach ein Bericht über drei indirekte Gespräche zwischen Esther und Mordechai. Diese Gespräche sind indirekt, weil die Gesprächseinheiten jeweils durch eine andere Person übermittelt werden. Hatach hat hier die Rolle als Übermittler. Die Struktur der Konversation sieht folgendermaßen aus:

V. 5:	Esther lässt Hatach kommen		
	V. 6:	Hatach geht zu Mordechai	
		V. 7–8:	Mordechai erklärt, warum er was macht
			V. 9: Hatach kommt zu Esther zurück und berichtet
V. 10:	Esther lässt wiederum Hatach kommen		
V. 11:	Esther richtet ihre Nachricht aus		
	V. 12:	»Sie« gehen zu Mordechai und richten ihre Nachricht aus	
		V. 13–14:	Mordechai vermutet, was Esther tun wird
V. 15:	Esther lässt »sie« eine Nachricht an Mordechai ausrichten		
V. 16:	Esther richtet ihre Nachricht aus		
		V. 17:	Mordechai gehorcht

Bei der zweiten Reaktionsphase lässt der/die VerfasserIn den Bericht über Hatachs Rückkehr zu Esther weg. Durch diese Auslassung wird die Dringlichkeit in der Handlung unterstrichen. Auch in der dritten Phase ist die Übermittlung der Nachricht ausgelassen und damit die Erzählung lebendiger gestaltet.

b) Analyse

Das Problem in dem hebräischen Esthertext 4,14 ist der Satz: »Denn wenn du schweigst in einer solchen Zeit wie dieser, wird den Juden Linderung und Errettung anderswoher zuteil werden« רוח והצלה יעמד ממקום אחר ליהודים. Die Bedeutung der Wendung »anderswoher« (ממקום אחר) spielt eine entscheidende Rolle. In der hebräischen Bibel wird Gott oft mit einem Ort assoziiert. Der Ort des Altars, die heiligen

Orte, der Berg Gottes, der Ort, wo Gott seinen/ihren Namen enthüllt, die Orte des Rauchopfers, auch die Orte der alten Götterstatuen, der Tempel, die Orte der Bilder und ihrer Tempel, alle diese Orte werden mit Gott assoziiert. Aufgrund des mit »anderswoher« angedeuteten Ortes könnte man tatsächlich annehmen, dass Gott in dem hebräischen Esthertext genannt ist. Einige Gelehrte führen einfach eine generelle Theologie ins Feld und interpretieren Vers 14 als eine Anspielung auf Gott.[28]

Mitunter wird dieser Satz aber auch aufgrund von Elementen aus dem weiteren Kontext dieser Passage auf Gott gedeutet. In 4,16 z. B. beauftragt Esther die Juden zu fasten. Ist dieses Fasten religiös verstanden, wird das Wort »anderswoher« in 4,14 auf Gott bezogen. Dasselbe gilt für den Satz: »Wer weiß, ob du nicht gerade für eine solche Zeit wie dieser zu königlicher Würde gekommen bist?« Wenn dieser Satz als sich auf göttliche Vorhersehung beziehend gelesen wird, ist 4,14 verstanden als »Gott wird helfen«.

Allerdings beziehen sich keine der genannten Elemente ausdrücklich auf Gott oder auf Esthers religiöses Leben. Die Wendung »anderswo« findet sich nur dreimal in der hebräischen Bibel. An diesen drei Stellen bezieht sie sich entweder auf das Fluchen oder auf das Exil. In Num 23,3.27 ist Balaam aufgefordert, »anderswo« zu fluchen. In Ez 12,3 muss

---

28 Seeligmann, Menschliches Heldentum und göttliche Hilfe, 385, schreibt z. B. in seinem Artikel: »Für den alttestamentlichen Menschen ist die Geschichte die Denkform des Glaubens. Gott ist ihm vor allem Herr der Geschichte. Was geschieht, gilt als von Gott gewirkt, Geschichte ist Handeln Gottes.« Keil übersetzt Vers 14 folgendermaßen: »wenn du schweigen, nicht für dein Volk beim König fürbitten wirst, so wird Hilfe von anderswoher kommen.« (Biblischer Commentar, 639) Er räumt ein: »Obgleich Mordechai weder von Gott redet, noch direkt auf göttliche Hilfe hinweist, so gründet er doch die Hoffnung der Rettung seines Volkes auf Gottes Wort und Verheißung.« (Biblischer Commentar, 640) Auch Moore ist von einer »Theologie« geleitet, obgleich er seine Ansicht als textkritisch und textgeschichtlich präsentiert. Er schreibt: »Did Mordecai have in mind another individual or possibly help from another quarter, such as requested of Rome by Judas Maccabaeus and later by Jonathan? While either view is a possibility, the AT [i.e., the second Greek text of Esther], Josephus, and I and II Targums are certainly correct to see in the Hebrew a veiled allusion to God.« Siehe Moore, Esther, 50. Ein wenig später führt Moore aus: »The writer of Esther is affirming a religious concept, faith in Divine Providence«; siehe Moore, Esther, 50.

Ezechiel »anderswo« hinziehen; in diesem Falle ist das Exil gemeint. »Anderswo« bezieht sich in keinem dieser Fälle auf Gott.

Auch die im gleichen Zusammenhang stehende Wendung »Linderung und Errettung« trägt wenig zur Entscheidung bei, ob »anderswoher« eine religiöse Bedeutung hat. Das Wort »Errettung« ist ein hapax legomenon in der hebräischen Bibel. Das Verb »erretten« dagegen verweist manchmal auf Gott. Genauer gesagt, es bezieht sich auf Gott, der jemanden rettet, oder auf jemanden, der sich selbst rettet, oder es wird gesagt, das jemand sich nicht selbst retten kann. Das Wort »Linderung« kommt nur zweimal in der hebräischen Bibel vor; einmal bezieht es sich auf einen Raum, und dann hier, in Esther, meint es offenbar wirklich eine Linderung der Situation.

Vielleicht kann der Kontext uns helfen, die genaue Bedeutung des »anderswo(her)« herauszufinden. Esthers Auftrag zu fasten könnte durchaus eine religiöse Haltung anzeigen. Esther sagt: »Geh und versammle alle Juden und fastet in meinem Namen. Esst und trinkt drei Tage lang nichts, weder bei Nacht noch bei Tag« (Vers 16). Dieser Hungerstreik ist als eine religiöse Handlung verstanden. Insofern könnte sich die Erwähnung des »anderswo« auf Gott beziehen. Aber ist das Fasten wirklich immer eine religiöse Handlung?

In der hebräischen Bibel wird gefastet wenn man trauert. Nachdem König Sauls Leichnam verbrannt und seine Gebeine bestattet sind, fasten die Menschen von Jabesch sieben Tage lang (1. Sam 31,13; 1. Chr 10,12). David zerreißt seine Kleider, und alle Männer, die bei ihm waren, machen es ebenso. Bis zum Abend trauern und weinen und fasten sie für Saul und seinen Sohn Jonathan (2. Sam 1,12). Dasselbe Trauerritual findet sich auch in 2. Sam 3,35. Im Buch Nehemia setzt sich Nehemia nieder, weint und trauert tagelang und fastet und betet, und zwar »vor dem Gott des Himmels«. Gott ist hier ausdrücklich genannt. Die Frage ist allerdings, ob Nehemia vor Gott sitzt, weint, trauert und fastet – oder ob er nur vor ihm betet. Im letzteren Fall hat das Fasten an sich keine theologische Bedeutung.

Wenn Trauern mit einem Sündenbekenntnis einhergeht, oder jemand sich zumindest einer Sünde bewusst ist – mitunter zur Buße führend –, kann das Fasten als religiöser Ritus angesehen werden. 2. Sam 12,16 wird David z. B. gesagt, dass das Kind, das ihm Urias Ehefrau geboren hat, sterben wird. Der folgende Satz (Vers 17) macht den religiösen Kontext ganz deutlich: »Da flehte David Gott um das Kind an; David fastete, ging heim und lag die ganze Nacht auf der bloßen Erde.« Als Jona zur Stadt Ninive ging und die Entscheidung Gottes, die Stadt zu vernichten, verkündete, glaubten die Leute an Gott und riefen eine Fastenzeit aus, und jeder, groß und klein, kleidete sich in Sack und Asche. Hier ist der Kontext wiederum religiös: Gott sendet einen Boten aus, und die Leute glauben diesem – und damit Gott.

Wenn Esra die Familien zusammenruft, die mit ihm zusammen aus Babylon kamen, verharrt er am Fluss Ahava und verkündet eine Fastenzeit. Er handelt so, »auf dass wir uns selbst verleugnen mögen vor unserem Gott, um eine sichere Heimkunft von ihm zu erbitten.« Auch hier ist Gott ausdrücklich genannt. Die Fastenzeit steht in einem religiösen Kontext und macht somit das Fasten zu einer religiösen Handlung.[29]

Im Buch Daniel ist dagegen nicht sicher, ob das Fasten religiös aufzufassen ist. Nachdem Daniel eine Vision hatte, betet er zu Gott und legt ein Bekenntnis ab. Sein Bittgebet geht mit Fasten einher. Dieses Fasten kann als religiöser Ritus angesehen werden. Allerdings ist im Danielbuch nicht deutlich, warum Daniel fastet. Ist Fasten die beste Vorbereitung für Visionen? Ist es gar eine Bedingung für Visionen? Die Erzählung gibt keine Antwort, doch nur nach dem Fasten hat Daniel eine Vision.

Die Frage am Beginn des Abschnitts war: Ist Fasten im Buch Esther ein religiöser Akt oder nicht? Fastet Esther z. B., weil sie sich einer Sünde bewusst ist? Oder bereitet sie sich auf eine bestimmte Aufgabe vor und fastet daher als eine Art Zubereitung? Ist ihr Fasten religiös oder nicht? Beide Auslegungen scheinen möglich. Die Erwähnung oder Nichterwähnung Gottes im Kontext kann sowohl religiös als auch nichtreligiös interpretiert werden. Damit sind wir allerdings wieder am Ausgangspunkt und wissen immer noch nicht, ob »anderswoher« auf Gott verweist oder nicht. Bezieht man »anderswoher« auf Gott, kann das Fasten als religiöse Handlung verstanden werden. Das Problem ist, dass das Fasten im Estherbuch weder für noch gegen eine religiöse Interpretation des Wortes »anderswo« herhalten kann, vielmehr entsteht damit ein circulus vitiosus: Verweist »anderswoher« auf Gott, ist das Fasten eine religiöse Handlung; ist »Fasten« eine religiöse Handlung, verweist »anderswoher« auf Gott. Ist »Fasten« nichts weiter als eine Vorbereitung für eine schwere Aufgabe, ist es nicht religiös und bezieht sich damit das Wort »anderswoher« nicht auf Gott.

---

29 Auch in Ex 34,28 ist ein religiöser Kontext offensichtlich.

Eine nichtreligiöse Interpretation des »anderswoher« und des Fastens scheint alles in allem näher zu liegen. Die Analyse der Wendungen von Vers 14 zusammen mit dem Kontext machen jedenfalls keine religiöse Interpretation zwingend. Die Erzählung selbst enthält keinerlei Hinweise auf religiöse Handlungen im weitesten Sinne. Um die Probleme der Juden zu lösen, bedarf es in der Esthergeschichte keiner religiösen Figur oder Gott selbst. Wenn Esther nicht hilft, wird es jemand anders tun, obgleich Mordechai davon überzeugt ist, dass Esther die richtige Person am richtigen Ort zur richtigen Zeit ist. Er erwartet von ihr die nötige Hilfe zur Lösung der Probleme. Mit dem Fastengebot für Mordechai, alle anderen Juden und für sich selbst, hat Esther die ihr vorgelegte Aufgabe angenommen. Gerade weil Esther weiß, wie schwer die vor ihr liegende Aufgabe ist, entschied sie sich für das Fasten. Es ist eine Vorbereitung für sie selbst. Daraus ist wohl zu schließen, dass »anderswo« weder auf Gott anspielt noch ihn voraussetzt.

Wie aber interpretierten die ersten Exegeten des MT Esther 4,14? Hat der/die griechische ÜbersetzerIn des Estherbuches das Wort »anderswoher« als Verweis auf Gott verstanden?

2. LXX 4,13–14

a) Struktur

Die Struktur des Estherbuches der Septuaginta ist der Struktur des hebräischen Buches sehr ähnlich. Allerdings gibt es doch einige wichtige Änderungen. Vor allem hat der/die ÜbersetzerIn dem Text sechs längere Erweiterungen[30] hinzugefügt.[31] Diese Zusätze sollen folgendermaßen bezeichnet werden: Zusatz A oder Zus. A; Zusatz B oder Zus. B; und so

---

30 Für einen kurzen Überblick über diese Zusätze, ihren Platz und genaue Verweise siehe De Troyer, The End of the Alpha-Text of Esther: Translation Techniques and Narrative Techniques in MT-LXX 8,1–17 – AT 7,14–41, SCSt 48, Atlanta 2000, 9–13. Zum griechischen Text siehe Hanhart, Esther.

31 Gemessen an dem am Textende hinzugefügten Kolophon war der Übersetzer ein Mann, doch muss die Nennung eines männlichen Namens noch nicht das Gegenteil beweisen. Da außerdem mehrere Passagen aus offensichtlich weiblicher Perspektive übersetzt sind, wird auf den/die ÜbersetzerIn und auf er/sie verwiesen.

weiter. Darüber hinaus hat der/die ÜbersetzerIn den hebräischen Text interpretiert. An einigen Stellen hat er/sie absichtlich den Kontext verändert. Das bedeutet nicht, dass vollkommen neues Material geschaffen und eingefügt wurde. Im Gegenteil! Die meisten, wenn nicht gar alle Änderungen basieren auf Möglichkeiten, die der hebräische Text selbst bietet. Am Ende des Buches wird z. B. Mordechai als Nachfolger des Königs proklamiert. Im hebräischen Text war Mordechai der zweitmächtigste Mann im Land. Als Nachfolger ist seine Position also lediglich ein klein wenig angehoben. Unterschieden wird nun auch zwischen der Haartracht des Mannes (sowie des königlichen Pferdes) und der einer Frau. Männer tragen (ebenso wie das königliche Pferd) Kronen; Frauen nur Diademe. Das sind lediglich einige Beispiele absichtlicher Änderungen bei der Übersetzung.[32]

Im Gegensatz zu den Zusätzen beeinflussen die kleineren Änderungen nicht die Gesamtstruktur des Textes. Die Struktur der Esthererzählung der Septuaginta sieht folgendermaßen aus:[33]

Zus. A,1–3:	Einführung Mordechais
Zus. A,4–11:	Bericht über Mordechais Traum
Zus. A,12–17:	Bericht über die Aufdeckung der Verschwörung gegen den König
1,1–2:	Einführung in das Reich des Königs Ahasveros
1,3–9:	Bericht über die Hofbeamten
1,10–22:	Bericht über die Aktion des Königs gegen Wasti
2,1–18:	Bericht über die Suche nach einer Königin und Esthers Krönung
2,19–23:	Bericht über die Aufdeckung der Verschwörung gegen den König
3,1–6:	Bericht über den Racheplan Hamans gegen alle Juden
3,7–13:	Bericht über den offiziellen Plan zur Ausrottung der Juden
Zus. B,1–7:	Einführung und Text des königlichen Erlasses zur Vernichtung der Juden
3,14:	Fortführung des Berichtes über den offiziellen Plan zur Ausrottung der Juden
3,15–4,3:	Bericht über die Reaktion der Juden und der Bürger von Susa
4,4–17:	Bericht über Esthers Reaktion auf den Ausrottungsplan
Zus. C,1–11:	Einführung und Text des Gebets des Mordechai

---

32 Für einen Gesamtüberblick über die Änderungen siehe den dritten Teil des Estherkommentars von De Troyer, Ester: Belichting van het Bijbelboek, 's-Hertogenbosch, KBS, ¹2003, ²2004.
33 Im anschließenden Überblick folge ich der Versnummerierung der kritischen Ausgabe von Hanhart.

Zus. C,12–30: Einführung und Text des Gebets der Esther

Zus. D,1–16:	Bericht über Esthers Audienz beim König
5,3–5a:	Fortführung des Berichtes über Esthers Audienz beim König
5,5b–8:	Bericht über ein Festmahl in Esthers Haus
5,9–14:	Bericht über Hamans Racheplan an Mordechai
6,1–11:	Bericht über die Erhöhung Mordechais durch den König
6,12–14:	Bericht über Hamans und Mordechais Reaktion auf des Königs Tat
7,1:	Einführung einer neuen Situation
72–4:	Bericht über ein Gespräch zwischen Esther und dem König
7,5–8:	Bericht über ein zweites Gespräch zwischen Esther und dem König
7,9–10:	Bericht über ein Gespräch zwischen Harbona und dem König
8,1–2:	Einführung der Szene
8,3–8:	Bericht über ein Gespräch zwischen Esther und dem König
8,9–12:	Bericht über den offiziellen Plan zur Abwehr von Hamans Plan
Zus. E,1–24:	Einführung und Text des königlichen Erlasses zum Schutz der Juden
8,13–14:	Fortführung des Berichtes über den offiziellen Plan zur Abwehr von Hamans Plan
8,15–17:	Bericht über eine Aktion Mordechais und die Reaktion der Stadtbürger
9,1–19:	Bericht über die Selbstverteidigung der Juden gegen ihre Feinde
9,20–32:	Bericht über die Aufzeichnung der Ereignisse
10,1–3:	Schluss der Erzählung
Zus. F,1–10:	Bericht über Mordechais Traumdeutung
Zus. F,11:	Kolophon

Bei der Beschäftigung mit dem griechischen Text von Kapitel 4 geht es vor allem um die Änderungen, die der/die griechische ÜbersetzerIn in diesem Kapitel vornahm, obgleich es dabei eigentlich nur um eine einzige größere Veränderung geht. Dem Kapitel 4 wird lediglich ein längerer Satz hinzugefügt. Am Ende von Vers 8 wird Esther gebeten, die Tage ihrer Jugend mit den (gegenwärtigen) Tagen zu vergleichen (wörtlich: zu erinnern), in denen Haman alle Juden vernichten will. Mordechai beschwört Esther, zum König zu gehen und ihn im Namen der Juden anzuflehen, sie vor dem Tod zu bewahren. Geändert wird auch der Name des Eunuchen. Sein Name ist jetzt nicht mehr Hatach, sondern Akrataios. Darüber hinaus werden die seltsamen Pluralformen in Vers 12 und Vers 15 vermieden und dafür jeweils der Singular gesetzt. Nur Akrataios – nicht unidentifizierte »sie« – ist der Bote. Abgesehen davon folgt der/die ÜbersetzerIn bis zum Kapitelende getreulich dem hebräischen Text. Die Struktur des Kapitels gleicht demnach der des hebräischen Kapitels:

V. 5:	Esther lässt Akrataios kommen		
	V. 6:	Akrataios geht zu Mordechai	
		V. 7–8:	Mordechai erklärt, warum er was macht
			V. 9: Akrataios kommt zu Esther zurück und berichtet
V. 10:	Esther lässt wiederum Hatach kommen		
V. 11:	Esther richtet ihre Nachricht aus		
	V. 12:	Akrataios geht zu Mordechai und richtet ihre Nachricht aus	
		V. 13–14:	Mordechai vermutet, was Esther tun wird
V. 15:	Esther lässt Akrataios eine Nachricht an Mordechai ausrichten		
V. 16:	Esther richtet ihre Nachricht aus		
		V. 17:	Mordechai gehorcht

Wiederum gewinnt die Erzählung an Lebendigkeit durch das Weglassen einiger Elemente in der zweiten und dritten Runde der Konversation.[34]

b) Analyse

Die Septuaginta gibt den entscheidenden Vers 14 folgendermaßen wieder: »Denn wenn du schweigst in einer solchen Zeit wie dieser, wird den Juden Hilfe und Schutz anderswoher kommen, aber du und das Haus deines Vaters werden untergehen.« Die Herausgeber von *A Handbook on the Book of Esther* kommentieren: »In the Greek version the words ‚help and protection from another quarter' clearly refer to Divine help.«[35] Die Frage ist, ob das wirklich der Fall ist oder nicht. Deshalb sollen die in Vers 14 verwendeten Wörter und ihr unmittelbarer Kontext näher untersucht werden.

Wie schon erwähnt, kommt die adverbiale Bestimmung »anderswoher« in der griechischen Bibel nur hier vor. Es gibt also keine andere

---

34 Siehe hierzu die Bemerkungen zur Struktur des hebräischen Textes.
35 Roger L. Omanson und Philip A. Noss (Hg.), A Handbook on the Book of Esther: The Hebrew and Greek Text, New York 1997, 132.

Passage, die uns helfen könnte, die genaue Bedeutung des Wortes zu bestimmen oder herauszufinden, ob es hier um eine religiöse oder nichtreligiöse Bedeutung geht.

Die beiden Nomen in der Wendung βοήθεια καὶ σκέπη, »Hilfe und Schutz«, kommen im Estherbuch jeweils nur einmal vor. Das Wort »Hilfe« (βοήθεια) wird außerhalb des Estherbuches aber häufig verwendet. Es steht in unterschiedlichem Kontext, wie z. B. Hilfe für König David; König David als Helfer; Hilfe von Gott; keine Hilfe von Gott; Selbsthilfe; Hilfe der Gerechten; Brüder und Schwestern als Helfer; niemals der Hilfe bedürftig. In den Prophetenbüchern kommt Hilfe von Assyrien, von Ägypten, von Tyrus und Sidon, vom Pharao, und so weiter.[36] Auch Gott selbst wird »meine Stärke und mein Helfer« genannt. In den Makkabäerbüchern kommt Hilfe sowohl vom Himmel als auch von den Menschen. Hilfe kommt von anderen oder von Gott; Hilfe wird anderen zuteil – einmal auch Gott –, und es gibt sogar Hilfe für Dinge. Das Verb »helfen« (βοηθέω) erscheint allerdings wiederholt im griechischen Estherbuch.[37] Es bezieht sich auf die Juden, denen erlaubt wird, sich selbst zu helfen, und auf Gott, den Esther anfleht zu helfen. In Zusatz C,14 ist Gott als »der Helfer« (βοηθός) identifiziert. Das Word »Helfer« wird oft in der LXX verwendet. Der Gott meines Vaters ist mein Helfer; Friede unseren Helfern; die Frau ist des Mannes Helfer; der Vaterlose hat keinen Helfer. Im Buch Nahum werden die Libyer zu Helfern. In Jesaja ist Gott der Helfer. Im zweiten Makkabäerbuch ist der Helfer charakterisiert als »derjenige, der im Himmel wohnt. Und er richtet seine Augen auf jenen Ort und verteidigt ihn.«[38]

Das Wort »Schutz« (σκέπη), ebenfalls nur einmal im LXX Estherbuch, hat sonst in der LXX unterschiedliche Bedeutungen, je nachdem, wem der Schutz gewährt wird. Die Bedeutungsspanne reicht vom Schutz

---

36 Siehe z. B.: Ri 5,23; 2. Kön 18,3; 1. Chr 28,21; Jes 8,20; 20,6; 30,5.6.32; 3,1.3; 47,14; Jer 16,19; 29(47),4; 44(37),7.
37 Zus. C,14. 25; 8,11; 9,16.
38 Siehe Gen 2,18. 20; Ex 15,2; 18,4; Deut 33,7. 26. 29; Ri 5,23; 1. Kön 22,42; 1. Chr 12,18; Hi 8,6 (zweimal); Ri 7,25; 9,4. 11; Hi 22,25; 29,12; Ps 9,9. 35; 17(18),14; 26(27),9; 17(18),7; 29(30),10; 32(33),20; 39(40),17; 45(46),1; 51(52),7; 58(59),17; 61(62),8; 62(63),7; 69(70),5; 70(71),7; 71(72),12; 77(78),35; 80(81),1; 93(94),22; 113,17(= 115,9), 18(= 115,10), 19(= 115,11); 117 (118),6. 7; 118(119),114; 145(146),5; Sir 36,29(26); 51,2 (zweimal); Nah 3,9; Jes 8,13; 17,10; 25,4; 50,7; 63,5; Hes 12,14; 2. Makk 3,39.

in der Form eines Hausdachs, zum Schutz von Schatten, Gebirgen, verschiedenen Bäumen oder Steinen, Schutz für die Weisheit, Schutz der Reichen, der Sünder, der Freunde, und auch für Gott (in den Psalmen und in Sir 31[34],16). In Jesaja verspricht Gott Schutz zu gewähren, oder seine Hand ist ein Schutz, oder er selbst ist der Schutz. In den Makkabäerbüchern ist der Gebrauch ähnlich: Judas erhält Schutz und Hilfe vom Herrn. Schutz kann von Gott und von anderen kommen. Jedesmal ist angegeben, woher der Schutz kommt. Es kann sich sowohl um Schutz vom Himmel als auch um Schutz von einem Menschen oder einer Sache handeln. Auch von demjenigen, der den Schutz gewährt, dem Beschützer (σκεπασθής), ist in der griechischen Bibel oft die Rede. Miriam preist den Herrn in ihrem Lied (Ex 15,2) und verkündet Gott als ihren Helfer und Beschützer. Wörtlich sagt der Text: »Helfer und Beschützer, Rettung war er für mich. Das ist mein Gott und ich rühme ihn.« In Griechisch: βοηθὸς καὶ σκεπαστὴς ἐγένετό μοι εἰς σωτηρίαν. οὗτός μου θεός καὶ δοξάσω αὐτόν. Ähnlich begegnen in Jdt 9,11, PsSal 1,2, und Sir 51,2 die Worte »Helfer und Beschützer«. In Dtn 32,28 sagt Gott: »Wo sind ihre Götter, denen sie vertrauen? Lass sie aufstehen und kommen und dir Hilfe verleihen, lass sie dir Schutz geben.« Die Wörter im hebräischen Deuteronomium sind anders als die Wörter im hebräischen Estherbuch, doch die Wörter des griechischen Deuteronomiums entsprechen weitgehend den Wörtern des griechischen Estherbuches. Im LXX Deuteronomium verwendet der Verfasser βοηθέω und σκεπαστής, ein Verb und ein Nomen, »helfen« und »Helfer«. Genau dieselbe Kombination findet sich in PsSal 2,38. Das LXX Estherbuch hat aber noch ein anderes Element mit dem Deuteronomium gemeinsam. Beide Texte haben ein Wort, das als griechisches Äquivalent des hebräischen Verbs »sich erheben« angesehen werden kann. »Aufstehen« (ἀνίστημι) und »sein« (ἔσται) bedeuten beide in Hebräisch »stehen« (עמד). Das LXX Estherbuch scheint das LXX Deuteronomium widerzuspiegeln. Ein entscheidender Unterschied muss allerdings beachtet werden: Im LXX Deuteronomium verweisen die Worte »andere Götter« nicht auf den Gott Israels. In allen anderen oben genannten Texten ist es der Gott Israels, der gebeten wird, Beschützer des Volkes zu sein.

Die in Est 4,14 verwendeten Wörter »anderswoher«, »Hilfe« und »Schutz« können sich sowohl auf menschliche Wesen und Handlungen als auch auf Gott und seine Handlungen beziehen. Im griechischen Estherbuch kann das Verb »helfen« mit göttlicher Hilfe assoziiert werden.

Während sonst in der griechischen Bibel mit »helfen« sowohl auf einen irdischen Helfer als auch auf einen Helfer vom Himmel verwiesen werden kann, bezieht das LXX Estherbuch das Nomen »Helfer« nur auf Gott. Genauer gesagt, Gott ist in Zus. C,14 als »der Helfer« identifiziert. Die im griechischen Text verwendeten Wörter scheinen auf eine religiöse Interpretation von Vers 14 hinzudeuten.

Die einzige Identifikation Gottes mit dem Helfer im Estherbuch gibt es in Zusatz C. In der Tat hebt Zusatz C den religiösen Charakter der griechischen Esthergeschichte hervor. Allerdings trägt auch Zusatz D zum religiösen Charakter des Textes bei. Diese beiden Zusätze folgen unmittelbar auf Kapitel 4. Zusatz C ist unterteilt in das Gebet Mordechais und das Gebet Esthers. Die ersten Worte, die Mordechai ausspricht, sind: »O Herr, Herr, du herrschst als König über alles, denn das All untersteht deiner Macht, und es gibt keinen, der sich dir widersetzen kann, wenn du Israel retten willst.« Ähnlich betet Esther: »O mein Herr, du bist unser einziger König; hilf mir, die ich keinen anderen Helfer außer dir habe...« Darüber hinaus hat auch der erste Satz von Zusatz D einen religiösen Ton: »Am dritten Tag, als sie ihr Gebet beendet hatte, legte sie ihre Gewänder ab, in denen sie gebetet hatte...« Beide Zusätze (C und D) sind deutlich religiöse Erweiterungen. Doch damit ergibt sich nun die Frage, wer kommen und die Juden erretten wird. Mordechai betet: »O Herr, verschließe nicht die Lippen derer, die dich preisen.« Esther betet: »O Gott, der Macht über das All hat, höre die Stimme der Verzweifelnden und errette uns aus der Hand der Bösen. Und rette mich vor meiner Furcht.« In den Zusätzen ist es Gott, von dem die Rettung der Juden erwartet wird.

Lässt man diese Zusätze beiseite, verschwindet auch das Bild von Gott als dem Helfer. Deshalb liegt dem/der ÜbersetzerIn daran, Gott an verschiedenen Stellen in die griechische Erzählung einzuschieben. Gott ist nicht nur in den Zusätzen genannt, sondern erscheint auch in dem restlichen Teil der Erzählung. In 6,13 heißt es im hebräischen Text z. B.: »Wenn Mordechai, vor dem dein Untergang schon begonnen hat, zum Volk der Juden gehört, wirst du nichts gegen ihn ausrichten können, sondern du wirst gewiss durch ihn zu Fall kommen.« Die griechische Übersetzung des »kanonischen« Satzes des hebräischen Textes enthält einen Verweis auf Gott: »Wenn Mordechai zum Volk der Juden gehört, und deine Erniedrigung durch ihn hat schon begonnen, wirst du sicher gestürzt werden. Du wirst dich nicht verteidigen können, denn der lebendige Gott ist mit ihm.« Die Übersetzung verweist auf Gott auch in 2,20; 4,8 und 6,1.

Aus all dem erweist sich deutlich, dass die griechische Übersetzung des hebräischen Textes ein religiöser Text ist. In der griechischen Übersetzung werden Hilfe und Schutz für die Juden von Gott kommen. Die Übersetzung des hebräischen Textes führte zu einem Text, in dem Gott eine entscheidende Rolle spielt. Der neue Text des Estherbuches, die griechische Erzählung, ist eine Geschichte, die auf Gott verweist. Dieses Ergebnis beweist aber nicht, dass auch der hebräische Text Gott als Helfer der Juden im Sinn hatte; deutlich ist nur, dass die Übersetzung den hebräischen Text dahingehend interpretierte. Demnach kann die Frage, ob der/die ÜbersetzerIn den hebräischen Text von Vers 14 als auf Gott verweisend interpretiert hat, oder ob er/sie die hebräische Erzählung absichtlich umgeschrieben und dem Text eine religiöse Komponente untergelegt hat, nicht beantwortet werden.

D. Ergebnisse

Die griechische Übersetzung des hebräischen Estherbuches ist nicht nur eine Übersetzung sondern auch eine Interpretation des Buches. Während Gott im hebräischen Buch nicht vorzukommen scheint, schuf die Übersetzung eine Geschichte, in der Gott eine entscheidende Rolle spielt. In dem altgriechischen Estherbuch ist es Gott, der die Juden rettet. Die griechische Übersetzung hat also das biblische Estherbuch umgeschrieben.

Die neue Lesung des Estherbuches kann auch in einigen der jüngeren Übersetzungen wiedergefunden werden. Z. B. folgen die aramäische Übersetzung und weitere umgeschriebene Texte, wie Josephus und der zweite griechische Esthertext,[39] der religiösen Interpretation des griechischen Estherbuches, während andere, wie die syrische Übersetzung und die Vulgata, der hebräischen nichtreligiösen Erzählung folgen.

Die Debatte darüber, ob Gott in der Esthererzählung anwesend oder abwesend ist, wird allerdings weitergehen.

---

39 Zum zweiten griechischen Text siehe Kapitel III.

Kapitel II

Ein prä-masoretischer Bibeltext: Die letzte Bearbeitung eines alten Josuabuches[1]

A. Text und These

1. Der MT und LXX Text von Josua 10,14–18a[2]

ולא היה כיום ההוא	καὶ οὐκ ἐγένετο ἡμέρα τοιαύτη
לפניו ואחריו	οὐδὲ τὸ πρότερον οὐδὲ τὸ ἔσχατον
לשמע יהוה בקול איש	ὥστε ἐπακοῦσθαι θεὸν ἀνθρώπου·
כי יהוה נלחם לישראל	ὅτι Κύριος συνεπολέμησεν τῷ Ἰσραήλ.

---

[1] Teile dieses Kapitels wurden in folgenden Beiträgen verwendet: Kristin De Troyer, Did Joshua Have a Crystal Ball? The Old Greek and the MT of Joshua 10:15,17 and 23, in: M. Paul Shalom/Robert A. Kraft/H. Lawrence Schiffmann u. a. (Hg.), Emanuel: Studies in Hebrew Bible, Septuagint and Dead Sea Scrolls in Honour of Emanuel Tov, Leiden 2003, 571–589; dies., Reconstructing the Old Greek of Joshua, in: Wolfgang Kraus/Glenn Wooden (Hg.), The Septuagint in Ancient Judaism and Early Christianity, SCSt, Atlanta, in Vorbereitung.

[2] Der hebräische Text ist von der Biblia Hebraica übernommen, vgl. Josua et Judices. BHS 4, Stuttgart 1972/77, 1983. Zum griechischen Text siehe Alan England Brooke und Norman McLean, The Old Testament in Greek according to the text of codex Vaticanus supplemented from other uncial manuscripts, with a critical apparatus containing the variants of the chief ancient authorities for the text of the Septuagint, Teil 4: Joshua, Judges and Ruth, Cambridge 1917.

וישב יהושע וכל־ישראל עמו	
אל־המחנה הגלגלה	
וינסו חמשת המלכים האלה	Καὶ ἔφυγον οἱ πέντε βασιλεῖς οὗτοι,
ויחבאו במערה	καὶ κατεκρύβησαν εἰς τὸ σπήλαιον
במקדה	τὸ ἐν Μακηδά.
ויגד ליהושע לאמר	καὶ ἀπηγγέλη τῷ Ἰησοῦ λέγοντες
נחבאים נמצאו חמשת המלכים	Εὕρηνται οἱ πέντε βασιλεῖς κεκρυμμένοι
במערה במקדה	ἐν τῷ σπηλαίῳ ἐν Μακηδά
ויאמר יהושע...	καὶ εἶπεν Ἰησοῦς...

Übersetzung des hebräischen Textes

14. Weder vorher noch nachher hat es je einen Tag wie diesen gegeben, an dem der Herr auf die Stimme eines Menschen hörte, denn der Herr kämpfte für Israel. 15. Danach kehrte Josua und mit ihm ganz Israel in das Lager nach Gilgal zurück. 16. Unterdessen waren die fünf Könige geflohen und hatten sich in der Höhle bei Makkeda versteckt. 17. Und man meldete Josua: »Die fünf Könige sind gefunden, versteckt in einer Höhle bei Makkeda.« 18. Josua sagte: ...

Übersetzung des griechischen Textes[3]

14. Und weder vorher noch nachher gab es einen solchen Tag, dass Gott auf einen Menschen gehört hätte, denn der Herr kämpfte auf Israels Seite. 16. Und die fünf Könige flohen und versteckten sich in einer Höhle in Makeda. 17. Und es wurde Josua gemeldet mit den Worten: »Die fünf Könige sind versteckt in einer Höhle in Makeda gefunden worden.« 18. Und Josua sagte: ...

---

3 Die Übersetzung des griechischen Josuatextes stützt sich auf Lancelot Charles Lee Brenton, The Septuagint Version of the Old Testament and Apocrypha with an English Translation and with Various Readings and Critical Notes, London 1851, Nachdr., Grand Rapids, MI 1978.

2. These

In Vers 15 werden zwei Vorgänge berichtet: 1., dass Josua in das Lager nach Gilgal zurückgekehrt war, und 2., dass ganz Israel Josua begleitet hatte. Die Erwähnung, dass Josua in das Lager nach Gilgal zurückgekehrt war, ist einer der letzten Zusätze zur Josuaerzählung. Der Altgrieche ist ein Zeuge für einen prä-masoretischen Josuatext, in dem Gilgal keine entscheidende Rolle spielte. Doch war der Ort Gilgal im 2. Jh. v. u. Z. von so großer symbolischer Bedeutung, dass er in die hebräische Josuaerzählung aufgenommen wurde. Damit ist Vers 15, der Bericht von Josuas Rückkehr in das Lager von Gilgal – unter Begleitung ganz Israels – die letzte Bearbeitung des Textes des Josuabuches. Die Untersuchung von Vers 15 führt auch zu neuen Einsichten hinsichtlich der Verse 17 und 43.

B. Textzeugen und Meinungen

1. Textzeugen

Wie sicher bereits bemerkt wurde, enthält der griechische Text einen Satz weniger als der hebräische: Vers 15. Ein kurzer Blick auf die alten Zeugen bestätigt das Vorhandensein dieses Verses in der hebräischen und sein Fehlen in der griechischen Tradition. In der lateinischen Vulgata, der syrischen Peschitta[4] und dem aramäischen Targum Jonathan[5] ist Vers 15 vorhanden. Sabatier[6] hat die Verse 15 und 16 nicht in seiner Vetus

---

4   Johann E. Erbes, Joshua, in: Donald J. Lane/Allison Peter Hayman/W. M. van der Vliet u. a. (Hg.), Leviticus – Numbers – Deuteronomy – Joshua: The Old Testament in Syriac according to the Peshitta Version, Part I, Faszikel 2; Part II, Faszikel 1b, Leiden 1991, 26.

5   Brian Walton, Biblia Polyglotta. Siehe auch Daniel J. Harrington und Anthony J. Saldarini, Targum Jonathan of the Former Prophets, The Aramaic Bible 10, Edinburgh/Wilmington, DE 1987, 33–34.

6   Sabatier, Bibliorum sacrorum latinae. Am Seitenrand notiert Sabatier, welche Manuskripte er benutzt hat. War die kritische Beuron Edition eines entsprechenden Buches noch nicht publiziert, wurde der »Wert« des am Rand von

Latina. In den Bemerkungen zu seinem Text stellt er fest, dass die Verse 17–25 mit dem griechischen Text übereinstimmen. Allerdings gibt es dort keine Bemerkung über die Verse 15 und 16.[7] Das Lyon Manuskript der Vetus Latina[8] hat Vers 15 auch nicht.

Mit dem hebräischen Text von Vers 15 ist noch ein weiteres Problem verbunden, obgleich es auf den ersten Blick kaum ins Gewicht zu fallen scheint. In der Stuttgarter Ausgabe des hebräischen Textes findet sich eine masoretische Bemerkung zu Vers 15, oder genauer gesagt, zu einer bestimmten Wendung von Vers 15: »und ganz Israel«. Die Bemerkung besagt, dass diese Wendung 35mal in der Bibel vorkommt. Nach der masoretischen Notiz des Cairoer Codex ist die Zahl allerdings nicht 35, sondern nur 34.[9] Es scheint eher verwunderlich, dass es diesen kleinen

---

Sabatiers Ausgabe erwähnten Manuskripts überprüft anhand von Grysons Bemerkungen zu dem Manuskript, die er in seiner Liste altlateinischer Manuskripte bietet; vgl. Gryson, Altlateinische Handschriften.

7 Ähnlich auch Josua 10,15ff.
8 Ulysse Robert, Heptateuchi partis posterioris versio latina antiquissima e codice Lugdunensi, Lyon 1900. Diese Ausgabe liest »15–16«, aber nach »15–16« erscheint nur der Text von Vers 16.
9 Die Masora Parva liest: לה ד״פ דכות. Demnach macht die masoretische Notiz klar, dass die Wendung 35mal am Anfang eines Verses steht. Die darauffolgenden Passagen haben die Bemerkung: Jos 3,17; 7,24; 8,15; 8,21; 10,15; 10,29; 10,31; 10,34; 10,36; 10,38; 10,43; 1. Sam 17,11; 2. Sam 3,37; 4,1; 18,17; 1. Kön 8,62; 8,65; 11,16; 15,27; 16,17; 2. Kön 9,14; Esra 2,70; 8,25; 10,5; Neh 7,72; 1. Chr 11,4; 13,6; 13,8; 2. Chr 7,6; 7,8; 10,3; 12,1; 13,4; 13,15.
Gérard E. Weil, der führende Herausgeber der Anmerkungen zur Biblia Hebraica, fügte allerdings in einigen Fällen sein berühmtes »sub loco« hinzu. Diese Wendung »indicates that he corrected an error in the Mp of L, or that the difficulty is due to the absence of a related list in the Mm of L. These instances are discussed fully in our Massorah Gedolah, vol. iii.« Vgl. Page H. Kelley, Daniel S. Mynatt, und Timothy G. Crawford, The Masorah of Biblia Hebraica Stuttgartensia: Introduction and Annotated Glossary, Grand Rapids, MI 1998, 54; mit Hinweisen auf die BHS Einleitung, S. xvii. Da es bei Weil, Massorah Gedolah iuxta Codicem Leningradensem B 19a, Vol. 1: Catalogi, Rom 1971; Nachdr. 2001, keine Liste dieser Abschnitte gibt, kann sich die Notiz nur auf eine Korrektur Weils beziehen. Die »sub loco« Bemerkung steht bei Esra 2,70; 8,25; 10,5; Neh 7,72; 1. Chr 11,4; 13,8; 2. Chr 10,3; 12,1; 13,4 und 13,15; sicher stammen nicht zufällig alle diese Stellen vom letzten Teil der Bibel. Die erste »sub loco« Bemerkung erscheint 1. Chr 11,4 – und damit, entsprechend der Reihenfolge der Bücher in der griechischen Bibel, sofort nach 2. Kön. Weil zeigt damit an, dass die Zahl nicht korrekt war. Das erste Erscheinen der Anmerkung macht deutlich, dass der Grund für den Unter-

Unterschied zwischen den beiden Notizen gab, vor allem, weil die Masoreten für ihre korrekte Zählung bekannt sind.
Bei dem griechischen Text ergaben sich einige überraschende Probleme. Wenn man nämlich den textkritischen Apparat der Cambridge Edition der Septuaginta[10] ansieht, kann man die folgende Notiz zu Vers 15 entdecken (siehe Abb. 6):[11]

Καὶ ἐπέστερφεν ιησοῦς καὶ πᾶς ιηλ μετ᾽ αὐτοῦ εἰς τὴν παρεμβολὴν εἰς γάλγαλα B^{mg}Fb^{mg}GW^{12} 18 19 30 38 54 56 58 68 75 82 85^{mg} 108 120 121^{mg} 122 126 129 246 343^{mg} 344^{mg} 346^{mg} 370 376 426 458 488 489 628 630 646 669 707 730 ArmEth^{f}Syh (sub ÷; in O sub *)[13]

schied in der Zahlenangabe, und damit der »Fehler« irgendwo vor dem 1. Chronikbuch zu suchen ist. Die rabbinische Bibel bemerkt schon 1. Chr 11,4, dass die entsprechende Wendung 34mal vorkommt. Bei einer Überprüfung verschiedener Ausgaben der rabbinischen Bibel fand sich überall die Zahl 34 in der Bemerkung zu 1. Chr 11,4. Im Codex Leningradensis erscheinen masoretische Listen mit etlichen Versen und Abschnitten aus den Propheten unmittelbar vor den Chronikbüchern. Das ist offenbar genau die Stelle, an dem sich sonst Verweise auf Nummern und Abschnitte finden. Siehe Codex Leningradensis, folio 326ff (Edition, 663ff).
Zur Zahl 34 siehe F. Pérez Castro, El Códice de Profetas de El Cairo, Textos y Estudios »Cardenal Cisneros« 26, Madrid 1980, 58 (bes. Anm. b). Pérez weist darauf hin, dass überall dort, wo der Leningrader Codex 35 liest, der Kairoer Codex 34 sagt. Pérez wiederholt seine Anmerkung Jos 3,17; 7,24; 8,15; 8,21; 10,15; 10,31; 10,34; 10,36; 10,38; 10,43, also überall in Josua, außer für 10,29. Der Herausgeber des Cairoer Codex nimmt an, dass Deut 21,21 ursprünglich deshalb nicht mitgezählt wurde, weil er im hebräischen Text »und ganz Israel« zu haben schien. Allerdings lag es wohl weniger an Deut 21,21 als an der Auslassung der Bemerkung neben 10,29. Der/die ursprüngliche SchreiberIn der masoretischen Bemerkungen am Rand des Cairoer Codex mag den Fehler nicht bemerkt haben, weil er/sie sich nur mit den Propheten beschäftigt hatte, und nicht mit dem gesamten hebräischen Text.

10 Brooke/McLean, The Old Testament in Greek.
11 Der Deutlichkeit halber wurde die Notiz der Cambridge Edition ein wenig verändert, doch werden alle Änderungen in den folgenden Anmerkungen erklärt.
12 »W« ist in der Cambridge Edition als »Θ« angegeben, der Washington Codex.
13 Die Buchstaben des Manuskripts wurden hier durch die Zahlen der Göttinger Ausgabe ersetzt. Zu den Buchstaben siehe das eingelegte Blatt und die Einleitung zur Cambridge Old Greek Testament Edition (siehe Abb. 7), sowie R. Holmes und J. Parsons, Vetus Testamentum graecum cum variis lectionibus, Oxford 1798–1827, Nachdr. Oxford 1897. Zu den Zahlen siehe Alfred Rahlfs, Verzeichnis der griechischen Handschriften des Alten Testaments für das Sep-

In der Ausgabe des Josua Schøyen Papyrus (MS 2648, Ra 816)[14] ist eine kurze Anmerkung hinzugefügt, um die Notiz zu vervollständigen und anzuzeigen, welche Zeugen Vers 15 wegließen und welche ihn bieten (siehe Abb. 8). Dabei ergab sich folgendes Resultat:

Καὶ ἐπέστερφεν ιησους καὶ πᾶς ιηλ μετ᾿ αὐτοῦ εἰς τὴν παρεμβολὴν εἰς γάλγαλα om[15] in BAF^{b}V[16] OldLat[17] Sah^{b}Sah^t; exstat[18] in B^{mg}F^{bmg}GW 18 19 30 38 54 56 58 68 75 82 85^{mg} 108 120 121^{mg} 122 126 129 246 343^{mg} 344^{mg}346^{mg} 370 376 426 458 488 489 628 630 646 669 707 730 ArmEth^{f}Syh (sub ÷; in O sub *)

Mit Blick auf die Liste der Zeugen wird davon ausgegangen, dass Vers 15 ein hexaplarischer Zusatz zu dem altgriechischen Josuatext ist. Sein Fehlen beruht ganz sicher nicht auf Homoioteleuton.

13 Die Buchstaben des Manuskripts wurden hier durch die Zahlen der Göttinger Ausgabe ersetzt. Zu den Buchstaben siehe das eingelegte Blatt und die Einleitung zur Cambridge Old Greek Testament Edition (siehe Abb. 7), sowie R. Holmes und J. Parsons, Vetus Testamentum graecum cum variis lectionibus, Oxford 1798–1827, Nachdr. Oxford 1897. Zu den Zahlen siehe Alfred Rahlfs, Verzeichnis der griechischen Handschriften des Alten Testaments für das Septuaginta-Unternehmen aufgestellt, Mitteilungen des Septuaginta-Unternehmens 2, Berlin 1914. Siehe jetzt auch: Alfred Rahlfs, bearbeitet von Detlef Fraenkel, Supplement. Verzeichnis der griechischen Handschriften des Alten Testaments. Bd. I, 1: Die Überlieferung bis zum VIII. Jahrhundert (Septuaginta. Vetus Testamentum graecum, auctoritate Academiae Scientiarum Gottingenis editum Vol. I,1), Göttingen 2004. Für eine Beschreibung der Kursive 370 und 799 siehe John W. Wevers und Udo Quast, Deuteronomium, in: Septuaginta Vetus Testamentum Graecum Auctoritate Academiae Scientiarum Gottingensis editum, Vol. III/2, Göttingen 1977. Für die ausführliche Liste von Zeugen zu Josua sei Udo Quast vom Septuaginta Institut in Göttingen herzlich gedankt.
14 De Troyer, Joshua.
15 »Ausgelassen«.
16 »V« ist in der Cambridge Edition mit »N« angegeben. Dieser Codex besteht aus zwei Teilen. Ein Teil befindet sich in der Bibliothek des Vatikans. Sein Name ist »Codex Basiliano-Vaticanus«, Vatikan Nummer: gr. (= graece) 2106. Der andere Teil heißt »Codex Venetus«, daher »V«, und befindet sich – wie sein Name sagt – in Venedig (in der Markuskirche), gr. (= graece) 1.
17 Die Herausgeber der Cambridge Edition verwendeten gothische Buchstaben für die Markierung der Texte und ihrer Übersetzungen. Meine Josua-Ausgabe dagegen benutzt die gegenwärtigen englischen Abkürzungen, wie z. B. »OldLat« für »Vetus Latina«.
18 Latein für »vorhanden«.

zum Semikolon: »Καὶ ἐπέστερφεν ἰησοῦς καὶ πᾶς ιηλ μετ' αὐτοῦ εἰς τὴν παρεμβολὴν εἰς γάλγαλα om in BAF[b]V OldLatSah[b]Sah[t]«. Der griechische Text ist der Text von Vers 15. Woher kommt dieser Text? In dem Haupttext der griechischen Josua-Ausgabe findet er sich nicht. Deutlich ist auch, dass dieser Vers in den Codices B, A, dem korrigierten Text von Codex F (angezeigt mit Fb) und Codex V fehlt. Darüber hinaus fehlt Vers 15 in der altgriechischen Übersetzung[19] sowie in der sahidischen Übersetzung des griechischen Textes.[20]

Der zweite Teil der Anmerkung lautet folgendermaßen: »exstat in B[mg]Fb[mg]GW 18 19 30 38 54 56 58 68 75 82 85[mg] 108 120 121[mg] 122 126 129 246 343[mg] 344[mg] 346[mg] 370 376 426 458 488 489 628 630 646 669 707 730 ArmEth[f]Syh (sub ÷; in O sub *)«. Dieser zweite Teil der Notiz besagt, dass Vers 15 auf dem Rand von Codex B und auf dem Rand des korrigierten Textes vorhanden ist, wie er sich in F[b] (= B[mg]Fb[bmg]) findet, sowie in dem Standardtext der Codices G und W. Vers 15 ist darüber hinaus auch in einer Reihe von Manuskripten vorhanden, die in griechischen Kursivbuchstaben geschrieben sind. Man kann eine Liste dieser Manuskripte in der Cambridge Edition finden. Die Herausgeber dieser Edition haben kenntlich gemacht, welche Manuskripte ihnen 1917 noch verfügbar waren. So konnte ihre Liste mit der des Göttinger Septuaginta-Unternehmens verglichen werden. Das Septuaginta-Unternehmen hat die meisten – wenn nicht alle – griechischen Zeugen sorgfältig untersucht; die handgeschriebenen Bände zu jedem biblischen Buch enthalten alle Varianten des griechischen Textes.[21] Vers 15 ist in folgenden Manuskripten vorhanden: 18 19 30 38 54 56 58 68 75 82 85[mg] 108 120 121[mg] 122 126 129 246 343[mg] 344[mg] 346[mg] 370 376 426 458 488 489 628 630 646 669 707 730. In 85 und 121 befindet sich der Text von Vers 15

---

19 Siehe oben, Anmerkung 87.
20 Die Herausgeber der Cambridge Edition benutzten eine Ausgabe des koptischen Textes, nämlich die von Herbert Thompson. Gegenwärtig gibt es aber zwei Ausgaben. In meiner Josua-Edition wurde die Lesung der neuesten Ausgabe hinzugefügt und darum zwischen der von Bodmer bearbeiteten koptischen Ausgabe, angegeben mit »b«, und der von Thompson edierten, angegeben mit »t«, unterschieden. Vgl. Bibliotheca Bodmeriana. Papyrus Bodmer XXII. Josué VI,16–25, VII,6–XI,23, XXII,1–2, 19–XXIII,7, 15– XXIV,23 en sahidique, Rudolphe Kasser (Hg.), Cologny-Genève 1963; und Herbert Thompson, A Coptic Palimpsest containing Joshua, Judges, Ruth, Judith and Esther in the Sahidic Dialect, Oxford 1911.
21 Diese Bände heißen im Göttinger Institut »Kollationshefte«.

allerdings nur auf dem Seitenrand, nicht im eigentlichen Text.[22] Vers 15 ist auch in der armenischen und äthiopischen Übersetzung vorhanden, sowie in der syrischen Übersetzung der Hexapla, genannt Syro-Hexapla. In letzterer ist die Lesung allerdings mit einem Asteriskus (*) versehen, der anzeigt, dass Vers 15 von Origenes herrührt, unter (wahrscheinlicher) Benutzung des Textes von Theodotion.

In Kapitel I waren die alten Übersetzungen, wie die sahidische, die armenische, die äthiopische und die Syro-Hexapla, nicht erwähnt. In diesem Kapitel spielen sie aber eine gravierende Rolle. Wie der Name schon andeutet, ist die Syro-Hexapla eine syrische Übersetzung der Hexapla. Die Hexapla selbst ist eine von Origenes erstellte, in sechs Kolumnen präsentierte Synopse des biblischen Textes.[23] Dieses gigantische Werk war schon recht früh ins Syrische übersetzt worden. Später wurde allerdings noch eine andere syrischen Bibel publiziert: die Peschitta.[24] Die frühe Syro-Hexapla ist ein ausgezeichneter Zeuge für die Revision des Origenes. In der Syro-Hexapla blieben viele der von Origenes benutzten editorischen Zeichen erhalten. Wenn man die Syro-Hexapla konsultiert, kann man am ehesten feststellen, ob ein Text tatsächlich von Origenes hinzugefügt wurde, oder ob er als zur altgriechischen Tradition

---

22 Es ist nicht überraschend, dass Vers 15 in den Kursiven 19, 82, und 108 vorhanden ist, denn sie sind lukianische Zeugen; Lukian versuchte den griechischen Text dem hebräischen Text anzugleichen, höchst wahrscheinlich dem MT, wie wir ihn jetzt vor uns haben. Weiterhin ist nicht überraschend, dass Vers 15 auf dem Rand des Kursivtextes 121 nachgetragen ist und nicht im eigentlichen Text vorhanden war. Manuskript 121 – sehr oft zusammen mit 509 und der äthiopischen Übersetzung – hat den altgriechischen Text aus der Zeit vor der Revision des Origenes bewahrt. Ein späterer Redaktor bemerkte das Fehlen von Vers 15 und fügte ihn am Rand hinzu. Überraschend ist dagegen die Anwesenheit von Vers 15 in der äthiopischen Version, denn der äthiopische Text – zusammen mit B, 121 und 509 – ist meist ein Zeuge für den durch die Hexapla unbeeinflussten altgriechischen Text. Andererseits ist der Vers nur in einem der Codices des äthiopischen Textes vorhanden, nicht in allen.
23 Siehe oben, Kapitel I.
24 Die Forschung hat sich ausgiebig mit der Hexapla, ihrer syrischen Übersetzung, sowie mit der Peschitta beschäftigt. Siehe z. B. Alison Salvesen, (Hg.): Origen's Hexapla and Fragments, TSAJ 58, Tübingen 1998; Bas Ter Haar Romeny, Techniques of Translation and Transmission in the Earliest Text Forms of the Syriac Version of Genesis, in: P. B. Dirksen/A. van der Kooij (Hg.), The Peshitta as a Translation: Vortrag auf dem II. Peshitta Symposium in Leiden, 19–21 August 1993, Leiden 1995, 177–185.

gehörig angezeigt ist. Der wichtigste Zeuge für die Syro-Hexapla ist wiederum der Codex (Syrohexaplaris) Ambrosianus, datiert in das 8. Jh. u. Z.[25] Auch andere bedeutende Zeugen zur Syro-Hexapla wurden publiziert. Arthur Vööbus gab z. B. 1975 ein wichtiges syro-hexaplarisches Manuskript heraus.[26] Baars publizierte 1968 andere syro-hexaplarische Texte.[27] Der Göttinger Gelehrte De Lagarde[28] bereicherte schon 1892 die Forschung mit einer heute noch benutzten kritischen Edition der Syro-Hexapla.[29] In der Syro-Hexapla ist Vers 15 mit einem Obelus ver-

25 Die Faksimile Edition wurde 1874 publiziert: H. M. Ceriani, Codex Syro-Hexaplaris Ambrosianus, Monumenta sacra et profana, Tomus VII, Mediolani 1874. Eine am Anfang des Codex später hinzugefügte Bemerkung besagt, dass dieser Band »Pars Testamenti Veteris Syro stylo iuxta interpretationem Septuaginta« ist, und zählt dann den Inhalt auf: die Psalmen, Hiob, Sprüche, Kohelet, das Hohelied, Jesus Sirach, das Zwölfprophetenbuch, Jeremia, Baruch, die Klagelieder, der Brief des Jeremia, Daniel (mit Susanna und Bel), Ezechiel und Jesaja. Der andere Teil des Codex ist verloren. Field notiert in einer Anmerkung, dass Codex Ambrosianus und der von Masius benutzte Codex zusammengehören könnten (Masii codicem et Mediolanensem at unum idemque totius versionis exemplare olim pertinuisse non improbabiliter suspicati sunt VV.DD. de Rossio, Norbergius, Ceriani). Vgl. Fridericus Field, Origenis Hexaplorum quae supersunt; sive veterum interpretum graecorum in totum Vetus Testamentum Fragmenta, Tomus 1: Prolegomena: Genesis-Esther, Oxford 1875, lxvii, Anm. 1. Der von Masius benutzte, nun verlorene Syro-Hexapla Codex enthielt Josua, Richter, die Königsbücher (1–4), die Chronikbücher, Esra, Esther, Judit, Tobit, und einen bedeutenden Teil von Deuteronomium. Andreas Masius publizierte 1574 Lesungen dieses Codex in seinem Buch mit dem Titel: Josuae Historia, Antwerpen 1574. Die meisten Forscher konsultieren allerdings eine Sammlung von Auszügen, die publiziert sind unter dem Titel: Critici sacri: sive Annotata doctissimorum virorum in Vetus ac Novum Testamentum. Als Herausgeber sind folgende beeindruckende Namen aufgeführt: »Excudunt Henricus & Vida Theodori Boom, Joannes & Aegidius Janssonii à Waesberge, Gerhardus Borstius, Abraham à Someren, Joannes Wolters Amstelaedami Guiljelmus van de Water Ultrajecti,« 1698. Die ursprüngliche Ausgabe mag 1660 in London erschienen sein, und zwar mit dem Titel: Critici sacri sive doctissimorum virorum in S.S. Biblia Annotationes et Tractatus (für diesen Hinweis danke ich Gilbert Van Belle, Löwen). Einige dieser Verlagshäuser, oder deren Nachfolger, publizieren sogar noch heute!
26 Arthur Vööbus, The Pentateuch in the Version of the Syro-Hexapla: A Facsimile edition of a Midyat Ms. discovered 1964, CSCO 369, Leuven 1975.
27 W. Baars, New Syro-Hexaplaric Texts, Leiden 1968.
28 De Lagarde, Bibliothecae Syriacae, Göttingen 1892.
29 Dieses Buch ist außerordentlich brauchbar im Hinblick auf Masius' Anzeigen

sehen.[30] Das bedeutet, dass dieser Vers nach dem syro-hexaplarischen Manuskript Teil des altgriechischen Textes war und nicht Teil des hebräischen Textes. Allerdings ist das genau das Gegenteil von dem, was die Zeugen anzeigen, denn Vers 15 fehlt im griechischen Text, ist aber vorhanden im hebräischen. Ein Asteriskus findet sich allerdings in Codex G, dem Leidener Codex Vossius, auch als Codex Sarraviani-Colbertini bekannt. Dieser Codex ist einer der besten Quellen für die von Origenes den ganzen Text hindurch verwendeten Symbole.

Die Zusammenfassung des obigen Paragraphen lautet in der kritischen Edition folgendermaßen: Syh (sub ÷; in *O* sub *). Entgegen aller Erwartung scheint die Syro-Hexapla anzuzeigen, dass Vers 15 zu dem altgriechischen Text gehört. Da Codex G aber hier einen Asteriskus hat, scheint dieser sagen zu wollen, dass die Obelus-Anzeige höchstwahrscheinlich ein Fehler ist. Auf jeden Fall sollte jedoch dem Zeugen für das Werk des Origenes, Codex G, hier der Vorzug eingeräumt werden. Danach gehörte Vers 15 nicht zum altgriechischen Josuatext.

Sowohl die armenische Übersetzung als auch ein Zeuge des äthiopischen Textes,[31] nämlich Codex F, enthalten ebenfalls Vers 15. Die armenische Übersetzung ist abhängig von der hexaplarischen Tradition und ist durch diese beeinflusst. Wenn die Syro-Hexapla diese Verse mit Obeli versah, dann hat höchstwahrscheinlich auch die armenische Abfassung Vers 15 in ihrem Text. Überraschend ist allerdings, dass er auch in der äthiopischen Fassung vorhanden ist, denn normalerweise ist der äthiopische Text ein Hauptzeuge für den Altgriechen. In diesem Falle muss unterstrichen werden, dass Vers 15 nur für einen äthiopischen Codex bezeugt ist, nämlich für Codex F. Damit dürfte sich die Frage nach dem Vorhandensein dieses Verses in der gesamten äthiopischen Überlieferung ergeben.

Aus der vorangehenden Untersuchung wurde deutlich, dass Vers 15 im Griechischen eine von Origenes besorgte Erweiterung ist, und dass

---

von hexaplarischem Material. Da sie allerdings nicht absolut verlässlich sind, wurden die Masius' Lesungen mit denen von de Lagarde verglichen.

30 De Lagarde bemerkt: »Versum XV. totum legit Syrus notatum obelisus [B* X praebet]. Est ille quidem etiam in Hebraicis libris nunc. Verum, non su, ut videtur loco positus.« Vgl. De Lagarde, Bibliothecae Syriacae, 134. Zu beachten ist allerdings, dass die Syro-Hexapla V. 43 keinen Asteriskus hat.
31 Vgl. Augustus Dillmann, Veteris testamenti aethiopici: Tomus primus sive octateuchus aethiopicus, Leipzig 1853.

diese Tradition in vielen Zeugen erhalten blieb. Nähere Erklärung verlangt aber noch die Annahme, dass dieser Vers seine Existenz nicht einfach einem Homoioteleuton verdankt, einem sehr häufigen Fehler, der entsteht, wenn der Blick beim Kopieren von einem Wort zum nächsten springt, weil beide Worte eine ähnliche Endung haben (teleuton = Endung; homoio = ähnlich). Beim Kopieren können noch weitere typische Fehler unterlaufen. Wenn sich einige Buchstaben einander ähneln, kann sich der/die KopistIn leicht verlesen, vor allem wenn er/sie[32] den Text entweder gar nicht versteht, oder später nicht Korrektur liest. Ein anderer Fehler unterläuft, wenn der/die SchreiberIn schon das nächste Wort im Auge hat und dabei vergisst, das angefangene Wort zu beenden. In vielen Fällen werden diese Fehler aber sofort beim Schreiben korrigiert.

Im Hinblick auf Vers 15 wäre es möglich, dass der/die SchreiberIn von diesem Versanfang direkt zum Anfang von Vers 16 gesprungen ist, da beide Verse mit »und . . .« beginnen, gefolgt von einem Verb im Imperfekt. Da Verben aber normalerweise am Versbeginn stehen und fast alle Erzählungsanfänge ein »und« haben, ergibt diese Erklärung keinen rechten Sinn. Das Auslassen von Vers 15 im griechischen Text geht daher wohl weniger auf einen Schreibfehler zurück, als darauf, dass Vers 15 überhaupt nicht in dem übersetzten Text, den der/die SchreiberIn vor sich hatte, vorhanden war.

2. Gegenwärtige Meinungen

Die Forschung hat sich recht ausgiebig dem griechischen Josuabuch gewidmet. Bahnbrechend war vor allem das umfangreiche Werk von Max Margolis. Er versuchte, die Zeugen des griechischen Josuatextes zu klassifizieren und zu ordnen, und rekonstruierte den altgriechischen Text.[33]

---

32 Höchstwahrscheinlich waren die Schreiber oder Kopisten Männer, doch soll die Möglichkeit einer Frau nicht von vornherein ausgeschlossen werden.
33 Max L. Margolis, The Book of Joshua in Greek According to the Critically Restored Text with an Apparatus Containing the Variants of the Principal Recensions and of the Individual Witnesses. Publications of the Alexander Kohut Memorial Foundation, Teil i–iv, Paris 1931(–1938), Teil 5, Philadelphia 1992. Für Korrekturen zu Margolis vgl. Tov, The Fifth Fascicle of Margolis' The Book of Joshua in Greek, JQR 74 (1984) 397–407; und auf Cees den Hertog, Anmerkungen zu Margolis' The Book of Joshua in Greek, BIOSCS 28 (1995), 51–56.

Viele Gelehrte sind seinem Beispiel gefolgt und haben ihre eigenen Ansichten über den altgriechischen Josuatext publiziert. Die meisten dieser Gelehrten sind allerdings Septuagintaforscher. In der Erforschung des hebräischen Textes spielte der griechische Josuatext bisher keine bedeutende Rolle. Das ist eher zu bedauern, da die Debatte über die verschiedenen redaktionellen Schichten im hebräischen Josuabuch, und besonders seiner deuteronomistischen Schicht, eher spannend ist.[34] Es stellt sich auch die Frage, wann der editorische Prozess des Neufassens beendet war. Diese Unsicherheit wiederum ist verbunden mit der Frage, wann denn die gesamte hebräische Bibel eigentlich zum Abschluss kam.

Es geht also nicht nur darum, wie der Altgrieche die hebräische Erzählung interpretiert hat, sondern auch, für welchen hebräischen Text er ein Zeuge ist. Die griechischen biblischen Manuskripte, die wir haben, sind – ebenso wie die hebräischen biblischen Manuskripte – nicht die ursprünglichen Texte, die von den ersten Autoren oder ersten Übersetzern erstellt wurden. Wir haben das Buch Josua weder in der Form, wie es von seinem/seiner letzten VerfasserIn vollendet wurde, noch haben wir das Autograph des griechischen Übersetzers. Autographen sind seltene Stücke. Man kann z. B. das Autograph von Thomas von Aquin in der Apostolischen Bibliothek des Vatikans bewundern.[35] Die Autographen der hebräischen und griechischen Bibel sind aber nicht erhalten. Die älteste bekannte Kopie des hebräischen Josuatextes findet sich unter den Texten aus der Judäischen Wüste.[36] Eugene Ulrich datiert

---

34 Martin Noth, Das Buch Josua, HAT I/7, Tübingen ²1953; Rudolf Smend, Das Gesetz und die Völker: Ein Beitrag zur deuteronomistischen Redaktionsgeschichte, in: H. Wolff (Hg.), Probleme biblischer Theologie, München 1971, 494–504; John A. Soggin, Joshua: A Commentary, OTL, Philadelphia 1972; Volkmar Fritz, Das Buch Josua, HAT I/7, Tübingen 1994; Ed Noort, Das Buch Josua: Forschungsgeschichte und Problemfelder, EdF 292, Darmstadt 1998; Reinhard Kratz, Die Komposition der erzählenden Bücher des Alten Testaments, Göttingen 2000; Walter Dietrich, Von David zu den Deuteronomisten: Studien zu den Geschichtsüberlieferungen des Alten Testaments, Stuttgart 2002.

35 Der offizielle Name der Bibliothek ist Bibliotheca Apostolica Vaticana; die Abkürzung ist BAV

36 Eugene Ulrich/Frank M. Cross/Sidnie White Crawford/J. Ann Duncan/Patrick W. Skehan/Emanuel Tov/Julio Trebolle Barrera, Qumran Cave 4. IX: Deuteronomy, Joshua, Judges, Kings, DJD XIV, Oxford 1995. (Vgl. Tov, 153–160; Ulrich, 143–152).

4QJoshᵃ in die zweite Hälfte des 2. Jh. oder in die erste Hälfte des 1. Jh. v. u. Z.[37] Emanuel Tov datiert 4QJoshᵇ in die Mitte des 1. Jh. v. u. Z.[38] Die Fragmente von 4QJoshᵃ enthalten Teile von Kapitel 10. Die Fragmente 17–18 enthalten Josua 10,2–5 und die Fragmente 19–22 Josua 10,8–11. Leider wurden keine Fragmente mit dem Text von Josua 10,15 gefunden. Die älteste Kopie des altgriechischen Josuatextes ist der Schøyen Papyrus MS 2648 (seine Göttinger Nummer im Rahlfs Verzeichnis ist 816[39]). Der Florentiner Papyrologe Rosario Pintaudi datiert ihn Ende des 2. oder Anfang des 3. Jh., genauer: ca. 210–215 u. Z.[40] Die Zeugen – d. h. der gerade genannte Papyrus und der Codex Vaticanus[41] – machen deutlich, dass Vers 15 von Kapitel 10 im 3. Jh. nicht im griechischen Josuabuch vorhanden war. Es gibt also gar kein Anzeichen dafür, dass Vers 15 überhaupt jemals im altgriechischen Josuatext enthalten war. Es ist sogar wahrscheinlich, dass es Vers 15 nicht einmal in dem hebräischen Text gab, mit dem der/die ÜbersetzerIn gearbeitet hat. Gibt es aber auch literarkritische Gründe dafür, dass Vers 15 nicht nur im griechischen Text weggelassen wurde, sondern schon in der dem/der ÜbersetzerIn vorliegenden hebräischen Vorlage fehlte? Für diese Frage wenden wir uns der literarkritischen Analyse zu, beginnend mit einer Analyse der Struktur des weiteren Kontextes der Passage und der Struktur der Passage selbst.

---

37 Ders., Qumran Cave 4–IX, 143.
38 Ders., Qumran Cave 4–IX, 153.
39 Diese Nummer erscheint nicht in der Ausgabe des Verzeichnisses von 1914; vgl. Alfred Rahlfs, Verzeichnis der griechischen Handschriften. Das Göttinger Septuaginta-Unternehmen, oder genauer, Detlef Fraenkel, der an der neueren Version des Verzeichnisses gearbeitet hat, hat dem Papyrus diese Nummer gegeben.
40 De Troyer, Joshua.
41 Siehe Codex vaticanus graecus 1209, Bibliorum sacrorum graecorum, Vatican City 1999. Für die Facsimile Edition des Codex Vaticanus von 1999 schrieben Paul Canart, Pierre-Maurice Bogaert und Stephen Pisano das begleitende Prolegomenon.

C. Analyse

1. MT

a) Struktur

Die hebräische Geschichte von Josua ist eine Geschichte von Eroberungen und Landverteilungen. Nachdem Josua als neuer Befehlshaber eingesetzt war, sandte er seine Agenten in das verheißene Land aus, das vor ihm lag. Nachdem ihm die Prostituierte Rahab (die einzige Frau in Josuas Leben?) geholfen hatte, befahl er den Israeliten, den Jordan zu überschreiten. Nach dem Einzug in das verheißene Land wurden die noch nicht beschnittenen Juden sofort beschnitten. Sie feiern das Passafest. Josua hat eine kurze Begegnung mit dem (Kommandanten des Heeres des) Herrn. Als Josua befohlen wird, Jericho einzunehmen, tut er das. Zuerst wird Jericho eingenommen, dann – nachdem anfangs einige Fehler gemacht wurden – wird Ai erobert. Am Ende der Eroberung von Ai wird ein Altar errichtet. Als die Könige jenseits des Jordans sich zum Kampf gegen Josua und die Israeliten entschließen, beginnen diese, oder genauer König Adonizedek von Jerusalem, die erste große Schlacht.[42] Nach Abschluss eines Vertrages mit Gibeon bekämpft und zerstört Josua die Städte von Libna, Lachisch, Eglon, Hebron und Debir – und jedesmal vernichtet er auch gleich deren König. Die nächste Schlacht beginnt Jabin, der König von Hazor. Als Josua etwas älter geworden ist, wird der Rest des Landes eingenommen und unter den Isareliten und einigen seiner Verbündeten verteilt. Das Buch Josua endet mit zwei verschiedenen Schlusskapiteln – ein Beweis dafür, dass der/die letzte EditorIn das letzte Wort haben wollte.

Die Gesamtstruktur des Buches Josua sieht folgendermaßen aus:

I.	Einleitung	
	1,1–9:	Bericht über die Einsetzung Josuas als neuer Befehlshaber
	1,10–15:	Bericht über Josuas erste Befehle
	1,16–18:	Bericht über die Zustimmung zu Josuas Befehlsgewalt

---

42 Es ist schon fast wieder komisch zu sehen, wie der/die VerfasserIn die Gegenpartei dafür verantwortlich macht, den Kampf begonnen zu haben – er hat angefangen, nicht ich!

II. Israel durchquert den Jordan und markiert das Ereignis
    2,1–24: Bericht über die Agenten und Rahab
    3,1–4,24: Bericht über Israels Vorbereitung für die Überschreitung, das tatsächliche Überschreiten und das rituelle Markieren der Überschreitung des Jordans
    5,1–8: Bericht über die Beschneidung
    5,9: Namenserklärung des Ortes
    5,10–12: Bericht über die Feier des Passafestes
    5,13–15: Bericht über Josuas kurze Begegnung mit Gott
III. Beispiele dafür, wie in dem Land zu leben sei
    6,1–27: die Jericho-Erzählung
    7,1–8,29: Bericht über den ersten und zweiten Versuch der Einnahme von Ai
    8,30–35: Bericht über die Errichtung eines Altars
IV. Eroberung des Landes
    9,1–10,43: Bericht über die erste Schlacht gegen die Könige des Landes
    11,1–12,24: Bericht über die zweite Schlacht gegen die Könige des Landes
V. Eroberung des Landes, zweite Phase
    13,1–22,34: Bericht darüber, wie die Israeliten das Land einnahmen und verteilten
VI. Zusammenfassung
    23,1–16: erstes Schlusskapitel des Josuabuches
    24,1–33: zweites Schlusskapitel des Josuabuches

In Kapitel 10 hat Josua mit einer Koalition von fünf Königen zu tun, angeführt von König Adonizedek von Jerusalem. Dieser ist besorgt um sein Reich, als er die Zerstörung Jerichos und Ais sieht. Wahrscheinlich ist er auch verblüfft über die freiwillige Unterwerfung Gibeons und fordert seine Alliierten auf, zu kommen und Gibeon anzugreifen. Gibeon aber ruft Hilfe herbei und bittet Josua zu kommen und seine ehemaligen Alliierten zu schlagen. Josua ergreift die Gelegenheit zum Kampf und verlässt Gilgal, um die fünf Könige anzugreifen. Nachdem die Koalition besiegt ist, kehrt er nach Gilgal zurück. Später beschäftigt er sich mit den fünf Königen und macht sich auf, ihre Städte zu zerschlagen. Eine Stadt nach der anderen wird zerstört: Libna, Lachisch, Eglon, Hebron und Debir. Am Ende das Kapitels wird eine Zusammenfassung über Josuas Eroberung der Gebiete geboten. Das Kapitel schließt mit der Bemerkung, dass Josua und sein Heer nach Gilgal zurückkehren. Die Struktur dieser Passage sieht folgendermaßen aus:

I. Erste Erzählung: der Kampf gegen Gibeon

    10,1–4: Einleitung zur Initiative von König Adonizedek

    10,5: Bericht über den Kampf gegen Gibeon

    10,6: Bericht über Gibeons Hilferuf

    10,7: Bericht über Josuas Antwort

    10,8: Bericht über Gottes Verheißung

        10,9–13: Bericht über die Intervention des wunderbaren Gespanns Josua/Gott

    10,14: Zusammenfassung der ersten Erzählung von Josua

        10: Verlautbarung darüber, was geschah

    10,15: Bemerkungen zum Ort: das Volk kehrt zum Lager nach Gilgal zurück

II. Zweite Erzählung: Behandlung der fünf Könige

    10,16: Bericht über eine neue Aktion: die fünf Könige sind nach Makeda geflohen und verstecken sich in einer Höhle

    10,17: Bericht an Josua

    10,18: Unmittelbare Reaktion Josuas hinsichtlich der Könige

        10,19–21: Weitere Instruktion Josuas: er führt seine Leute in eine weitere Aktion – zusätzliche Erzählung

    10,22: Bericht über eine zweite, spätere Reaktion Josuas hinsichtlich der Könige

    10,23: Bericht über die Antwort der Wachtposten

    10,24a: Bericht über eine Aktion Josuas

    10,24b: Bericht über die Antwort des Volkes

    10,25–27: Bericht über die letzten Aktionen Josuas hinsichtlich der fünf Könige

    10,28: Bericht darüber, wie Josua Makeda zerstört*

III. Dritte Erzählung: die Zerstörung der fünf Städte

    10,29–30: Bericht über den Kampf gegen Libna

    10,31–32: Bericht über den Kampf gegen Lachisch

        10,33: Bericht über einen weiteren Kampf gegen einen Verbündeten, König Horam von Geser

    10,34–35: Bericht über den Kampf gegen Eglon

10,36–37:	Bericht über den Kampf gegen Hebron
10,38–39:	Bericht über den Kampf gegen Debir
IV. Zusammenfassung	
10,40–42:	Bericht darüber, wie Josua die Gebiete jenseits der fünf Königreiche schlug und sich all seiner Könige bemächtigte
10,43:	Bemerkungen zum Ort; Josua und sein Heer kehren nach Gilgal zurück

*Warum wurde die Stadt Makeda zerstört? War es, weil sich die Könige dort in einer Höhlen versteckt hatten?

In diesem Kapitel geht es besonders um Vers 15, doch wird auch Vers 43 behandelt. Beide Verse nennen Gilgal als Josuas Lager. Vers 15 (und 43) ist genau der Vers, der in dem altgriechischen Text fehlt.

b) Analyse

In Kapitel 10 sucht Gibeon Hilfe. Man muss nach Gilgal gehen, um Josua zu erreichen, der in Gilgal ist (Vers 6). Josua kommt von Gilgal aus den Gibeoniten zu Hilfe (Vers 7). Das Heer braucht eine ganze Nacht, um von Gilgal zum Kampfplatz zu kommen (Vers 9). Nach der Schlacht kehren Josua und alle Israeliten wieder nach Gilgal zurück.[43] 10,43 berichtet noch einmal, dass Josua – und alle Israeliten mit ihm – in das Lager nach Gilgal zurückkehrt. Zwischendurch ist Josua noch in Makeda, schlachtet die Könige ab (10,16–28), zerstört ihre Städte, ist wiederum in allen Gebieten der Gegend und vernichtet die anderen Könige und anderen Städte (10,29–42). Kapitel 10 gibt einen Überblick darüber, wo sich Josua überall aufhielt. Auf Anhieb wird deutlich, dass Gilgal im Mittelpunkt steht:

Gilgal	Schlachtfeld	Makeda	das übrige Land
10,6			
10,7			
(10,9)	10,10–14		
10,15			
		10,21–28	
			10,29–42
10,43			

---

43 Das ganze Lager scheint Gilgal zu verlassen und später wieder nach Gilgal zurückzukehren, denn der/die VerfasserIn schreibt, dass »ganz Israel« mit ihm ging.

In Vers 21 kehrt Josua nach Makeda zurück. Diese Bemerkung kommt eher überraschend, denn man würde erwarten, dass das Heer die fünf fliehenden Könige verfolgt und gerade deshalb nach Makeda kommt. Es gibt also keinen Grund für eine Rückkehr nach Makeda. Im Gegenteil, Josua und seine Truppen kehren nach der Schlacht nach Gilgal zurück. Wie kann Josua nach Makeda zurückkehren, wenn er vorher niemals dort war? Wann hatte in der Erzählung Josua sein Lager von Gilgal (Vers 15) nach Makeda (Vers 21) verlegt?

Es gibt noch ein weiteres Problem, das gelöst werden muss, bevor man die Schaltstelle in Josuas Itinerar lokalisieren kann. In Vers 16 wird berichtet, dass die fünf Könige nach Makeda fliehen. Der/die LeserIn weiß, dass sie weg sind. Aber Josua, der Hauptanführer, muss es auch erfahren. Josua wird daher in Vers 17 über die Flucht der Könige unterrichtet. Der Vers sagt wörtlich, dass es Josua gemeldet wurde. Am Ende von Vers 17 scheinen sowohl die LeserInnen als auch die Hauptfiguren der Geschichte dieselbe Tatsache zu wissen. Vers 17 ist allerdings nicht eindeutig konstruiert. Er beginnt mit einem *hofal*: »es wurde zu Josua gesagt«, und setzt mit »sagend« fort, gefolgt von einem direkten Zitat in der dritten Pluralis: »sie haben gefunden«. Demnach berichtet Vers 17 nicht nur über die Flucht der Könige, sondern informiert Josua auch darüber, dass sie gefunden sind. Vers 17 bietet die notwendigen Fakten für die Fortsetzung der Erzählung. Wie hätte Josua ohne Vers 17 die Fakten herausgefunden und wie hätte die Geschichte weitergehen können? Vers 17 ist in der Tat der perfekte Vers! Man könnte annehmen, dass der Bericht über die fliehenden Könige Josua erreichte, als er in seinem Lager in Gilgal war, und dass Josua in geeigneter Weise reagierte. In Vers 18 ordnet er an, grosse Steine vor den Eingang der Höhle zu wälzen und Männer als Wachen davorzustellen. Ferner befiehlt er seinen Soldaten, die Feinde bis zum bitteren Ende zu verfolgen (Vers 19–20). In Vers 21 heißt es: »Das ganze Volk kehrte wohlbehalten zu Josua in das Lager nach Makeda zurück.« In einem Augenblick, wie im Traum, hatte sich das ganze Lager von Gilgal nach Makeda begeben. Nichts ist über die Bewegungen des Lagers oder über die Länge des Prozesses gesagt. Es gibt auch keine Übernachtungen. Es passiert einfach. Der/die VerfasserIn verwendet fast denselben Satz wie in Vers 15. In Vers 15 heißt es: »Und Josua, und mit ihm ganz Israel, kehrte in das Lager nach Gilgal zurück.«[44] In Vers 21 heißt es: »Und das ganze Volk kehrte zurück in das Lager zu Josua, (nach) Makeda,[45] in Sicherheit.« Die Hinzufügung der

Wendung »in Sicherheit« vermittelt sogar den Eindruck, als käme das Volk nach Hause, als sei es an seinen Ausgangspunkt zurückgekehrt. Das Lager ist allerdings nicht länger in Gilgal, sondern in Makeda. Die Erzählung fährt dann mit den Ereignissen fort, die in Makeda geschehen.

Sieht man sich die Gesamtstruktur von Kapitel 10 an, scheint das Wandern von einem Lager zum anderen recht logisch. Die Israeliten verfolgen ihre Feinde und gehen zuerst nach Libna, dann nach Lachisch, Eglon, Hebron, und zuletzt nach Debir. Die hebräische Version von Kapitel 10 schließt allerdings jedesmal mit derselben Bemerkung, mehr oder weniger. Vers 43 sagt tatsächlich dasselbe wie Vers 15. Es heißt jeweils: »Und Josua, und mit ihm ganz Israel, kehrte in das Lager nach Gilgal zurück.« Gilgal scheint das Hauptquartier für Josua und sein Heer zu sein.

Im Josuabuch wird Gilgal erwähnt, gleich nachdem die Israeliten den Jordan durchquert hatten (4,19). Das ist nicht verwunderlich, denn Gott hat den Israeliten befohlen, den Fluss dort zu durchschreiten und vom Berg Garizim einen Segen und vom Berg Ebal einen Fluch auszurufen.[46] Die Israeliten schlagen in Gilgal ihr Lager auf (Jos 4,19), errichten Steine in Gilgal (4,20) und feiern das Passafest in Gilgal (5,10). In Verbindung mit den Steinen, die die zwölf Priester – die zwölf Stämme repräsentierend – vom Jordan holen und als Monument in Erinnerung an ihren Auszug aus Ägypten aufrichten sollen, wird eine Ätiologie des Namens Gilgal gegeben. Gott erklärt, dass das »Rollen der Steine« das Wegrollen der ägyptischen Schande bedeute (5,9). Im Klang des Namens »Gilgal«, d. h. im hebräischen Wort, hört man tatsächlich das Rollen der Steine. In 9,6 ist Josua immer noch in Gilgal, ebenso in 14,6. Ein König von Gilgal ist 12,23 genannt. Auch bei der Beschreibung der umliegen-

---

44 Im Buch Josua ist das Wort Gilgal dreimal mit einem he-Lokalis verwendet, der eine Richtung z. B. zu einer Stadt oder einem Land anzeigt: Josua 10,6.15.43 – jedesmal in Verbindung mit Gilgal, daher »nach Gilgal«.
45 Der Vers scheint in Analogie zu Vers 15 konstruiert zu sein. Der Ort Makeda ist jedoch weder mit einem er-Lokalis konstruiert, noch steht er in Beziehung zu »Lager« oder »Josua«.
46 Siehe De Troyer, Building The Altar and Reading the Law: The Journeys of Joshua 8:30–35, in Kristin De Troyer & Armin Lange (Hg.) with the assistance of Katie Goetz and Susan Bond, Reading the Present: Scriptural Interpretation and the Contemporary in the Texts of the Judean Desert (SBL Symposium Series), Atlanta (In Vorbereitung).

den Geografie wird auf Gilgal Bezug genommen: 15,7. Im Buch der Richter bleibt Gilgal ein bedeutender Ort (Ri 2,1; 3,19). Samuel besucht Gilgal häufig, und Saul erhebt es zu seinem Hauptquartier (1. Sam 7,16; 10,8; 11,14; 13,4.7.8.12.15; 15,12.21.33; 19,16.41). Sogar die Propheten Elia und Elisa werden mit Gilgal verbunden (2. Kön 2,1; 4,38). Von da an geht es mit der Bedeutung von Gilgal bergab, denn zu der Zeit, als die Kleinen Propheten von Gilgal reden, steht der Ort nur noch im Zusammenhang mit Bosheit, Ungerechtigkeit und Übertretungen (Hos 4,15; 9,15; 12,12; Am 4,4; 5,5; Mi 6,5). Gilgal ist kein entscheidender Ort mehr; diese Rolle hat Jerusalem übernommen.

Für eine lange Zeit aber war Gilgal der ausschlaggebende Ort. Es war der Ort, an dem der nächste Schritt in der Geschichte Israels beginnen konnte. Die Tatsache, dass Gilgal eine so zentrale Rolle spielte, erklärt, warum die Rückkehr des Heeres nach Gilgal erwähnt wird – sowohl in Vers 15 als auch in Vers 43. Warum wird dann aber niemals gesagt, dass das Lager auch nach Makeda zog? Warum wurde dieses kleine, offenbar unbequeme Detail vergessen?

2. LXX

a) Struktur

Die Struktur des griechischen Textes ist sehr ähnlich zu der des hebräischen Textes. Ein Abschnitt ist allerdings an einen anderen Ort versetzt, einige Verse wurden »weggelassen« und andere wurden »hinzugefügt«.[47]

I.	Einleitung	
	1,1–9:	Bericht über die Einsetzung Josuas als neuer Befehlshaber
	1,10–15:	Bericht über Josuas erste Befehle
	1,16–18:	Bericht über die Zustimmung zu Josuas Befehlsgewalt

---

47 Die Wörter »weggelassen« und »hinzugefügt« sind in Anführungsstriche gesetzt, weil nicht sicher ist, ob diese Verse wirklich ausgelassen oder hinzugefügt wurden, oder ob sie niemals in dem ursprünglichen hebräischen Text waren und insofern auch nicht ins Griechische übersetzt zu werden brauchten.

II. Israel durchquert den Jordan und markiert das Ereignis

2,1–24:	Erzählung von den Agenten und Rahab
3,1–4,24:	Bericht über Israels Vorbereitung der Überschreitung, das tatsächliche Überschreiten und das rituelle Markieren der Überschreitung des Jordans
5,1–8:	Bericht über die Beschneidung
5,9:	Namenserklärung des Ortes
5,10–12:	Bericht über die Feier des Passafestes
5,13–15:	Bericht über Josuas kurze Begegnung mit Gott

III. Beispiele dafür, wie in dem Land zu leben sei

6,1–27:	Die Jericho-Erzählung
7,1–8,29:	Bericht über den ersten und zweiten Versuch der Einnahme von Ai

IV. Eroberung des Landes

9,1–2:	Einleitung zur ersten Schlachtrunde
9,2*:	Zusätzliche Verse: Bericht über die Errichtung eines Altars (parallel zu MT: 8,30–35)
9,3–10,43:	Bericht über die erste Schlacht gegen die Könige des Landes
11,1–12,24:	Bericht über die zweite Schlacht gegen die Könige des Landes

V. Eroberung des Landes, zweite Phase

13,1–22,34:	Bericht darüber, wie die Israeliten das Land einnahmen und verteilten

(Auslassung von 20,4–5: über die Flüchtlinge)

(zusätzlicher Abschnitt in 21,42 über Josuas Erlangung von Thamnasachar)

VI. Zusammenfassung

23,1–16:	erstes Schlusskapitel des Josuabuches
24,1–33:	zweites Schlusskapitel des Josuabuches

(zusätzlicher Abschnitt in 24,30: Josua ist in Thamnasachar begraben)

Die Gesamtstruktur von Kapitel 10 bleibt dieselbe wie im Hebräischen. Zwei Verse fehlen aber im griechischen Text: die zwei Verse, auf die wir uns gerade konzentriert hatten, nämlich Vers 15 und 43. Eine genauere Analyse dieser Verse kann viele andere Unterschiede aufdecken. Es gibt

z. B. bei der Beschreibung von Befehlsausführungen einen Unterschied im Verhalten derer, die sie auszuführen haben. Im hebräischen Text wird betont, dass die Ausführung jedes Befehls genau dem Befehl folgt. Der Bericht über die Ausführung eines Befehls entspricht sehr oft dem Bericht über den Befehl selbst. Im griechischen Text ist das sehr viel weniger offensichtlich.[48]

I.	Erste Erzählung: der Kampf gegen Gibeon	
	10,1–4:	Einleitung zur Initiative von König Adonizedek
	10,5:	Bericht über den Kampf gegen Gibeon
	10,6:	Bericht über Gibeons Hilferuf
	10,7:	Bericht über Josuas Antwort
	10,8:	Bericht über Gottes Verheißung
	10,9–13:	Bericht über die Intervention des wunderbaren Gespanns Josua/Gott, gekrönt von Bemerkungen über einige Wunderzeichen
	10,14:	Zusammenfassung der ersten Erzählung von Josua
	10:	Verlautbarung darüber, was geschah
II.	Zweite Erzählung: Behandlung der fünf Könige	
	10,16:	Bericht über eine neue Aktion: die fünf Könige sind nach Makeda geflohen und verstecken sich in einer Höhle
	10,17:	Bericht an Josua
	10,18:	Unmittelbare Reaktion Josuas hinsichtlich der Könige
	10,19–21:	Weitere Instruktion Josuas: er führt seine Leute in eine weitere Aktion – zusätzliche Erzählung
	10,22:	Bericht über eine zweite, spätere Reaktion Josuas hinsichtlich der Könige
	10,23:	Bericht über die Antwort der Wachtposten
	10,24a:	Bericht über eine Aktion Josuas
	10,24b:	Bericht über die Antwort des Volkes
	10,25–27:	Bericht über die letzten Aktionen Josuas hinsichtlich der fünf Könige
	10,28:	Bericht darüber, wie Josua Makeda zerstört

---

48 Für eine detaillierte Analyse der Befehle und der Befehlsausführungen im Altgriechen und MT von Josua siehe De Troyer, Did Joshua Have a Crystal Ball?, 571–589.

III. Dritte Erzählung: die Zerstörung der fünf Städte
   10,29–30:   Bericht über den Kampf gegen Libna
   10,31–32:   Bericht über den Kampf gegen Lachisch
       10,33:   Bericht über einen weiteren Kampf gegen einen Verbündeten, König Horam von Geser
   10,34–35:   Bericht über den Kampf gegen Eglon
   10,36–37:   Bericht über den Kampf gegen Hebron
   10,38–39:   Bericht über den Kampf gegen Debir
IV. Zusammenfassung
   10,40–42:   Bericht darüber, wie Josua die Gebiete jenseits der fünf Königreiche schlug und sich all seiner Könige bemächtigte

Die Frage für die Analyse ist offensichtlich: Warum kehrt Josua in Vers 15 (und in Vers 43) nicht nach Gilgal zurück?

b) Analyse

Es ist deutlich, dass Gilgal auch in dem griechischen Text eine Rolle spielt. Der Name Gilgal wurde transkribiert zu Galgala. Josua ist in Galgala, wenn die Gideoniten kommen und um Hilfe bitten (10,6). Er macht sich in 10,7 auf und marschiert zum Schlachtfeld. Er braucht für den Marsch zum Schlachtfeld eine lange Nacht (10,9). Nach der Schlacht kehrt er aber nicht nach Galgala zurück. Er geht in 10,43 aber auch nicht »nach Hause«. Josua marschiert einfach von einem Ort zum nächsten. Nirgendwo in der Erzählung kehrt er zurück. Ein Überblick über Josuas Aufenthaltsorte sieht im griechischen Text folgendermaßen aus:

Galgala (10,9)	Schlachtfeld 10,10–14	Makeda	das übrige Land
–			
		10,21–28	
			10,29–42
–			

Josua muss im griechischen Text vom Schlachtfeld direkt nach Makeda marschiert sein, denn es wird gesagt, dass sein Heer zu ihm nach Makeda zurückgekehrt sei. In Vers 21 ist auch tatsächlich gesagt, dass seine Leute zu Josua nach Makeda zurückkehrten. In Makeda beschäftigt sich Josua mit den Königen (10,21–27) und nimmt zuletzt die Stadt ein (10,28).

Danach schickt er sich an, die Städte der fünf Könige und die übrigen Gebiete zu schlagen. Wie im hebräischen Text, ist auch hier nicht berichtet, wann genau Josua zu seinem Lager nach Makeda ging. Was Josua zwischen dem Kampf auf dem Schlachtfeld und seinen Aktionen gegen den König gemacht hat, wird nicht ausgedrückt. Zwischen dem Kampf und seiner Abrechnung mit den Königen kehrt er nicht nach Gilgal/Galgala zurück. Nach seiner Schlacht ist Josua hier aber Makeda näher als in der hebräischen Erzählung.

Das Weglassen von Gilgal/Galgala macht allerdings die Geschichte etwas unkomplizierter. Vers 21 erscheint im griechischen Text tatsächlich weniger merkwürdig als im hebräischen. Vers 21 bezeichnet nur das neue Lager. Es ist in Makeda. Es ist der nächste Halt im Itinerar Josuas. Auf den ersten Blick gibt Vers 21 sowohl im hebräischen als auch im griechischen Text dieselbe Information:

MT: Und das ganze Volk kehrte zum Lager zurück, zu Josua, nach Makeda, in Sicherheit.[49]

LXX: Und das ganze Volk kehrte wohlbehalten zu Josua nach Makeda zurück.

וישבו כל־העם אל־המחנה אל־יהושע מקדה בשלום
Καὶ ἀπεστράφη πᾶς ὁ λαὸς πρὸς Ἰησοῦν εἰς Μακηδα ὑγιεῖς

Diese Information ist aber nur im griechischen Text angemessen: nach allem, was geschehen war, sind Josua und seine Landsmänner in Makeda. Im hebräischen Text erwarten die LeserInnen oder HörerInnen, dass das Heer nach Gilgal zurückgeht, nicht nach Makeda.

Der griechische Text liest sich auch besser als der hebräische. Im hebräischen Text sind viele Informationen am Ende des Satzes angehängt: das Volk kehrt zum Lager zurück, zu Josua, (nach) Makeda, in Sicherheit. Demgegenüber sagt der griechische Text einfach, dass das Volk wohlbehalten zu Josua nach Makeda zurückkehrt.

Die Analyse könnte abgeschlossen werden mit der Behauptung, dass der griechische Text die Schwierigkeit durch das Auslassen von Vers 15 vermieden hat. Mit diesem Auslassen hat der/die ÜbersetzerIn tatsächlich den Text interpretiert; er/sie hat Josua irgendwann vor Vers 21 nach Makeda gehen lassen, so dass Josua in Vers 21 nach Makeda zurückkehren konnte. Der griechische Text hat aber auch die Nennung von Gilgal

---

49 Wörtlich: »in Frieden«.

am Ende des Kapitels ausgelassen. Es gibt keinen Vers 43 im griechischen Text.[50] Das Weglassen von Vers 43 macht die Erzählung allerdings nicht besser, nur anders. In der griechischen Erzählung legt sich Josua mit dem ganzen übrigen Land an. Es gibt keine Rückkehr nach Gilgal. Die griechische Erzählung hätte aber ebensogut mit Josuas Rückkehr nach Gilgal enden können. Warum hat dann der/die ÜbersetzerIn Vers 43 weggelassen?

Die Antwort auf die Frage nach dem Grund für das Auslassen der zwei Verse von Kapitel 10 könnte einfach in der Freiheit der Übersetzertätigkeit liegen. Vielleicht fühlte sich der/die ÜbersetzerIn des Josuabuches frei genug, die Erzählung zu ändern, Verse anzugleichen, von Zeit zu Zeit Verse auszulassen, oder auch Verse hinzuzufügen. Wie schon bei der allgemeinen Struktur zum griechischen Josuatext gesagt, hat der/die ÜbersetzerIn den Abschnitt 8,30–35 nach LXX 9,2 versetzt, hat einige Verse in Kapitel 20 ausgelassen und einige Sätze (21,42 und 24,30) hinzugefügt. War der/die ÜbersetzerIn aber tatsächlich so frei? Eine detaillierte Studie der Übersetzungstechnik des gesamten Josua könnte eine Antwort auf diese Frage geben, doch wäre das ein ganz anderes Buch. Seppo Sipilä schrieb z. B. ein Buch über einen Aspekt der Übersetzungstechnik des Josuabuches.[51] Er weist auf die wundervolle Balance hin, die der/die ÜbersetzerIn von Josua einhielt. Auf der einen Seite hatte er/sie[52] die Freiheit, bestimmte Dinge zu ändern, auf der anderen Seite hielt er/sie sich eng an den hebräischen Text. Der/die ÜbersetzerIn ließ also nicht einfach Dinge aus, die ihm/ihr nicht gefielen, oder weil er/sie die Geschichte ändern wollte. Vielmehr hält sich die Übersetzung eng an den hebräischen Text, aber ändert systematisch einige syntaktische Konstruktionen, um einen schönen griechischen Text herzustellen.

---

50 Der textkritische Apparat von Cambridge liest folgendermaßen: καὶ ἀνέστρεφεν ιης καὶ πᾶς ιηλ μετ' αὐτοῦ εἰς τὴν παρεμβολὴν εἰς γάλγαλα Gbcxz(mg)ArmEthᶜSyh. Der Herausgeber fügt hinzu, dass der Satz sowohl in G als auch in der Syro-Hexapla mit * versehen ist. Deutlich ist, dass diese griechische Zeile aus dem hebräischen Text stammt. Im Kollationsheft von Udo Quast in Göttingen sind die folgenden, Vers 43 aufweisenden Zeugen angegeben: G 19 85^mg 108 376 426 (G sub *).

51 S. Sipilä, Between Literalness and Freedom: Translation Technique in the Septuagint of Joshua and Judges regarding the clause connections introduced by ו and כי, Publications of the Finnish Exegetical Society 75, Helsinki/Göttingen 1999.

52 Hier ist der/die ÜbersetzerIn des Josuabuches gemeint, nicht Sipilä.

Die Analyse der Befehle und Befehlsausführungen kommt zu einem ähnlichen Ergebnis.[53] Die Übersetzung hält sich eng an den hebräischen Text. Vergleicht man die Verse, in denen Gilgal im hebräischen Text genannt wird, mit den entsprechenden Versen im griechischen Text, wird deutlich, dass die Übersetzung jeden Verweis auf Gilgal beibehält, außer in Vers 15 und 43, wo der ganze Vers ausgelassen ist (auch in 5,10 ist der Verweis auf Gilgal ausgelassen[54]). Sieht man sich all die Gilgalstellen an, fällt ferner auf, dass die Übersetzung die Ortsnamen zu ändern scheint. Bis zu Kapitel 10 wurde das hebräische Wort »Gilgal« als »Galgala« wiedergegeben. In der Liste der geschlagenen Könige entscheidet sich der/die ÜbersetzerIn für »Galilaias« (12,23), vielleicht weil Gilgal hier zusammen mit König »Gojim« oder »König von Gojim« genannt ist – ein sonst unbekannter König.[55] Ab Kapitel 14 wird der hebräische Ortsname mit Galgal, nicht Galgala, wiedergegeben. Vielleicht kannte der/die ÜbersetzerIn keinen Ort mit dem Namen »Galgala«. Möglicherweise war der Ort Galgala nicht bedeutend genug. Wer kann das schon wissen?[56] Deutlich ist jedenfalls, dass der Hinweis auf Gilgal in fast allen Passagen, außer 10,15 und 10,43, übersetzt wurde. Damit bleibt dann allerdings die Frage: Warum gibt es keinen Vers 15 (und keinen Vers 43) im griechischen Text?

Vor einer Antwort auf diese Frage wollen wir uns dem »perfekten« Vers 17 zuwenden. In Vers 17 wird Josua gemeldet, dass die fünf Könige geflohen sind und sich in einer Höhle in Makeda versteckt halten. Nach einer Bemerkung auf dem Rand des hebräischen Textes – eine Bemerkung, die von Masoreten hinzugefügt wurde, die nicht nur sehr gelehrt waren, sondern auch über den Text in der hebräischen Bibel wachten – erscheint die Wendung »und es wurde gemeldet« 24 Mal in der hebräischen Bibel.[57] Nur zwei von all diesen Passagen wiederholen Elemente

---

53 Siehe De Troyer, Did Joshua Have a Crystal Ball?
54 Vielleicht weil Gilgal in 5,9 gerade genannt war?
55 Diese Form könnte durch Jes 9,1 (8,23 hebräische Bibel) beeinflusst sein, wo auf ein »Galiläa der Heiden« (d. h. »Galiläa der Gojim«) verwiesen wird.
56 Im Buch Samuel wird Gilgal allerdings auch mit Galgala wiedergegeben. Die Frage des Ortsnamens ist im Josuabuch in der Tat nicht einfach zu beantworten. Siehe dazu Leah Mazor, The Septuagint Translation of the Book of Joshua: Its Contribution to the Understanding of the Textual Transmission of the Book and Its Literary and Ideological Development, Diss. Hebrew University, Jerusalem, 1994.
57 Gen 22,20; 27,42; 31,22; 38,13; Ex 4,5; Jos 10,17; Ri 9,25; 9,47; 1. Sam 15,12;

vorhergehender Erzählungen: 1. Kön 2,29 und Jos 10,17. 1. Kön 2,29 wiederholt einen Teil des vorhergehenden Verses: 2,28 heißt es: »... Joab floh in das Zelt des Herrn und ergriff die Hörner des Altars.« Vers 29 fährt fort: »Als es dem König Solomo gemeldet wurde: ›Joab floh in das Zelt des Herrn und ist jetzt neben dem Altar‹ ...«

Schematisch gesehen:

V. 28:		floh	...	ergriff die Hörner
V. 29:	es wurde gemeldet	floh	...	(war neben dem Altar)

In Josua 10,17 ist von einer anderen Fluchtsituation die Rede. Hier wird allerdings das zweite Element des vorhergehenden Verses 16[58] nicht wiederholt um die Flucht, sondern um das Verstecken hervorzuheben:

V. 16:	Und diese fünf Könige flohen und versteckten sich in der Höhle in Makeda.
V. 17:	Und es wurde Josua gemeldet mit den Worten: »Wir fanden die fünf Könige, die in der Höhle von Makeda versteckt waren.«

Schematisch gesehen:

V. 16:		flohen	...	versteckten
V. 17:	es wurde gemeldet	(fanden)	...	waren versteckt

In Hebräisch:

V. 16:	וינסו חמשת המלכים האלה ויחבאו במערה במקדה
V. 17:	ויגד ליהושע לאמר נמצאו חמשת המלכים נחבא־ים במערה במקדה

19,19; 23,7; 27,4; 2. Sam 6,12; 10,17; 19,1; 21,11; 1. Kön 1,51; 2,29; 2,41; 2. Kön 6,13; 8,7; 1. Chr 19,17 und Jes 7,2.

58 Zu beachten ist, dass das Partizip in Vers 17, abgeleitet von dem Verb in Vers 16, ein Hapaxlegomenon in der hebräischen Bibel ist.

Vers 17 ist auch für die Fortsetzung der Erzählung in Vers 23 von Bedeutung:

V. 16:	Und diese fünf Könige flohen und versteckten sich in der Höhle in Makeda.
V. 23	Bring die fünf Könige aus der Höhle zu mir.
V. 16:	וינסו חמשת המלכים האלה ויחבאו במערה במקדה
V. 23:[59]	ויצ־או אלי את־חמשת המלכים האלה מן־המערה

Der/die VerfasserIn von Vers 17 hat Elemente von Vers 16 und Vers 23 übernommen und so die beiden Szenen miteinander verbunden. Das »Verstecken« von Vers 16 ist in Vers 17 wiederholt. Genau dieser Sachverhalt wurde Josua gemeldet, der dann in Vers 23 den Befehl geben kann, die Könige aus ihrem Versteck zu holen und zu ihm zu bringen. Vers 17 füllt die Lücke zwischen dem Bericht darüber, dass sich die fünf Könige versteckt halten (Vers 16), und der Reaktion, die durch dieses Verhalten provoziert wird (Vers 18). Für den griechischen Text ist es noch wichtiger als für den hebräischen, dass Josua genau erfährt, was geschah, weil er schon nach Gilgal zurückgekehrt war (Vers 17). Die Frage, wann Vers 17 entstand, ist offenbar verbunden mit dem Fehlen von Vers 15 und 43 im griechischen Text.

Die Lösung des Problems, warum Vers 15 (und Vers 43) im griechischen Text fehlt, ist vielleicht ganz einfach. Möglich wäre, dass der dem/der ÜbersetzerIn vorliegende hebräische Text weder Vers 15 noch Vers 43 hatte. Eine Stütze für das Fehlen von Vers 15 im hebräischen Text bietet der Josuatext des Schøyen Papyrus (Manuskript 2648), der Vers 15 ebenfalls nicht enthält. Darüber hinaus gibt es die am Anfang dieses Kapitels genannte Liste von Zeugen, die das Fehlen von Vers 15 in der ältesten Schicht der griechischen Übersetzung des Josuabuches stützen. Vers 43 fehlt ebenfalls in dem alten Schøyen Manuskript. Wiederum stützt eine Liste von Zeugen die Annahme, dass Vers 43 im altgriechischen Josuabuch fehlte.[60] Das alles weist auf einen hebräischen Text, in

---

59 Tov charakterisierte auch האלה als sekundär. Vgl. Tov, The Growth of the Book of Joshua in the Light of the Evidence of the LXX Translation, Scripta Hierosolymitana 31 (1986) 321–339; Nachdr., The Greek and the Hebrew Bible: Collected Essays, VT.S 72, Leiden 1999, 385–396.
60 Siehe oben die Bemerkung zu den Wörtern »Zusätze« und »Auslassungen« in dem Abschnitt, der sich mit der Struktur des hebräischen Textes beschäftigt.

dem die Verse 15 und 43 gar nicht vorhanden waren. Gleicherweise gibt es Zeugen für einen Text ohne Vers 17. In den Manuskripten 53 125 246 392 799 fehlt der Vers 17. Auch der Schøyen Papyrus hat Vers 17 nicht. Daraus geht hervor, dass der hinter dem altgriechischen Text liegende hebräische Text die Verse 15, 17 und 43 überhaupt noch nicht hatte. Manuskript 2648, der Schøyen Papyrus, ist ein wertvolles Hilfsmittel für die Rekonstruktion des altgriechischen Textes ohne Vers 15, ohne Vers 17 und ohne Vers 43.

Die lange Analyse zeigt im Ergebnis, dass es einen hinter dem altgriechischen Text liegenden hebräischen Text gab, der die Verse 15, 17 und 43 noch nicht hatte. Dieser Text wird »prä-masoretisch« genannt. Was ist der Unterschied zwischen »prä« und »proto«? Der proto-masoretische Text ist der Vorläufer des masoretischen Textes. Der proto-masoretische Text unterscheidet sich vom masoretischen durch das Fehlen von Akzenten und Vokalen.[61] Der konsonantische Text des proto-masoretischen Textes ist allerdings der gleiche wie der masoretische Text. In seinem Buch definiert Tov nicht, was mit prä-masoretisch gemeint ist. Die Analogie von samaritanischem Text und prä-samaritanischem Text[62] legt allerdings nahe, dass der prä-masoretische zum proto-masoretischen Text wurde, als bestimmte Elemente, wie die Verse 15, 17 und 43, dem Text hinzugefügt wurden.

Ein paar Fragen sind immer noch offen: Wer fügte die Verse 15 und 43 der alten Josuaerzählung hinzu und wann geschah das? Wer ist für die letzte Form des Alt-Josua verantwortlich? Wer verwandelte den prä-masoretischen Josuatext in den masoretischen Text? Wer setzte dem prä-masoretischen Text jene Elemente hinzu, auf die wir uns in diesem Kapitel konzentriert haben?

Um diese Fragen zu beantworten, schauen wir uns die Struktur des hebräischen Textes noch einmal an. Dabei zeigt sich, dass der Verweis auf Gilgal an zwei entscheidenden Stellen eingeschoben ist: gleich nach dem ersten und gleich nach dem letzten Kampf der ersten Runde. Die

---

61 Tov bestimmt die proto-masoretischen Texte als »biblical texts that lack the vocalization and accentuation [of the MT]«; vgl. Tov, Textual Criticism of the Hebrew Bible, 19. Siehe auch Siegfried Kreuzer, Text, Textgeschichte und Textkritik des Alten Testaments: Zum Stand der Forschung an der Wende des Jahrhunderts, ThLZ 127 (2002), 127–155.
62 Tov, Textual Criticism of the Hebrew Bible, 97.

Einschübe sind mit »>>>« deutlich gemacht:

I. Erste Erzählung: Der Kampf gegen Gibeon

    10,1–4: Einleitung zur Initiative von König Adonizedek

    10,5: Bericht über den Kampf gegen Gibeon

    10,6: Bericht über Gibeons Hilferuf

    10,7: Bericht über Josuas Antwort

    10,8: Bericht über Gottes Verheißung

        10,9–13: Bericht über die Intervention des wunderbaren Gespanns Josua/Gott, gekrönt von Bemerkungen über einige Wunderzeichen

    10,14: Zusammenfassung der ersten Erzählung von Josua

    10: Verlautbarung darüber, was geschah

>>> 10,15: **Kommentar zum Ort: das Volk kehrt zum Lager nach Gilgal zurück**

II. Zweite Erzählung: Behandlung der fünf Könige

    10,16: Bericht über eine neue Aktion: die fünf Könige sind nach Makeda geflohen und verstecken sich in einer Höhle

    10,17: Bericht an Josua

    10,18: Unmittelbare Reaktion Josuas hinsichtlich der Könige

        10,19–21: Weitere Instruktion Josuas: er führt seine Leute in eine weitere Aktion – zusätzliche Erzählung

    10,22: Bericht über eine zweite, spätere Reaktion Josuas hinsichtlich der Könige

    10,23: Bericht über die Antwort der Wachtposten

    10,24a: Bericht über eine Aktion Josuas

    10,24b: Bericht über die Antwort des Volkes

    10,25–27: Bericht über die letzten Aktionen Josuas hinsichtlich der fünf Könige

    10,28: Bericht darüber, wie Josua Makeda zerstört

III. Dritte Erzählung: die Zerstörung der fünf Städte

    10,29–30: Bericht über den Kampf gegen Libna

    10,31–32: Bericht über den Kampf gegen Lachisch

        10,33: Bericht über einen weiteren Kampf gegen einen Verbündeten, König Horam von Geser

    10,34–35: Bericht über den Kampf gegen Eglon

10,36–37:	Bericht über den Kampf gegen Hebron
10,38–39:	Bericht über den Kampf gegen Debir
IV. Zusammenfassung	
10,40–42:	Bericht darüber, wie Josua die Gebiete jenseits der fünf Königreiche schlug und sich all seiner Könige bemächtigte
>>> 10,43:	**Kommentar zum Ort: Josua und sein Heer kehren nach Gilgal zurück**

Durch den Einschub der Verse 15 und 43 wird der Ort Gilgal zum strukturellen Markierungszeichen. Gilgal markiert nun den Anfang oder das Ende von größeren Abschnitten. Der Ort markiert in Kapitel 4 Israels Einzug in das Land; er markiert den Anfang und das Ende der ersten Schlachtrunde; er verweist auch auf das Ende der zweiten Runde – obgleich in Form der merkwürdigen Liste der eroberten Könige – und verweist schließlich auf den Anfang der zweiten Phase der Eroberung sowie auf die Landverteilung.

I. Einleitung	
1,1–9:	Bericht über die Einsetzung Josuas als neuer Befehlshaber
1,10–15:	Bericht über Josuas erste Befehle
1,16–18:	Bericht über die Zustimmung zu Josuas Befehlsgewalt
II. Israel durchquert den Jordan und markiert das Ereignis	
2,1–24:	Erzählung von den Agenten und Rahab
3,1–4,24:	Bericht über Israels Vorbereitung der Überschreitung, das tatsächliche Überschreiten und das rituelle Markieren der Überschreitung des Jordan
4,19–20:	**das Lagern und Feiern in Gilgal**
5,1–8:	Bericht über die Beschneidung
5,9:	**Namenserklärung des Ortes Gilgal**
5,10–12:	Bericht über die Feier des Passafestes
5,13–15:	Bericht über Josuas kurze Begegnung mit Gott
III. Beispiele dafür, wie in dem Land zu leben sei	
6,1–27:	die Jericho-Erzählung
7,1–8,29:	Bericht über den ersten und zweiten Versuch der Einnahme von Ai
8,30–35:	Bericht über die Errichtung eines Altars

IV. Eroberung des Landes
   9,1–10,43:   Bericht über über die erste Schlacht gegen die Könige des Landes
       9,6:   Josua ist noch in Gilgal
   11,1–12,24: Bericht über die zweite Schlacht gegen die Könige des Landes

       12,23:   **Gilgal ist erwähnt in der Liste der Könige, die Josua schlug**
V. Eroberung des Landes, zweite Phase
   13,1–22,34: Bericht darüber, wie die Israeliten das Land einnahmen und verteilten
       14,6:   **Josua ist immer noch in Gilgal**
VI. Zusammenfassung
   23,1–16:   Erstes Schlusskapitel des Josuabuches
   24,1–33:   Zweites Schlusskapitel des Josuabuches
       Ri 2,1:   **Ein Engel kommt von Gilgal nach Bochim**

Das Ergebnis der zweiten Phase der Eroberung dürfte in der Tat nach der zweifachen Zusammenfassung des Josuabuches und nach den merkwürdigen Darstellungen in Ri 1–2 zu finden sein,[63] nämlich in Ri 2,1, wo ein Engel von Gilgal nach Bochim kommt. Wiederum folgt ein religiöses Ereignis, und die nächste Phase der Geschichte Israels kann beginnen.

Offenbar hat eine späte Bearbeitung den Verweis auf Gilgal (Vers 15 und 43) an zwei ganz entscheidenden Angelpunkten in die prä-masoretische Darstellung eingetragen und hat damit das endgültige Bild von der Route Josuas geliefert.[64] Die Edition wird hier als »spät« bezeichnet, da dem/der griechischen ÜbersetzerIn immer noch eine hebräische Darstellung ohne diese letzten Überarbeitungen zugänglich war, als er/sie den neuen Text herstellte.[65] Mit dem Einschub von Gilgal in 10,15 ent-

---

63 Merkwürdig, weil Josua gleich zweimal stirbt: einmal Ri 1,1 und einmal Ri 2,8.
64 Zu beachten ist aber, dass die letzte Edition des Josuabuches auch einige andere Änderungen anbrachte. Hier lag der Schwerpunkt auf den Einschüben von Gilgal in diesem Kapitel.
65 Sicher existierten mindestens bis zum 2. Jh. u. Z. eine Reihe von Bibeln nebeneinander.

stand aber auch ein – wenngleich geringes – Problem, nämlich die Frage, wann genau sich Josua und sein Heer nach Makeda begaben. Darüber hinaus musste die Edition Vers 17 schaffen, um sicher zu gehen, dass Josua darüber informiert war, was in Makeda vor sich ging. Der Einschub von Vers 15 verlangte nach einem Einschub eines Berichtes an Josua über die fünf nach Makeda fliehenden und sich in einer Höhle versteckenden Könige. Die Edition, die den Verweis auf Gilgal einschob, hat damit auch einen fast perfekten Vers 17 geschaffen. Der Gesamteindruck, dass Gilgal ein ausschlaggebender Ort war, von dem aus Israel weiter anwuchs, ist damit untermauert.

Man könnte nun fragen, wer der/die späte EditorIn eigentlich war, der/die die letzte Überarbeitung des Josuabuches vorgenommen hatte, doch weiß das in Wahrheit niemand so genau. Allerdings gab es einen bestimmten Zeitpunkt und eine bestimmte Situation in der Geschichte Israels, wo Gilgal wieder zu einem Ort wurde, von dem aus eine neue Phase in der Geschichte Israels ihren Anfang nehmen konnte. Die Frage ist daher, für wen Gilgal von Bedeutung war und welche Gemeinschaft durch ein neues Gilgal gestärkt wurde? Mit anderen Worten, für wen war der MT bestimmt? Welches war die erste Leser-/Hörerschaft der ersten Erscheinung des proto-masoretischen Textes? Gilgal war ein bedeutender Ort, bis Jerusalem die zentrale Kultrolle übernahm. Gilgal bekam über die Jahre hinweg sogar einen negativen Klang, da Amos, Micha und Hosea nur Schlechtes über den Ort zu sagen hatten. Name und Ort waren also nicht länger etwas, das man im positiven Sinne erwähnt hätte. Als allerdings auch Jerusalem seinen Status als religiöses Symbol verlor, konnte eine kleine Stadt am Rande vom Nordwesten Judäas bekannt werden: Modi'in/Modeïn. Judas Makkabäus organisierte von hier aus seinen Aufstand gegen Jerusalem und dessen üble Könige. Es war sein Vater, Mattathias, der die Familie nach Modi'in/Modeïn übersiedelte: »In jenen Tagen zog Mattathias, der Sohn Johanans, Sohn des Simeon, ein Priester aus dem Geschlecht Jojarib, von Jerusalem aus und ließ sich in Modeïn nieder« (1. Makk 2,1).[66] Wie Josua hat auch Judas seine Leute an einem Ort lagern lassen und sie, neben anderen Dingen, zum Kampf für das Land aufgerufen. In 2. Makk 13,14 heißt es: »So, den Ausgang dem Schöpfer der Welt anheimstellend und seine Truppen ermahnend, bis zum Tod für Gesetze, Tempel, Stadt, Land und Verfassung zu kämpfen, schlug er bei Modeïn ein

---

66 Modeïn ist für seine Höhlen bekannt.

Lager auf.« Modiʾin/Modeïn ist eine Alternative zu Gilgal.[67] Es sind nicht die rollenden Steine von Gilgal, die die neue Phase in der Geschichte Israels markieren, sondern die einschlagenden Hämmer, die Makkabäer von Modeïn.

D. Ergebnisse

1. Textkritische und literarkritische Ergebnisse

Im altgriechischen Josuabuch gab es keinen Vers 15 und keinen Vers 43. Offenbar fehlten diese Verse auch in dem hinter dem griechischen Text liegenden hebräischen Text. Unabhängige Zeugen stützen diese Ansicht. Im altgriechischen Josuabuch gab es ebenfalls keinen Vers 17. Dieser Vers fehlte sicher auch in dem hinter dem griechischen Text liegenden hebräischen Text. Wiederum stützen unabhängige Zeugen diese Sicht. In dem prä-masoretischen Josuatext waren die Verse 15, 17 und 43 noch nicht vorhanden. Der MT reflektiert einen anderen Text als der altgriechische Josuatext. Auf einer ziemlich späten Stufe in der literarischen Entwicklung des Josuabuches machte eine Revision Gilgal zu Josuas Hauptquartier und schuf so Vers 15. Diese Revision schuf auch Vers 43. Schließlich füllte sie die Lücke zwischen Vers 16 und Vers 18 mit dem neu geschaffenen Vers 17: Josua wurde ein genauer Bericht darüber gegeben, was geschehen war.[68]

---

67 In 1. Makk 9,2 wurde der Name Gilgal nach jahrhundertelangem Schweigen wieder genannt. Siehe auch De Troyer, Building The Altar and Reading the Law: The Journeys of Joshua 8:30–35, in Kristin De Troyer/Armin Lange (Hg.) with the assistance of Katie Goetz and Susan Bond, Reading the Present: Scriptural Interpretation and the Contemporary in the Texts of the Judean Desert, SBL Symposium Series, Atlanta, in Vorbereitung.

68 Vergleiche mit Tovs Ergebnis: »The Editor of the MT expanded an earlier edition very similar to the Vorlage of the LXX.« Tov fragt sich, ob der Begriff »edition« passend ist, denn »the differences between the two editions are relatively minor.« Vgl. Tov, The Growth of the Book of Joshua, 338. Siehe auch Tov, The Greek and the Hebrew Bible: Collected Essays on the Septuagint, VT.S 72, Leiden 1999, 385–396.

2. Hermeneutische Ergebnisse

Sogar in einer so späten Zeit wie dem 2. Jh. v. u. Z. war der Josuatext noch Veränderungen unterworfen. Das Einschieben des Verweises auf Gilgal in zwei Abschnitte des Buches wirft Licht darauf, wie die Geschichte der Eroberung und Landverteilung im 2. Jh. v. u. Z. gelesen wurde. Für diese späte Edition bezeichnete die Revolte, die von Modeïn ausging, einen neuen Anfang Israels. Israel würde das Land zurückgewinnen und in ihm nach den von Gott gegebenen Gesetzen leben. Das neue Hauptquartier für dieses neue Israel war nicht länger Jerusalem, sondern ein quasi-Gilgal,[69] das neue Modeïn.

---

[69] Siehe Michael N. van der Meer, Formation and Reformulation: The Redaction of the Book of Joshua in the Light of the Oldest Textual Witnesses, Diss., Leiden University 2001, 65: »Most of these redactional additions were introduced in the MT of Josh. 1–12 for the purpose of presenting the various conquest narratives as a unified Israelite campaign with Gilgal as base for the military operations; hence the contextually intrusive additions in MT-Josh. 10:15.43, which are contradicted in verse 21 by the reference to a camp at Makkedah«; dieser Satz enthält einen Verweis auf L. Mazor, The Septuagint Translation of the Book of Joshua, 167–168.

Kapitel III

Ein umgeschriebener griechischer Bibeltext: Das letzte Kapitel des Alpha-Textes von Esther

A. Text und These

1. Der A-Text von Esther 7:33b-38[1] (siehe Abb. 9)

LXX:

33b καὶ ὁ βασιλεὺς ἐνεχείρισε τῷ Μαρδοχαίῳ γράφειν ὅσα βούλεται. **34** ἀπέστειλε δὲ Μαρδοχαῖος διὰ γραμμάτων καὶ ἐσφραγίσατο τῷ τοῦ βασιλέως δακτυλίῳ μένειν τὸ ἔθνος αὐτοῦ κατὰ χώρας ἕκαστον αὐτῶν καὶ ἑορτάζειν τῷ θεῷ. **35** ἡ δὲ ἐπιστολή, ἣν ἀπέστειλεν ὁ Μαρδοχαῖος, ἦν ἔχουσα ταῦτα **36** Αμαν ἀπέστειλεν ὑμῖν γράμματα ἔχοντα οὕτως ῎Εθνος Ἰουδαίων ἀπειθὲς σπουδάσατε ταχέως ἀναπέμψαι μοι εἰς ἀπώλειαν. **37** ἐγὼ δὲ ὁ Μαρδοχαῖος μηνύω ὑμῖν τὸν ταῦτα ἐργασάμενον πρὸς ταῖς Σούσων πύλαις κεκρεμάσθαι καὶ τὸν οἶκον αὐτοῦ διακεχειρίσθαι· **38** οὗτος γὰρ ἐβούλετο ἀποκτεῖναι ἡμᾶς τῇ τρίτῃ καὶ δεκάτῃ τοῦ μηνός, ὅς ἐστιν Αδαρ.

Übersetzung des griechischen Textes:

33b. Und der König erteilte Mordechai (die Erlaubnis) zu schreiben, was immer er wollte. **34.** Und Mordechai sandte ein Schreiben, gesiegelt mit königlichem Siegel, dass sein Volk, jedes in seinem eigenen Gebiet, blei-

---

1 Zum Text siehe auch Hanhart, Esther, 195–196.

ben und ein Festmahl für Gott feiern sollte. **35.** Und der Brief, den Mordechai sandte, lautete folgendermaßen: **36.** Haman sendet Euch einen Brief mit folgendem Inhalt: Beeilt Euch und schickt die Aufrührer unter den Juden (in meinem Namen) in die Vernichtung. **37.** Ich, Mordechai, erinnere Euch aber daran, dass der, der all das geplant hat, am Stadttor aufgehängt ist, und dass sein Haus übergeben wurde. **38.** Er aber war es, der uns umbringen wollte am Dreizehnten des Monats, nämlich (des Monats) Adar.

2. These

Der Abschnitt mit dem Brief des Mordechai findet sich nur in dem zweiten griechischen Text von Esther, gemeinhin »Alpha-Text« (A-Text) genannt. Diese Verse fehlen in jeder anderen Erzählung des Estherbuches. Sie sind nur für diesen Text typisch und werden daher als Sondergut bezeichnet. Es soll gezeigt werden, dass diese Verse auf dem Septuagintatext des Estherbuches beruhen. Auch soll dargelegt werden, warum diese Verse exemplarisch dafür sind, wie der/die VerfasserIn des A-Textes den Septuagintatext neu gefasst hat.

B. Textzeugen und Meinungen

1. Textzeugen

Der hebräische Text des Estherbuches (MT) enthält nicht den Brief Mordechais. Die Zeugen der Septuaginta (LXX), d. h. die Übersetzungen, die auf der Septuaginta fußen, nämlich die koptisch-sahidischen, die äthiopischen und die armenischen Übersetzungen, ebenso wie die LXX-Manuskripte selbst, enthalten diesen Brief ebenfalls nicht. Die armenische Übersetzung und die LXX haben aber ein Schreiben des Königs. Dieses findet sich in den meisten Estherübersetzungen der Septuaginta unter Zusatz E.[2] Der A-Text und alle Manuskripte des A-Tex-

---

2   Siehe Kapitel I, Struktur.

tes³ enthalten sowohl Zusatz E als auch den Brief Mordechais. Zu bemerken ist hier, dass in der Vetus Latina dieser Brief fehlt.⁴ Auch Josephus lässt ihn weg.⁵ Sowohl die Vetus Latina als auch Josephus haben aber Zusatz E.

---

3   Der A-Text ist in vier Manuskripten überliefert: 19, 93, 108 und 319. Zu 319 siehe De Troyer, The Many Texts of the Esther Story, Folio: The Newsletter of the Ancient Biblical Manuscript Center 19 (2002/2) 3, 7–8. Das Manuskript 93 hat einige Lücken, deren Größe aber darauf schließen lässt, was für ein Text dort vorher war. Z. B. hat das Manuskript eine Lücke in 7,6, die genau dem Zusatz E,14 entspricht. Der A-Text ist auch teilweise in dem gemischten Manuskript 392 erhalten. Dieses Manuskript bietet abwechselnd den altgriechischen Septuagintatext und den A-Text. Von 7,10 an bietet es den Septuagintatext und kann deshalb nicht als ein Zeuge zu Mordechais Brief im A-Text gerechnet werden. Für eine weitere Beschreibung siehe Hanhart, Esther, 15–16.
4   Die Vetus Latina (V. L.) hat seit langem eine bedeutende Rolle für die Untersuchung des Estherbuches gespielt. Seit Motzo und Schildenberger wurde die V. L. neben dem A-Text und der Version des Josephus gelesen. Vgl. Bernardo Motzo, La Storia del Testo di Ester, Ricerche Religiose 3 (1927), 205–208; ders., I Testi greci di Ester, SMSR 6 (1930), 223–231; Johannes Schildenberger und Athanasius Miller, Die Bücher Tobias, Judith und Esther, übersetzt und erklärt, Bd. III: Das Buch Esther, Die Heilige Schrift des Alten Testaments 4/3, Bonn 1940–1941. Eine nähere Untersuchung des Verwandtschaftsverhältnisses zwischen diesen Texten wird aber erst mit dem Abschluss der kritischen Edition der V. L. möglich sein. Haelewyck bereitet diese Ausgabe vor. Sie wird erscheinen unter dem Titel: Vetus Latina: Die Reste der Altlateinischen Bibel nach Petrus Sabatier neu gesammelt und in Verbindung mit der Heidelberger Akademie der Wissenschaften herausgegeben von der Erzabtei Beuron, Bd. 7/3, Freiburg. Haelewyck hat bereits eine Untersuchung des Estherbuches im Codex Monacensis herausgegeben. Vgl. Jean-Claude Haelewyck, La version latine du livre d'Esther dans le ›Monacensis‹ 6239, 289–306. Siehe auch ders., La version latine du livre d'Esther dans la première Bible d'Alcalá: Avec un appendice sur les citations patristiques vielles latines, in: Jean-Marie Auwers/André Wénin (Hg.), Lectures et relectures de la Bible, FS P.-M. Bogaert, BEThL 144, Leuven 1999, 165–193. Den altlateinischen Text kann man konsultieren in Sabatier, Bibliorum sacrorum latinae, 791–825. Wie in Kapitel II bemerkt, ist es wichtig, das von Sabatier benutzte Manuskript zu verifizieren. Vgl. Gryson, Altlateinische Handschriften.
5   Josephus, Jewish Antiquities, books IX–XI, 402–457.

2. Gegenwärtige Meinungen

In dem A-Text des Estherbuches spielen viele textkritische und textgeschichtliche Probleme eine Rolle. Seit 1940,[6] und noch einmal nach der ersten Welle in der Qumranforschung, haben Gelehrte behauptet, dass der A-Text eine Übersetzung eines bisher unbekannten hebräischen Estherbuches sei.[7] Carey Moore,[8] David Clines,[9] Michael Fox[10] und Karen Jobes[11] haben sich alle, obgleich mit Abweichungen, für eine hebräische Vorlage des A-Textes von Esther ausgesprochen. Andere Forscher wie Hanhart,[12] Tov[13] und ich selbst sehen in dem A-Text eine Überarbeitung des Septuagintatextes. Tov behauptet aber auch, dass die Überarbeitung auf einen anderen hebräischen Textes weise, und hält daher eher eine Zwischenposition.[14] Die Frage ist, ob der A-Text eine Übersetzung, eine

---

6 Charles C. Torrey, The Older Book of Esther, HThR 37 (1944) 1–40; Nachdr., C. A. Moore (Hg.), Studies in the Book of Esther, Library of Biblical Studies, New York 1981, 448–487. Torreys Artikel basiert auf seiner Durchsicht der Cambridge Septuaginta Edition, publiziert in JBL 61 (1942), 130–136.

7 Zu einem ausführlichen Forschungsüberblick siehe De Troyer, The End of the Alpha-Text of Esther, Kapitel 1. Für eine Zusammenfassung siehe dies., The Letter of the King and the Letter of Mordecai. An analysis of MT & LXX 8.9–13 and AT 7.33–38, Textus 21 (2002), 175–207.

8 Moore, The Greek Text of Esther; ders., A Greek Witness to a Different Hebrew Text of Esther, ZAW 79 (1967) 351–358; Nachdr., C. A. Moore (Hg.), Studies in the Book of Esther, Library of Biblical Studies, New York 1981, 521–528.

9 David J. A. Clines, The Esther Scroll: The Story of The Story, JSOT.S 30; Sheffield 1984.

10 Fox, The Redaction of the Books of Esther: On Reading Composite Texts, SBL.M 40, Atlanta 1991.

11 Karen H. Jobes, The Alpha-Text of Esther: Its Character and Relationship to the Masoretic Text, SBL.DS 153, Atlanta 1996.

12 Hanhart, Esther.

13 Tov, The »Lucianic« Text of the Canonical and Apocryphal Sections of Esther: A Rewritten Biblical Book, Textus 10 (1982), 1–25.

14 Hanhart verweist auch auf ein paar Fälle, wo der A-Text vielleicht anderes Material integriert hat. Eine andere hebräische Vorlage ist theoretisch möglich, wo der A-Text, unabhängig von dem Septuagintatext, mit dem MT zusammengeht. Genauer gesagt, das ist dort möglich, wo der A-Text alleine steht oder Parallelen in dem von Origenes revidierten Text hat, und auch, wo der A-Text mit dem Altlateiner und Josephus zusammengeht, oder vielleicht, wo man eine andere hebräische Vorlage rekonstruieren könnte – hier verweist Hanhart auf ein konkretes Beispiel, aber mit Fragezeichen –, oder zuletzt

Rezension oder eine Überarbeitung ist. Der erste und letzte Begriff sind bekannt; der mittlere, Rezension, wird hier benutzt in seiner strikt technischen Bedeutung, nämlich als eine Revision des Altgriechen in Richtung einer hebräischen Vorlage.

Diese Angelegenheit muss in ihrem textgeschichtlichen Kontext gesehen werden. Wie schon in Kapitel I bemerkt wurde, ist Origenes der prominenteste unter den Revisoren und Rezensenten des Altgriechen. In der fünften Kolumne der Hexapla fügte er hinzu und markierte die Lesungen, die er nur in dem hebräischen Text gefunden hatte (er verwendete besonders die Übersetzung Theodotions für seinen Zweck[15]), und er markierte ebenso auch solche Lesungen, die er nur in dem altgriechischen Text gefunden hatte. Es ist bekannt, dass Origenes einen Esthertext benutzt hat, der zumindest die Zusätze B, C und E enthielt.[16] Von den anderen griechischen Übersetzungen, die Origenes benutzte, nämlich Aquila und Symmachus, ist kaum noch etwas übrig. Ein paar Wörter könnten noch von Aquila stammen, aber mehr ist nicht überliefert.[17]

Aquila, Symmachus und Theodotion gaben den hebräischen Text jeweils neu in Griechisch wieder (siehe Abb. 10). Besonders Aquila übersetzte sehr wörtlich.[18] Sie waren offenbar nicht zufrieden mit dem altgriechischen Text und entschlossen sich daher, ihn zu revidieren und eigene griechische Übersetzungen anzufertigen.[19] Mit den Entdeckungen in der Judäischen Wüste, genauer gesagt, der Entdeckung der grie-

---

auch, wo der A-Text und der Altlateiner oder Josephus einen anderen Text als der MT bieten. Hanhart verweist aber nicht auf eine andere hebräische Vorlage – mit Ausnahme des einen, gerade erwähnten Beispiels –, sondern auf Material, das unabhängig vom Altgriechen überliefert ist: »... vom o'-Text unabhängigen Überlieferungsgutes ...«; vgl. Hanhart, Esther, 91.

15 Manuskript 93 enthält sechs mit Asteriskus versehene Passagen, die anzeigen, dass Origenes den altgriechischen Text auf den hebräischen Text hin korrigiert hat: 2,6.7; 8,3.11; 9,2.4.
16 Das bedeutet nicht, dass Origenes nicht noch andere Zusätze hatte, sondern nur, dass er lediglich diese Zusätze zitiert.
17 Hanhart, Esther, 63.
18 Das bedeutet nicht, dass seine Übersetzung nicht verständlich war – im Gegenteil! Siehe James Barr, Typologies of Literalism.
19 Vergleiche mit den Bibelübersetzungen: nach jeder ersten Übersetzung – in welcher Sprache auch immer – gibt es Verbesserungen der Übersetzung und/oder Korrekturen in Angleichung an den originalen Text.

chischen Zwölf-Propheten-Rolle von Naḥal Ḥever, wurde deutlich, dass die griechischen Bibeltexte von einer sehr frühen Zeit an korrigiert wurden (siehe Abb. 11).[20] Kurz gesagt, nicht nur Origenes, sondern auch Aquila hatte Vorgänger![21]

Origenes hatte auch Nachfolger. Noch im 4. Jh. wurden griechische Bibeltexte korrigiert. Lukian korrigierte z. B. den Altgriechen und machte dabei Gebrauch von Origenes. Er bevorzugte allerdings Symmachus, während Origenes selbst Theodotion für seine Wiedergabe des hebräischen Textes in Griechisch vorzog.[22] Immer noch wird von Forschern der Name Lukian verwendet, obgleich klar ist, dass der wirkliche Lukian die Arbeit höchst wahrscheinlich gar nicht unternommen hatte. Lukian muss aber als jemand – z. B. ein Kirchenvater – aus dem Gebiet um Antiochien angesehen werden, der offenbar den griechischen Text »nach Lukian« benutzt hat.[23]

In der Judäischen Wüste wurden sowohl hebräische als auch griechische Texte gefunden, die auf diese verschiedenen Rezensionen hinweisen. Der griechische Text, mit dem Lukian arbeitete, ist z. B. sehr ähnlich zu dem hebräischen Text von 4QSam^a.[24] In Anbetracht der Tatsache,

---

20 Dominique Barthèlemy, Les devanciers d'Aquila. VT.S 10, Leiden 1963; Tov, The Greek Minor Prophets Scroll from Naḥal Ḥever (8ḤevXIIgr): The Seiyâl Collection I, DJD 8, Oxford 1990.
21 Daher der Titel des Werkes von Barthelemy: Les devanciers d'Aquila (Die Vorgänger Aquilas).
22 Alison Salvesen, Symmachus in the Pentateuch, JSSt.M 15, Manchester 1991; dies., Origen's Hexapla and Fragments, 177–198, bes. 183–190; José R. Busto Saiz, El Texto Teodociónico de Daniel y la Traducción de Símaco, Sefarad 40 (1980) 41–55.
23 Natalio Fernández Marcos und José R. Busto Saiz, El texto antioqueño de la Biblia griega, I, 1–2 Samuel, in collaboration with Victoria Spottorno Díaz-Caro und S. Peter Cowe (Textos y Estudios Cardinal Cisneros, 50; Madrid, Consejo Superior de Investigaciones Científicas: 1989); II, 1–2 Reyes, with the collaboration of Victoria Spottorno Díaz-Caro (Madrid, Consejo Superior de Investigaciones Científicas: 1992); III, 1–2 Crónicas, in collaboration with Victoria Spottorno Díaz-Caro and S. Peter Cowe (Madrid, Consejo Superior de Investigaciones Científicas: 1996); Sebastian P. Brock, The Recensions of the Septuagint Version of 1 Samuel (Vorwort von Natalio Fernández Marcos), Quaderni di Henoch 9 (Oxford Diss. 1966), Torino 1966; Corso San Maurizio Silvio Zamorani Editore, 1996.
24 Frank Moore Cross, A New Qumran Biblical Fragment Related to the Original Hebrew Underlying the Septuagint (4QSam^a), BASOR 132 (1953) 15–26;

dass 4QSam^a aus der zweiten Hälfte des 1. Jh. v. u. Z. stammt,[25] sieht es so aus, als sei die älteste Schicht von Lukian – auch proto-Lukian genannt – eine ziemlich alte Schicht.[26] Wie schon gesagt, bietet der Text der Zwölf-Propheten-Rolle von Naḥal Ḥever eine alte Korrektur des griechischen Textes – gemeinhin *kaige*-Rezension genannt nach der typischen Wiedergabe von καὶ γε für das Hebräische וְגַם (siehe Abb. 12). Man findet nicht nur Beweise für Rezensionstätigkeit in Qumran, sondern trifft auch auf hebräische Vorlagen von altgriechischen Bibeltexten. 4QJer^{b,d} kann z. B. als hebräische Parallele zu dem altgriechischen Jeremiatext gesehen werden. Bei diesem basierte das Altgriechische auf einem hebräischen Text, der älter und an manchen Stellen anders war als der Text, der später der Haupttext wurde, nämlich der MT.[27] Das führt bereits zum nächsten Gesichtspunkt.

Es ist allgemein üblich zu sagen, dass die Standardisierung des hebräischen konsonantischen Textes im 1. und 2. Jh. u. Z. stattfand.[28] Die

---

ders., The History of the Biblical Text in the Light of Discoveries in the Judaean Desert, HThR 57 (1964). Nachdr. in: Frank Moore Cross/Shemaryahu Talmon, Qumran and the History of the Biblical Text, Cambridge 1975, 177–195; Eugene Ulrich, The Qumran Text of Samuel and Josephus, HSM 19, Chico, CA 1978.

25 Cross, A New Qumran Biblical Fragment, 23–25.
26 Die Debatte ist immer noch im Gange, ob der proto-lukianische Text der Altgrieche selbst ist, oder nur einer der altgriechischen Texte, oder ein schon überarbeiteter Text (korrigiert in Angleichung an den hebräischen Text). Siehe Anneli Aejmelaeus, The Septuagint of I Samuel, in: Leonard Greenspoon/Olivier Munnich (Hg.), VIII Congress of the International Organization for Septuagint and Cognate Studies, Atlanta 1995, 109–129; Tov, The Lucianic Text; ders., Lucian and Proto-Lucian, RB 79 (1972) 101–113; Natalio Fernández Marcos, The Septuagint in Context: Introduction to the Greek Version of the Bible (übers. von W. Watson), Leiden 2000, bes. Kapitel 14, »The Lucian Recension,« 223–238.
27 MT wurde zum Hauptbibeltext. Allerdings darf man nicht vergessen, dass die Falaschas immer noch die Septuaginta als ihren Hauptbibeltext benutzen. Siehe z. B. Joseph Longton, Uit Abraham Geboren: Jodendom, Christendom, Islam en hun vertakkingen, Turnhout 1990, 87–90. Zum gegenwärtigen Stand in der Jeremiaforschung siehe Konrad Schmid, Buchgestalten des Jeremiabuches. Untersuchungen zur Redaktions- und Rezeptionsgeschichte von Jer 30–33 im Kontext des Buches. WMANT 72, Neukirchen 1996, besonders 12–43.
28 Siehe z. B. James A. Sanders, Text and Canon: Concepts and Method, JBL 98 (1979) 5–30.

gerade beschriebene Rezensionstätigkeit bestätigt eher die Tendenz, in Angleichung an einen so genannten Standardtext zu korrigieren – und ihn damit eigentlich erst als solchen zu etablieren. Zugleich muss man allerdings auch sehen, dass sich die literarische Entwicklung des biblischen Textes über eine lange Zeit erstreckte, wahrscheinlich länger, als gemeinhin angenommen wird.[29] In der Debatte darüber, wann diese Entwicklung des hebräischen Bibeltextes beendet war – falls überhaupt –, gibt es ganz unterschiedliche Meinungen. Einige Gelehrte behaupten, dass es bereits eine Art von Bibel gab, als die Exiljuden von Babylon zurückkehrten. Andere sehen immer noch eine literarische Entwicklung, ja sogar eine entscheidende literarische Entwicklung, in hellenistischer Zeit. Genau für diese Frage sind die Manuskripte von Qumran und die der Septuaginta von Bedeutung. Die Tatsache, dass Texte wie der abweichende Jeremiatext – abweichend z. B. vom MT in der Reihenfolge der Kapitel – in Qumran vorkommen, zeigt andererseits, dass es noch in der Zeit von Qumran zumindest unterschiedliche Texte von biblischen Büchern gab. Die Septuagintaübersetzung – die einzelnen biblischen Bücher etwa zwischen dem 3. und 1. Jh. v. u. Z. übersetzt – weist andererseits gleichermaßen auf das Vorhandensein von unterschiedlichen hebräischen Bibeltexten hin, zumindest für einige Bücher, die es zur Zeit der Übersetzung der einzelnen Bücher ins Griechische gab. Wie im zweiten Kapitel dargelegt wurde, ist der altgriechische Josuatext ein Zeuge für eine ältere Schicht des Josuabuches. Die letzte Überarbeitung des hebräischen Josuabuches erfolgte erst nach der Übersetzung des altgriechischen Josuabuches. In Kapitel 4 werden wir uns mit einer anderen Möglichkeit der literarischen Entwicklung eines hebräischen Textes beschäftigen. Dort wird allerdings die literarische Entwicklung auf der griechischen Stufe gesehen werden.

Im Hinblick auf den A-Text ist die Frage nicht nur, was für ein Text das eigentlich ist (Übersetzung, Rezension oder Überarbeitung?), sondern auch, wie dieser einerseits in die Geschichte der Standardisierung, andererseits in die Geschichte der literarischen Entwicklung eines Textes passt.

Die biblische Erzählung nach Josephus und die nach der altlateinischen Übersetzung spielen auch in der Geschichte des Esthertextes eine

---

29 Siehe De Troyer, »Fifty Years of Qumran Research: A Different Approach,« RSR 28 (2002/2) 15–22.

entscheidende Rolle. Es wurde deutlich, dass sowohl Josephus als auch »der/die VerfasserIn«[30] der Vetus Latina den A-Text von Esther kannte. Der Josephustext enthält tatsächlich einige für den A-Text typische Lesungen.[31] Ebenso hat auch die Vetus Latina Varianten mit dem A-Text gemeinsam. Aus textgeschichtlicher Perspektive sind diese zwei Abhängigkeiten von Bedeutung. Demnach muss z. B. der A-Text bereits vor der Komposition von Josephus' *Altertümer* existiert haben. Gleicherweise war der A-Text bereits vorhanden, als die Vetus Latina entstand. Den A-Text gab es demnach schon im 1. Jh. u. Z. Nach Pierre-Maurice Bogaert, einem bekannten Vetus Latina und LXX Spezialisten, sollte die Vetus Latina als ein Hauptzeuge für den hebräischen Bibeltext angesehen werden.[32] Nach Jean-Claude Haelewyck sind Passagen, wo der A-Text und die Vetus Latina denselben Text haben, Passagen, bei denen ein althebräischer Text des Estherbuches sichtbar wird.[33] Diese Passagen sind in der Tat sehr entscheidend, obgleich wohl weniger für den althebräischen als für den altgriechischen Text.

Ein Sachverhalt, der die Frage nach der Textart des A-Textes und seiner Textgeschichte wesentlich verkompliziert, sind die so genannten Zusätze zum griechischen Text. Alle Zeugen des A-Textes enthalten diese Zusätze zum Estherbuch. Es gibt keinen einzigen Zeugen dieses Textes, der keine Zusätze enthält. Das ist eher problematisch, denn nun erhebt sich die Frage, wie und wann diese Zusätze von der LXX in den A-Text gerieten.[34] Clines und Fox stimmen darin überein, dass die Zusätze dem

---

30 Ein Spezialist auf dem Gebiet der Vetus Latina mag beurteilen, ob es überhaupt so etwas wie einen Verfasser für die Vetus Latina gab.
31 Christopher Begg, Ch., Josephus' Account of the Early Divided Monarch. Rewriting the Bible, AJ 8, Leuven 1993, 212–420; ders., Josephus' Story of the Later Monarchy, AJ 9, Leuven 2000, 1–10 und 185.
32 Pierre-Maurice Bogaert, L'importance de la Septante et du »Monacensis« de la Vetus Latina pour l'exégèse du livre de l'exode (chap. 35–40), in: Marc Vervenne (Hg.), Studies in the Book of Exodus: Redaction, Reception, Interpretation, BETL 126, Leuven 1996; ders., Septante et Versions Grecques, in: Jacques Briend/Edouard Cothenet (Hg.), Supplément au Dictionnaire de la Bible, Paris 1993, Fasc. 68, c, 536–692.
33 Jean-Claude Haelewyck, Le texte dit »Lucianique« du livre d'Esther: Son étendue et sa cohérence, Le Muséon 98 (1985), 5–44.
34 Jobes setzt sich z. B. für den A-Text als die ursprüngliche »Heimat« zumindest eines Zusatzes ein. Das ist allerdings sehr fraglich. Siehe Jobes, The Alpha-Text of Esther, 193.

A-Text auf einer späteren, zweiten Stufe hinzugefügt wurden, nämlich als der A-Text dem Septuagintatext angeglichen wurde.[35] Da sich die Zusätze inhaltlich auf den Rest des Textes der Septuaginta beziehen, ist es schwer, einen Text herauszuschälen ohne diese Zusätze und ohne die editorischen Änderungen, die am altgriechischen Text vorgenommen wurden, um diesem die Zusätze einzupassen.[36]

C. Analyse

1. Struktur

Der Brief des Mordechai (A-Text 7,33–38) ist Teil des letzten Kapitels des A-Textes von Esther. Wie bereits festgestellt wurde, erscheint Mordechais Brief nur im A-Text. Weder der MT noch die LXX haben diesen Abschnitt. Der MT und die LXX haben darüber hinaus eine Einteilung in 10 Kapitel, der A-Text aber nur in sieben. Der größte Teil von MT/LXX ist jedoch vorhanden. Im Folgenden wird die Struktur der drei Texte dargelegt; zuerst MT/LXX, dann LXX/A-Text. Dabei wird auch auf einige prägnante Sachverhalte in der Struktur der LXX und des A-Textes hingewiesen.

MT		LXX	
7,1–10	Hamans Bosheit aufgedeckt	7,1–10	=
8,1–8	Befehl des Königs, zu schreiben	8,1–8	=
8,9–14	Esthers und Mordechais Brief	8,9–13 Zus. E	Esthers und Mordechais Brief
		8,14	Schreiben des Königs Aussenden der Briefe
8,15–17	Mordechai verlässt den Palast	8,15–17	=
9,1–18	Die Schlachtfelder	9,1–18	=

---

35 Clines, The Esther Scroll, 85–92; Fox, The Redaction of the Books of Esther, 16–17.
36 Auf diese Frage wird später noch eingegangen werden.

MT		LXX	
9,19	Schlussbemerkung zum Festtag	9,19	=
9,20–28	Mordechais Brief	9,20–28	=
9,29–32	Esthers Brief	9,29–32	=
10,1–3	Erzählungsschluss	10,1–3	=
		Zus. F	Traumdeutung von Zusatz A
		F,11	Kolophon der griechischen Übersetzung

Die Septuaginta hat jeden Abschnitt des hebräischen Textes übersetzt. Sie hat aber auch direkt ausgeführt, was in Kapitel 8 nur indirekt angedeutet war, dass nämlich zwei Briefe nötig sind, um sowohl die Befehlshaber des Reiches als auch die bedrohten Opfer, die Juden, zu informieren. In der hebräischen Erzählung schreiben Mordechai und Esther im Namen des Königs den befehlshabenden Beamten und gleichzeitig den Juden. Beide Gruppen mussten über die neue Situation und über die Abwendung von Hamans Plan informiert werden. Im hebräischen Text wird das mit einem Brief erreicht. Der Brief selbst ist nicht zitiert, sondern es wird nur eine Zusammenfassung gegeben (Vers 11–13). Der/die ÜbersetzerIn der Septuaginta hat ein Schreiben des Königs eingefügt, nämlich Zusatz E, adressiert an die Beamten des Königreiches. Ferner hat er/sie die kurze Zusammenfassung in einen Brief von Mordechai und einen von Esther an die Juden verwandelt. Jetzt erhalten beide betroffenen Parteien einen Brief: die Juden von Mordechai und Esther und die Beamten vom König. Das Einfügen des Schreibens vom König beeinflusste auch die Wiedergabe der kurzen Zusammenfassung des Briefes von Mordechai und Esther. Anstatt einfach die Juden davon zu unterrichten, dass sie die Erlaubnis zur Selbstverteidigung erhalten hatten, wie im hebräischen Text gesagt, bietet die Zusammenfassung der Septuaginta nun noch eine zusätzliche positive Nachricht: die Juden haben die Erlaubnis, nach ihren eigenen Gesetzen zu leben. Dieses positive Element ist auch in dem Schreiben des Königs in Zusatz E zitiert. Die Änderung im Text ist hier eine der Stellen, an denen die Septuaginta den originalen hebräischen Text übernahm, um den Einschub eines neuen Elements flüssiger zu machen und dem Kontext mehr anzupassen. Die Septuaginta fügt auch am Ende des Buches eine Interpretation des Traumes hinzu: Zusatz F. Die Interpretation des Traumes in Zusatz F passt zu dem Traum in Zusatz A. Am Schluss des Buches ist ein Kolophon über den Ursprung der griechischen Übersetzung hinzugefügt. Dieses ist das einzige Kolophon, das einem biblischen Buch hinzugesetzt wurde. Diesem Kolophon ist es zu verdanken, dass der altgriechische Text des Estherbuches in das 1. Jh. v. u. Z. datiert werden kann, nämlich 78–77 v. u. Z.[37] Die Septuaginta hat demnach einerseits recht bedeutende Änderungen an der Esthererzählung vorgenommen, hielt sich aber andererseits doch eng an den hebräischen (konsonantischen) Text der hebräischen Erzählung.[38]

Die Struktur des A-Textes (gegenüber der LXX) sieht folgendermaßen aus:

LXX		A-Text*	
7,1–10	Hamans Bosheit aufgedeckt	7,1–13	=
8,1–8	Befehl des Königs, zu schreiben	7,14–21	Mordechais Bitte zu schreiben und Esthers Bitte, die Feinde zu vernichten
8,9–13	Esthers und Mordechais Brief		siehe unten, 7,33b–38
Zus. E	Schreiben des Königs	7,22–32	Schreiben des Königs
		7,33a	Aussenden des Briefes
		7,33b–38	Mordechais Brief
8,14	Aussenden der Briefe		siehe oben, 7,33a
8,15–17	Mordechai verlässt den Palast	7,39–41	Mordechai verlässt den Palast
9,1–18	Die Schlachtfelder	7,42–46	Die Schlachtfelder, 2. Teil
9,19	Bemerkung zum Festtag	–**	
9,20–28	Mordechais Brief	7,47–49	Mordechais Brief
9,29–32	Esthers Brief	–	

---

37 Siehe vor allem Elias Bickerman, The Colophon of the Greek Book of Esther, JBL 63 (1944), 339–362. Seine Interpretation des Kolophons und damit seine Datierung von LXX-Esther sind in der Forschung weithin akzeptiert.
38 Für eine detaillierte Analyse der Übersetzung und Erzähltechnik von MT 8,1–17, LXX 8,1–17, siehe De Troyer, The End of the Alpha Text of Esther, Kapitel 2 und 3.

10,1–3	Erzählungsschluss	7,50	Erzählungsschluss
Zus. F	Interpretation von Zus. A	Zus. F	Interpretation von Zus. A
F,11	Kolophon der griechischen Übersetzung	–***	

*In einigen Ausgaben, wie dem Cambridge Old Greek Testament, und in der von Clines bereitgestellten Übersetzung in seinem berühmten Buch von 1984, wird Zusatz A als Kapitel 1 gezählt; daher endet das Buch mit 8 statt mit 7 Kapiteln. Daraus ergaben sich ernsthafte Missverständnisse, denn viele Bibelforscher haben die Verweise nicht nachgeprüft. Siehe De Troyer, The End of the Alpha Text, 9–13; dies., Esther in Text- and Literary Critical Paradise, in: Leonard Greenspoon/Sidnie White Crawford (Hg.), The Book of Esther in Modern Research, JSOT.S 380, Sheffield 2003, 31–49.
**Siehe aber 7,49.
***Selbstverständlich gibt es im A-Text kein Kolophon, denn es entstand nicht in derselben Zeit. Außerdem kennt und benutzt der A-Text schon das Konzept der Monarchie, und das passt nicht zu den im Kolophon genannten zwei regierenden Personen.

Der A-Text enthält fast alle Abschnitte der Septuaginta mit Ausnahme von Esthers Brief. Da der A-Text nur minimal an der Rolle Esthers interessiert ist, kann diese Auslassung des Estherbriefes nicht weiter überraschen.[39] Für den A-Text ist die Umstellung des Materials der Septuaginta typisch. Diese Umstellung kann besonders hinsichtlich der Briefe beobachtet werden.[40] Nach Mordechais Bitte an den König, sich der Angelegenheit des mörderischen Plans des Haman zu widmen, schreibt der König seinen Brief.[41] Der König schreibt zuerst an die Beamten des Königreiches. Erst danach schreibt Mordechai in derselben Angelegenheit.

---

39 Für den Text ist Mordechai derjenige, der die Juden rettet, nicht Esther. Siehe De Troyer, An Eastern Beauty Parlour: An Analysis of the Hebrew and the Two Greek Texts of Esther 2:8–18, in: Athalya Brenner (Hg.), Judith, Esther, and Susannah. A Feminist Companion to the Bible, Vol. 7, Sheffield 1995, 47–70.
40 Für eine detaillierte Analyse siehe De Troyer, The Letter of the King and the Letter of Mordecai: An Analysis of MT & LXX 8.9–13 and AT 7.33–38, Textus 21 (2002) 175–207.
41 Zugegebenermaßen steht Esthers Bitte, ihre Feinde zu vernichten, zusammen mit dem Bericht über ihre Vernichtung der Feinde, zwischen Mordechais Bitte und des Königs Reaktion auf diese Bitte. Obgleich das teilweise die Struktur der Erzählung zerstört, bestätigt es aber, dass der/die VerfasserIn sehr daran interessiert war, dass der Bitte sofort entsprochen wird.

LXX		A-Text	
8,9–13	Esthers und Mordechais Brief	7,22–32	Schreiben des Königs
Add E	Schreiben des Königs	7,33b–38	Mordechais Brief

Diese Abfolge im A-Text ist in gewisser Hinsicht logischer als die Abfolge in der LXX: erst der König, dann Mordechai,[42] und nicht umgekehrt! Im A-Text ist es Mordechai, der den Brief schreibt, während sich Esther um die Feinde kümmert. In der LXX rechnet der erste Teil von Kapitel 9 mit allen Feinden ab. Im A-Text ist dieser Abschnitt in zwei Teile zerlegt: nach Esthers Bitte, ihre Feinde zu vernichten, ergreift sie sofort die Gelegenheit und erschlägt Scharen von Feinden: 7,20–21. Danach bittet sie sogleich um erneute Erlaubnis, noch mehr Feinde vernichten zu dürfen. Die Erlaubnis ist wiederum erteilt, und die Zahl der Erschlagenen wird kurz erwähnt: 70.100 Mann (7,45–46). Obgleich mit sehr viel kürzerem Bericht folgt der A-Text einer Struktur, die der LXX ähnlich ist: Esther erhält zweimal einen Freibrief zu Mord-und-Totschlag.[43] Der Inhalt der beiden Briefe selbst ist in den zwei Versionen der Erzählung verschieden. Das kann wiederum nicht überraschen, da die LXX-BearbeiterInnen schon die Zusammenfassung des hebräischen Textes von 8,10–12 geändert hatten. Der A-Text folgt diesem Beispiel und ändert den Inhalt der Briefe, so dass sie sich dem Kontext besser anpassen.

Die Analyse der Struktur des A-Textes verwies bereits auf einige größere Änderungen im Text der Septuaginta. Allerdings wurde noch nicht bewiesen, dass der A-Text tatsächlich eine Überarbeitung der LXX ist. Dieser Frage werden wir uns jetzt zuwenden.

2. Analyse[44]

Dieser Abschnitt analysiert den Brief Mordechais und beantwortet dabei drei Fragen:

---

42 Ja, Esther ist hier ganz weggefallen.
43 Es ist fast überflüssig zu erwähnen, dass Esther im A-Text eine blutrünstige Frau geworden ist, während sie in der LXX eine ohnmächtige Königin war.
44 Ein Teil dieses Abschnitts wurde auf der Münster-Bonner Tagung der hebräischen Bibelforscher im Juni 2002 präsentiert.

- Ist der A-Text ein lukianischer Text?
- Ist der A-Text eine Übersetzung eines bislang unbekannten hebräischen Originals?
- Hat der A-Text den Altgriechen überarbeitet oder ihn auf einen (unterschiedlichen) hebräischen Text hin korrigiert?

Diese Fragen sollen helfen zu bestimmen, ob der A-Text eine Übersetzung, eine Rezension oder eine Überarbeitung ist. Sie werden auch helfen, die Zeit zu bestimmen, in der der A-Text entstand.

Ist der A-Text ein lukianischer Text?[45]

Die so genannte Lukianische Rezension (abgekürzt »L«; ein besserer Name ist: Antiochenischer Text[46]) findet sich vor allem in den Manuskripten boc_2e$_2$. Das Zeichen b repräsentiert die normale Lesung von zwei verwandten Manuskripten, b' und *b*; o und c$_2$ enthalten keinen Esthertext. Ein anderes Manuskript, von Rahlfs y genannt, enthält ebenfalls den A-Text. In der folgenden Liste der Manuskripte, die den A-Text enthalten, wird zuerst die Bezeichnung des Manuskripts gegeben, die die Cambridge Edition benutzt, und dann die Göttinger Nummer – auch *Rahlfs Verzeichnis* Nummer genannt, nach dem kommentierten Index des von Rahlfs publizierten Manuskripts – geboten, gefolgt von Stadt und Bibliothek, in der sich das Manuskript gegenwärtig befindet, Regalnummer, sein Inhalt, und schließlich das Alter des Manuskripts.[47]

---

45 Zu einem Überblick über den lukianischen Text siehe De Troyer, Der lukianische Text. Mit einen Beitrag zum so genannten lukianischen Text des Estherbuches, in: Siegfried Kreuzer/Jürgen Peter Lesch (Hg.), Die Septuaginta. Studien zur Entstehung und Bedeutung der griechischen Bibel, BWANT, Stuttgart, 229–246.

46 Siehe Fernández Marcos, Scribes and Translators: Septuagint and Old Latin in the Books of Kings, VT.S 54, Leiden 1994, Kapitel 3: »The Antiochene Text of the Greek Bible: A Revised and Edited Text.«

47 Siehe das Vorwort der Cambridge Edition: A. E. Brooke, N. McLean und H. St. J. Thackeray, Esther, Judith, Tobit: The Old Testament in Greek, III/1, Cambridge 1940; sowie Alfred Rahlfs, Verzeichnis der griechischen Handschriften des Alten Testaments für das Septuaginta-Unternehmen aufgestellt, Mitteilungen des Septuaginta-Unternehmens 2, Berlin 1914. Siehe jetzt auch: Alfred Rahlfs, bearbeitet von Detlef Fraenkel, Supplement. Verzeichnis der griechischen Handschriften des Alten Testaments. Bd. I, 1: Die Überlieferung bis zum VIII. Jahrhundert (Septuaginta. Vetus Testamentum graecum, auc-

b = b' + *b*

b' = 19 Rom, Chigi, R VI 38: Oct Reg Par Esd Idt Est (A-Text) I–III Makk (XII)[48]

b = 108 Rom, BAV, Vat. Gr. 330: Oct Reg Par Esd Idt Est (LXX and A-Text) Tob (XIII)

e_2 = 93 London, British Museum, Royal D II: Ruth Reg Par Esd II Est (A-Text), I–III Makk, Est (LXX) Jes (XIII)

y = 319 Mt. Athos, Vatop. 600: Est (A-Text) Tob Idt (1021)

Der Text von Esther ist in diesen Manuskripten überliefert; genauer gesagt, sowohl die altgriechische Septuaginta als auch der A-Text erscheinen in den Manuskripten 108 und 93. Darüber hinaus ist der A-Text auch in Manuskript 19 enthalten. Das bedeutet, dass drei der vier A-Text Manuskripte (fünf, falls man auch das gemischte Manuskript 392 mitrechnet[49]) in Manuskripten erscheinen, die dafür bekannt sind, dass sie den lukianischen Text bieten. Verständlich ist, dass dieser zweite griechische Text als lukianisch bezeichnet wurde. Bedeutsam ist allerdings dabei, dass in den Manuskripten 93 und 108 nicht nur der A-Text von Esther erscheint, sondern auch der Standardtext der Septuaginta. Esther ist das einzige Buch, für das zwei Texte kopiert wurden. Für alle anderen Bücher gibt es nur einen Text, und dieser Text ist dann später als der Antiochenische Text identifiziert worden.[50] Die doppelte

---

toritate Academiae Scientiarum Gottingenis editum Vol. I,1), Göttingen 2004.

48 Diese Zeile sollte folgendermaßen gelesen werden: Manuskript b' in der Cambridge Edition ist in der Göttinger Liste Manuskript 19. Es kann in Rom eingesehen werden, gehört zur Chigi Kollektion, und seine Regalnummer ist R VI 38. Diese Kollektion befindet sich in der Bibliothek des Vatikans, deren offizieller Name »Bibliotheca Apostolica Vaticana« (= BAV) ist. Das Manuskript enthält die folgenden Bücher: das Octateuch, die Bücher Samuel und die Königsbücher (die in der griechischen Bibel Könige 1–4 sind), die Chronikbücher, 3. Esdras, Judith, Esther (der A-Text) und die Makkabäerbücher 1–3. Das Manuskript ist in das 12. Jh. datiert.

49 Siehe den Abschnitt »Zeugen.«

50 Zu beachten ist, dass kein lukianischer Text für den Pentateuch identifiziert worden ist, obgleich der Pentateuch in dem so genannten lukianischen Manuskript vorkommt. Siehe Wevers, Deuteronomium. Siehe auch Fernández Marcos, Some Reflections on the Antiochian Text of the Septuagint, in: Detlef Fraenkel/Udo Quast/John William Wevers (Hg.), Studien zur Septuaginta – Robert Hanhart zu Ehren: Aus Anlass seines 65. Geburtstages, Mitteilungen des Septuaginta-Unternehmens 20, Göttingen 1990, 219–229.

Erscheinung des Estherbuches in diesen Manuskripten mag anzeigen, dass der/die SchreiberIn von einer doppelten Tradition wusste, aber nicht sicher war, welche er/sie kopieren sollte.

Der lukianische Text hat eine Reihe von Besonderheiten. Lukian korrigierte den Altgriechen in zweifacher Weise. Zuerst korrigierte er den Text in Anpassung an den hebräischen Text. Für seine Rezensionstätigkeit benutzte er die Hexapla von Origenes[51] und besonders den Text von Symmachus.[52] Lukian revidierte auch das Griechische und produzierte so ein besseres Griechisch. Er machte den Text leichter hörbar durch das Einsetzen von Artikeln, Pronomen, Eigennamen und kurzen Erklärungen oder Zusätzen; er bot auch Synonyme und verbesserte die Syntax.[53]

Der A-Text zeigt gleichfalls ein besseres Griechisch und scheint manchmal dem hebräischen Text näher zu stehen. Das ist ein Grund, warum dieser Text mitunter als »lukianisch« angesehen wurde. Der A-Text setzt teilweise Eigennamen zur Klarstellung ein. Er verwendet verschiedene Synonyme, jedoch nicht immer aus stilistischen Gründen. Auch fügt er kurze Erklärungen hinzu. Die Namen der Monate Adar und Nisan sind z. B. mit den seleukidischen Monatsnamen in Verbindung gebracht. Jobes hat nahegelegt, dass diese Gleichsetzung der fraglichen Monate nur zwischen 15/16 u. Z. und 176 u. Z. stattgefunden haben konnte,[54] und dass dieser Sachverhalt für eine endgültige Überarbeitung des A-Textes während dieser Zeit spricht.[55] Diese Daten sind

---

51 Angemerkt sei, dass sowohl Brock als auch Fernández Marcos gleichfalls prähexaplarische und nicht-hexaplarische Rezensionstätigkeit in der ersten Schicht des lukianischen Textes erkennen. Daher unterscheiden sie zwischen dem Altgriechen und dem so genannten Proto-Lukian. Genau dieser Proto-Lukian ist es, der mit dem 4QSam^{a,c} Text übereinstimmt! Siehe F. M. Cross, The History of the Biblical Text in the Light of Discoveries in the Judaean Desert, HThR 57 (1964). Nachdr. in: F. M. Cross/S. Talmon, Qumran and the History of the Biblical Text, Cambridge 1975, 171–195; Eugene Ulrich, The Qumran Text of Samuel and Josephus; ders., Josephus' Biblical Text for the Books of Samuel, in: Louis H. Feldman/Gohei Hata (Hg.), Josephus, the Bible, and History, Detroit 1989, 81–96; Nachdr. in: E. Ulrich: The Dead Sea Scrolls and the Origins of the Bible, Studies in the Dead Sea Scrolls and Related Literature, Leiden/Grand Rapids, MI 1999, 184–201.
52 Siehe Kapitel I: Zeugen, und in diesem Kapitel: Gegenwärtige Meinungen.
53 Für eine detaillierte, grundsätzliche Studie siehe Brock, The Recensions of the Septuagint Version of 1 Samuel, bes. 224–299.
54 Jobes, The Alpha-Text of Esther, 191.
55 Jobes, The Alpha-Text of Esther, 227.

tatsächlich für die Datierung des A-Textes von Bedeutung; genauer gesagt, der A-Text ist wahrscheinlich zwischen 15/16 und 176 u. Z. entstanden.[56] Der A-Text enthält also Zusätze: z. B. den Brief des Mordechai. Der Zusatz des Briefes des Mordechai ist im Vergleich zu den anderen lukianischen Zusätzen viel zu umfangreich, um als typisch lukianisch angesehen werden zu können. Auch die Auslassungen des A-Textes, wie der Brief der Esther, passen nicht zu der Art der lukianischen Auslassungen. Die Eigenheiten des A-Textes stimmen demnach nicht völlig mit denen des lukianischen Textes überein.

Erst wenn ein Text auch von Kirchenvätern zitiert wurde, die bekanntermaßen im Gebiet von Antiochia gelebt oder gearbeitet haben, kann dieser unter Umständen als »antiochenisch« oder »lukianisch« gelten. Chrysostomos ist z. B. einer der antiochenischen Kirchenväter. Er zitiert tatsächlich das Estherbuch – leider nur einmal –,[57] allerdings in seiner eigenen Version des A-Textes! Damit ist zwar deutlich, dass der A-Text zumindest Chrysostomos bekannt war, nicht aber, ob der lukianische Text des Estherbuches in diesem Gebiet auch weithin benutzt wurde. Im Gegenteil! Es gibt keinen Grund, den A-Text nur darum lukianisch oder antiochenisch zu nennen, weil er einmal von Chrysostomos zitiert wurde.

Letztlich ist bekannt, dass Lukian die Hexapla des Origenes benutzte. Wie konnte dann aber Origenes den A-Text verwenden oder einen Text, der dem so genannten lukianischen Text ähnlich war? Hanhart hat in seiner Einschätzung des Textes des Origenes alle Texte aufgeführt, in denen der Text von Origenes in Richtung des hebräischen Textes korrigiert wurde, und in denen diese Korrektur ähnlich zum A-Text ist.[58] Das ist der Beweis dafür, dass Origenes tatsächlich den A-Text gekannt und verwendet hat, und dass also der A-Text dem antiochenischen oder lukianischen Text vorausgeht. Und zwar ist das nicht nur der Fall für den eigentlichen Text von Esther (im Gegensatz zu seinen Zusätzen), sondern auch für die Zusätze selbst. Der A-Text, der Origenes zugänglich war, enthielt mit Sicherheit die Zusätze. Warum fügte dann aber Orige-

---

56 In De Troyer, The End of the Alpha Text, wurde für 40–41 u. Z. als die wahrscheinliche Entstehungszeit des A-Textes plädiert. Darauf wird später noch zurückzukommen sein.
57 Und er ist der einzige antiochenische Kirchenvater, der das Estherbuch zitiert; das Buch scheint wohl nicht besonders populär gewesen zu sein. Siehe Hanhart, Esther, 93.
58 Hanhart, Esther, 69–77.

nes bei seinen in Anlehnung an den hebräischen Text unternommenen Korrekturen den Brief des Mordechai nicht irgendwo in den Text ein? Ein Grund könnte sein, dass die Erzählung des A-Textes die Abfolge und, in einem geringeren Maß, den Inhalt der LXX grundsätzlich verändert hätte,[59] und dass es daher fast unmöglich war, eine Passage wie den Brief des Mordechai unterzubringen. Origenes setzte manchmal ein anderes Verb neben ein »ursprüngliches« griechisches Verb, nur um sicher zu gehen, dass er sowohl dem althebräischen als auch dem altgriechischen Text gerecht wurde. Aber zwei Briefe nebeneinander zu stellen, das war dann wohl doch ein bisschen zu viel! Origenes übernahm viele der kleineren Änderungen des A-Textes, die ähnlich den von Lukian in anderen Bücher vorgenommenen stilistischen Änderungen sind: Hinzufügung von Namen, Pronomen, Artikeln und Konjunktionen. In einigen Fällen hat der A-Text, und ihm folgend auch Origenes, Lesungen mit dem hebräischen Text gemeinsam. Diese Varianten sind allerdings weniger stilistischer Natur. Sie verbessern nicht das Griechische, sondern verweisen eher darauf, dass der A-Text in Anlehnung an den hebräischen Text korrigierte. Wie Aquila, Theodotion und Symmachus scheint auch der A-Text den altgriechischen Text auf den hebräischen Text hin korrigiert zu haben. Zwei Fragen gilt es hier zu stellen: Gehört der A-Text zu einer Tradition (oder Gruppe) von revidierten/rezensierten Texten? Zum anderen: Auf welchen Text hin korrigiert der A-Text – falls er überhaupt korrigiert? Nach Emanuel Tov ist der A-Text eine Rezension des Septuagintatextes in Anlehnung an eine andere hebräische Vorlage.

Diese Vorstellung ist von Bedeutung und verdient daher ernsthaft in Betracht gezogen zu werden. Bei der Erwägung dieser Frage sind vor allem die Varianten der Septuaginta interessant, insbesondere die Varianten, die Origenes mit dem A-Text und dem MT gemeinsam hat. Origenes korrigierte auf einen hebräischen Text hin, höchst wahrscheinlich auf den konsonantischen Text, den wir mit dem MT haben. Beim Hinzufügen von Text zu seinem eigenen Text in seiner fünften Kolumne stützte er sich auf drei berühmte Übersetzer: Aquila, Symmachus und Theodotion. Für seine Arbeit an Esther benutzte er den A-Text. Nachdem er einen Text eingefügt hatte, von dem er dachte, dass er zur hebräischen Tradition gehöre, versah er diesen Text mit einem Asteriskus. Derartige Lesungen sind daher Lesungen, die auf einen hebräischen Text

---

59 Z. B. Änderung der Hauptakteure der Erzählung.

verweisen. So war der endgültige Text des Origenes sowohl dem A-Text als auch dem MT ähnlich. Alle diese Varianten sind verschieden von dem Altgriechen, denn sie sind als vom hebräischen Text herkommende Zusätze gekennzeichnet. Hanhart verzeichnete in seiner Ausgabe alle diese Varianten im textkritischen Apparat. In LXX 7,9 liest der Text z. B. in der Übersetzung: »Mordechai, der vom König sprach« (Μαρδοχαίῳ τῷ λαλήσαντι περὶ τοῦ βασιλέως). Der A-Text liest in 7,12 (parallel zu 7,9): »Mordechai, der gut vom König sprach« (Μαρδοχαῖον τὸν λαλήσαντα ἀγαθὰ περὶ τοῦ βασιλέως). Wendet man sich dem unter dem Septuagintatext stehenden textkritischen Apparat zu, liest man in dem Abschnitt über Vers 9 (siehe Abb. 13):

τῷ λαλήσαντι + αγαθα O^{-93}-S^c 249' = L M

Diese Zeile ist ein wenig stenographisch; sie bedeutet: Das Lemma »wer sprach« hat eine Variante (durch die eckige Klammer angezeigt) und hat etwas hinzugefügt (angezeigt durch das Pluszeichen), nämlich das Wort »gut«. Diese Variante findet sich in der Gruppe von Manuskripten, die normalerweise den Text des Origenes enthalten; daher die groß geschriebene Kursive O. Für das Estherbuch repräsentieren die Manuskripte 58, 93 und 583 den Text des Origenes. Das einzige Manuskript, das diese Variante nicht hat und daher eine Ausnahme in dieser Gruppe darstellt, ist das Manuskript 93. Dass hier eine Ausnahme vorliegt, ist durch das hochgestellte Minuszeichen angezeigt, gefolgt von der Manuskriptnummer. Der Bindestrich danach bedeutet, dass das folgende Manuskript, nämlich der korrigierte Text des Codex Sinaiticus, zu derselben Gruppe gehört. Die anschließende Zahl 249 mit dem einfachen Anführungsstrich steht für mehrere, in diesem Fall für zwei Manuskripte, nämlich 249 und 670. Diese Manuskripte sind hier Mischmanuskripte und können daher zu verschiedenen Gruppen gehören. Nach dieser Gruppe von Manuskripten ist vom Herausgeber vermerkt, dass die sich in diesen Manuskripten findende Lesungsvariante der Lesung des lukianischen und masoretischen Textes entspricht. In der kritischen Estherausgabe ist der A-Text mit L angegeben, dem Zeichen für einen lukianischen Text. Das M bezeichnet den masoretischen Text.

Diese Art von Lesungen sind interessant für die Frage, warum der A-Text und der Text des Origenes dieselbe Lesung wie der MT haben. Stellt man eine Liste von allen Lesungen für den Septuagintatext von Esther zusammen, in denen der Text des Origenes, der A-Text und der

MT die Varianten zur LXX teilen, wie LXX ≠ (O = A-Text = MT),[60] kann man außer drei Lesungen alle anderen entweder durch kleine Änderungen, die die Varianten produziert haben könnten, erklären, oder durch Parallelen irgendwo anders im A-Text, oder durch für den A-Text charakteristische Wörter, und so weiter. Bisher verraten nur drei Fälle mit Ähnlichkeit zwischen O, A-Text und MT einen möglichen Einfluss des MT auf den A-Text. Und genau hier liegt der Schlüssel. Diese Varianten könnten[61] auf einen Einfluss des MT auf den A-Text hindeuten, aber nicht auf einen Einfluss eines von MT verschiedenen Textes! Diese Varianten zur Septuaginta – LXX ≠ (O = A-Text = MT) – weisen nur auf den MT, nicht auf eine bisher unbekannte hebräische Vorlage. Die Lesungsvarianten können als auf den MT hin vollzogene prä-hexaplarische Korrekturen erklärt werden, ähnlich zu den sich in P^{967} findenden prä-hexaplarischen Korrekturen.[62]

Um die Ergebnisse dieses Abschnittes zusammenzufassen: Der A-Text kann nicht als lukianisch oder antiochenisch bezeichnet werden. Origenes benutzte den A-Text bei seiner Korrektur des Altgriechen. Vor der Frage, ob der A-Text eine der alten Rezensionen des altgriechischen Textes ist oder nicht, soll dieser A-Text noch weiter untersucht werden. Ist es in irgendeiner Weise möglich, in diesem Text eine Übersetzung eines verloren gegangenen hebräischen Originals zu sehen?

Ist der A-Text eine Übersetzung eines bisher unbekannten hebräischen Originals?

Wenn man sich z. B. den Brief des Mordechai in 7,33–38 ansieht, erhebt sich die Frage: War dieser Abschnitt ursprünglich in Griechisch

---

60 Die Lesungen lehnen sich eng an Hanhart an. Wenn er z. B. »cf« statt »=« vermerkt, wurde die Lesung weggelassen, da Hanharts »cf« schon anzeigt, dass die Variante nicht genau dieselbe ist.
61 Vielleicht können 1,5; 5,8 and 7,9 anders erklärt werden.
62 Mit »prä-hexaplarischen« Änderungen sind die Korrekturen gemeint, die in Richtung MT gemacht wurden, bevor Origenes an seiner Hexapla zu arbeiten begann. Es gibt einige Stellen, wo der A-Text und der Altlateiner im Vergleich zur LXX und zu Origenes eine Auslassung haben – auch das könnte auf eine prä-hexaplarische Korrektur des A-Textes auf den MT hin anzeigen. Ein Beispiel letzterer Art ist die Auslassung von »Mardokaios« durch den A-Text, den Altlateiner und den MT in 3,3.

verfasst oder wurde er vom Hebräischen ins Griechische übersetzt? Raymond A. Martin entwickelte eine Methode, zwischen »translational« (übersetzendem) und »compositional« (kompositorischem) Griechisch zu unterscheiden, wobei der letztere Begriff sich auf ursprünglich in Griechisch geschriebene Dokumente bezieht.[63] Emanuel Tov und Karen Jobes haben diese Methode noch verfeinert.[64] Diese Methode verwendet die Syntax vor allem dazu, zwischen übersetzendem und kompositorischem Griechisch zu unterscheiden. Es ist z. B. deutlich, dass das hebräische »bᵉ« (בְּ), das vieles bedeuten kann, meistens mit »en« (ἐν) übersetzt wird, während in einer originalen griechischen Komposition je nach Kontext wahrscheinlich andere Präpositionen benutzt worden wären. Der so genannte Hebraismus, das heißt Konstruktionen, die eher hebräisch als griechisch aussehen, spielen eine bedeutende Rolle bei der Unterscheidung der zwei Typen griechischen Textes. Jeder Gräzist, der die Septuaginta liest, versteht diesen Sachverhalt sofort, denn das Griechische der Septuaginta ist zweifellos kein klassisches Griechisch.

In dem Brief des Mordechai hätte Vers 34 sicher in einem besseren Griechisch geschrieben werden können. Statt »und Mordechai schickte durch Schreiber und gesiegelt mit dem königlichen Siegel, dass seine Leute in ihrem eigenen Gebiet bleiben und für Gott fasten sollten« hätte der/die VerfasserIn auch zuerst das Siegeln mit einer präpositionalen Konstruktion nennen und mit dem Senden des Briefes fortfahren können, wie etwa: »Nachdem Mordechai den Brief mit dem königlichen Siegel gesiegelt hatte, schickte er ...« Es ist sehr schwer zu entscheiden, ob ein Text aus einer anderen Sprache übersetzt wurde – Griechisch aus Hebräisch –, oder von einer Person geschrieben wurde, die in beiden Sprachen zuhause war – Griechisch geschrieben von jemandem, der auch Hebräisch konnte. Griechisch mag durchaus die Muttersprache der Person gewesen sein, die Esther ins Griechische übersetzte, doch ist auch zu fragen, wie weit diese semitische Art, Griechisch zu schreiben, nicht einfach Teil der jüdisch-hellenistischen Kultur des 2. und 1. Jh. v. u. Z. war. Der griechische Pentateuch und vielleicht auch die Propheten wa-

---

63 Raymond A. Martin, Syntax Criticism of the LXX Additions to the Book of Esther, JBL 94 (1975) 65–72.
64 Siehe Jobes mit einer Zusammenfassung von Tovs Forschungsergebnissen, 195–202.

ren zu dieser Zeit immerhin zugänglich, und auch sie waren in diesem merkwürdigen nicht-klassischen, »semitischen« Griechisch geschrieben.[65]

War der Brief des Mordechai ursprünglich in Griechisch oder Hebräisch verfasst? Diese Frage ist verwandt mit der anderen, nämlich ob diese Passage zu einer bisher unbekannten hebräischen Vorlage des A-Textes gehört. Viele Forscher meinen, dass der Brief Mordechais tatsächlich zu einer originalen hebräischen Vorlage des A-Textes gehörte, einer Vorlage, die sich vom MT unterscheidet.[66] Tov und Fox erklären, dass der Brief des Mordechai ein ursprünglicher Abschnitt der ursprünglichen (hebräischen) Erzählung sei.[67] Haelewyck behauptet, dass er zu dem ursprünglichen Material des primitiven lukianischen Textes gehöre.[68] Der gleichen Ansicht ist Moore.[69] Clines dagegen hält Mordechais Brief für sekundär, doch führt er aus, dass dieser Brief vor dem Zusatz E, dem Erlass des Königs, in den A-Text eingefügt wurde.[70] Zusatz E spielt hier auch eine Rolle, denn Tov führt aus, dass der ursprüngliche Brief des Mordechai durch den Erlass in Zusatz E ersetzt wurde.[71] Cook ist allerdings nicht sicher, ob das Griechisch des Briefes von Mordechai Übersetzungsgriechisch ist.[72] Die Frage bleibt: War der Brief des Mordechai ursprünglich ein hebräisches Textstück, das zu dem hinter dem hebräischen Text liegenden A-Text gehörte? Oder ist er sekundär und konnte nicht ursprünglich in Griechisch abgefasst gewesen sein?

---

65 Emanuel Tov wendet sich in seiner Untersuchung des altgriechischen Josua gegen die Vorstellung eines semitischen Griechisch der Septuaginta: »Translators did not create these Hebraisms while writing ›Septuagintese,‹ an imaginary translation language. These are faithful Greek translations of actual Hebrew phrases.« Siehe Tov, The Growth of the Book of Joshua, 321–339, bes. 328; ders., The Text-Critical Use of the Septuagint in Biblical Research, Jerusalem Biblical Studies 3, Jerusalem 1981, 133–135.
66 Für eine detaillierte Analyse siehe De Troyer, The Letter of the King and the Letter of Mordecai.
67 Tov, The »Lucianic« Text, 12; Fox, The Redaction of the Books of Esther, 38–42.
68 Haelewyck, Le texte dit »Lucianique« du livre d'Esther, 35.
69 Moore, The Greek Text of Esther, 12–13.
70 Clines, The Esther Scroll, 73–74.
71 Tov, The »Lucianic« Text, 14.
72 Herbert Cook, The A Text of the Greek Versions of the Books of Esther, ZAW 81 (1969), 376.

Der Brief des Mordechai ist auch deshalb so schwierig einzuschätzen, weil er sich in dem Schlusskapitel des A-Textes befindet. Nach dem Erfinder der Theorie einer semitischen (aramäischen) Vorlage des A-Textes, Charles C. Torrey,[73] gab es eine unbekannte, versteckt hinter 2,1–8,21 liegende Vorlage.[74] Als Torrey die Cambridge Edition zitierte,[75] richtete sich seine Kapitel- und Versnummerierung des A-Textes nach der Nummerierung der LXX.[76] 8,21 ist daher in der Hanhart Edition 7,21. 7,21 ist parallel zu LXX 8,3–6 oder 8,3–8. Torrey sah 8,21 aber parallel zu LXX 8,2. »AT II_1–VIII_{21}« bezieht sich nach Torreys eigenen Worten auf »approximately ... the first seven chapters of the Hebrew text.«[77] 8,2 ist wirklich ein Wendepunkt, wenn es um die genauen Parallelen von LXX/MT und dem A-Text geht. Wie die Struktur des Inhalts von Mordechais Brief zeigt, scheint der A-Text von 8,2 an von dem MT und der LXX abzuweichen:

LXX		A-Text	
7,1–10	Hamans Bosheit aufgedeckt	7,1–13	=
8,1–8	Befehl des Königs, zu schreiben	7,14–19	Mordechai bittet den König, zu schreiben
		7,20–21	Esthers Schlachtfeld, Teil I
8,9–13	Esthers und Mordechais Brief		siehe unten, 7,33b–38
Zus. E	Schreiben des Königs	7,22–32	Schreiben des Königs
		7,33a	Aussenden des Schreibens
		7:33b–38	Mordechais Brief
8,14	Aussenden der Briefe		siehe oben, 7,33a

---

73 Torrey, The Older Book of Esther, 1–40.
74 Ders., The Older Book of Esther, 7–8.
75 Ders., The Older Book of Esther, 2.
76 Das führte zu einem ziemlichen Durcheinander. Dorothy glaubte z. B., dass Clines' 8,15–17 sich auf LXX 8,15–17 bezieht, statt auf 7,15–17, ein Abschnitt, der parallel zu LXX 8,1–2 ist. Siehe Charles V. Dorothy, The Books of Esther: Structure, Genre and Integrity, JSOT.S 187, Sheffield 1997, 194–195, Anm. 60 und 61.
77 Torrey, The Older Book of Esther, 1–40, bes. 17.

Ein näherer Blick auf den zweiten Abschnitt (8,1–8) macht Folgendes deutlich:

LXX		A-Text	
81–2	Esther und der König; auch Mordechai wird gerufen	7,14–15	Esther und der König; auch Mordechai wird gerufen
		7,16–17	Dialog zwischen dem König und Mordechai
8,3–8	Dialog zwischen dem König und Esther	7,18–21	Dialog zwischen dem König und Esther

Der A-Text hat einen Dialog zwischen dem König und Mordechai hinzugefügt. In der Tat ist dieser Dialog zwischen dem König und Mordechai im A-Text parallel zu dem Dialog zwischen dem König und Esther in der LXX. In der LXX ist es Esther, die den König bittet, die Briefe Hamans für null und nichtig zu erklären; im A-Text ist es Mordechai, der darum bittet. LXX 8,3–8 ist demnach parallel zum A-Text 7,16–17.18–21:

LXX		A-Text	
8,1–2	Esther und der König; auch Mordechai wird gerufen	7,14–15	Esther und der König; auch Mordechai wird gerufen
8,3–8	Dialog zwischen dem König und Esther	7,16–17	Dialog zwischen dem König und Mordechai
		7,18–21	Dialog zwischen dem König und Esther

Es bedarf einiger Übung zu erkennen, welche Passage des A-Textes parallel zu welchem Abschnitt der LXX ist. Jedenfalls beginnt nach LXX//MT 8,2 die Struktur und Erzählung des A-Textes von der LXX (und dem MT) abzuweichen, und das ist genau das, wovon Torrey sprach.

Bisher wurde hoffentlich deutlich, warum die Auseinandersetzung mit dem Brief des Mordechai so wichtig war. Ist er Teil der ursprünglichen A-Text Erzählung oder nicht? In der Debatte zwischen Clines, Fox, Tov und so vielen anderen geht es um den genauen Schluss des A-Textes. Für einige Gelehrte gehört der Brief des Mordechai dazu, für andere nicht.

Aller Wahrscheinlichkeit nach gab es niemals einen A-Text ohne den Brief des Mordechai. Insofern gehört der Brief zum ursprünglichen A-Text. Allerdings war dieser ursprüngliche A-Text sicher keine hebräische Erzählung, die noch neben der hebräischen biblischen Esthererzählung existierte. Das im A-Text verwendete Griechisch scheint manchmal ein »Septuagintagriechisch« und manchmal ein »Kompositionsgriechisch« zu sein.

War der A-Text eine Übersetzung eines nicht mehr erhaltenen hebräischen Originals, stellt sich die Frage, warum diese Übersetzung der Übersetzung des Altgriechen so ähnlich ist. Jeder, der heutzutage den A-Text in eine moderne Sprache übersetzen möchte, kann von Anfang an eine (moderne) Übersetzung der LXX benutzen. Viele der Unterschiede können als bloße stilistische Verbesserungen des altgriechischen Textes angesehen werden. Genau aus diesem Grunde wurde der Text mitunter als lukianisch bezeichnet. Die Verbesserungen finden sich sowohl im Text selbst als auch in den Zusätzen. Es gibt weder einen Wechsel im Stil zwischen den Änderungen im A-Text und dem Haupttext der LXX, noch zwischen den Änderungen im A-Text und den Zusätzen.

Die Frage nach dem genauen Schluss des A-Textes – mit oder ohne Brief des Mordechai – beeinflusste auch die Rekonstruktion der Textgeschichte des Estherbuches. Rechnet man mit einem kürzeren hebräischen Text hinter dem A-Text, muss man erklären, wie dieser kürzere Text zu dem gegenwärtigen A-Text und dem MT werden konnte. Clines,[78] Fox,[79] Kossmann[80] und Dorothy[81] haben die verschiedenen Etappen in der Entwicklung eines kurzen A-Textes zum gegenwärtigen A-Text und weiter zum gegenwärtigen MT beschrieben. Wie man diese verschiedenen Etappen sieht, ist mit der Frage nach dem genauen Schluss des Buches verbunden. Wenn MT 8,2 der ursprüngliche Schluss ist, wie, wann und warum wurde dann der Rest des Textes hinzugefügt? Warum wurde das Stück über die Vereitelung von Hamans Plan hinzugesetzt – mit oder ohne seine so genannte Unwiderruflichkeit[82]

---

78 Clines, The Esther Scroll.
79 Fox, The Redaction of the Books of Esther.
80 Ruth Kossmann, Die Esthernovelle: Vom Erzählten zur Erzählung, VT.S 79, Leiden 1999.
81 Dorothy, The Books of Esther.
82 So genannt, weil die Unwiderruflichkeit angezweifelt werden muss. Es scheint sich weder im MT noch in der LXX um Unwiderruflichkeit zu handeln. Siehe De Troyer, The End of the Alpha Text, 128–133, 200–201, 218–220, 297–298.

(MT/LXX 8,3–14)? Wann kam das blutige Kapitel 9 in die Erzählung? Wann wurde die Geschichte mit dem gegenwärtigen Purimfest (z. B. MT 9,19) verbunden? Wann und warum wurden die Briefe Mordechais und Esthers hinzugefügt? Ähnliche Fragen sollten auch an die Zusätze gestellt werden. Wann und warum wurden die Zusätze eingefügt? Wo wurden sie eingefügt? Welcher Zusatz wurde zuerst eingefügt? Eine redaktionelle Entwicklung der »alten hebräischen Erzählung« zum gegenwärtigen MT und A-Text muss auch erklären, warum der MT eine »gottlose« Erzählung wurde, während der A-Text Gott eingefügt beziehungsweise, unter der anderen Voraussetzung, nicht entfernt hat.[83] Eine andere Frage, die man im Auge behalten muss, ist auch, ob die so genannte ursprüngliche Erzählung tatsächlich eine Geschichte war, die LeserInnen fesseln oder HörerInnen vom Einschlafen abhalten konnte. Schneidet man das Blut, das Feiern, die Schwierigkeiten der Vereitelung des Plans und die problematische Abwesenheit Gottes heraus, was ist dann von der Geschichte noch übrig? Vielleicht bleibt eine Erzählung über zwei rivalisierende Männer (Mordechai und Haman) oder Frauen (Wasti und Esther), aber diese Erzählung wäre eher kurz und langweilig.

Noch einmal: Es ist schwer vorstellbar, wie der A-Text (Teil eins) eine Übersetzung einer kürzeren hebräischen Vorlage sein kann. Es gibt eigentlich keine äußeren Anzeichen, die diese Hypothese stützen könnten. So ist es denn an der Zeit, die letzte Hürde zu nehmen mit der Fragestellung, ob der A-Text die LXX überarbeitet und zu einer hebräischen Vorlage gemacht hat, die vom gegenwärtigen MT verschieden war.

Hat der A-Text den Altgriechen auf einen (anderen) hebräischen Text hin überarbeitet oder korrigiert?

Begonnen werden soll mit dem zweiten Teil der Frage: Hat der A-Text auf einen vom MT verschiedenen hebräischen Text hin korrigiert? Im ersten Abschnitt der Analyse wurde auf die Tatsache hingewiesen, dass der A-Text in Anlehnung an den MT korrigiert haben könnte: die so genannten prä-hexaplarischen Korrekturen. Die Frage ist hier, ob der A-Text auf einen vom MT verschiedenen hebräischen Text hin korrigiert hat. Um diese Frage zu beantworten, müssen alle Fälle untersucht werden, in denen der A-Text sich sowohl von der Septuaginta als auch vom

---

83 Siehe Kapitel I für einen Vergleich zwischen MT und LXX.

MT unterscheidet und gleichzeitig mit dem griechischen Text von Josephus und/oder mit dem lateinischen Text der Vetus Latina übereinstimmt. Josephus und der Altlateiner haben viele Lesungen mit dem A-Text gemeinsam, unterscheiden sich aber von der Septuaginta. Wenn diese Lesungen – der A-Text zusammen mit Josephus und/oder dem Altlateiner – sich auch vom MT unterscheiden, könnten sie Zeugen einer anderen hebräischen Vorlage sein.[84] Für diese Untersuchung ist problematisch, dass der kritische Esthertext der Vetus Latina immer noch nicht publiziert ist.[85]

Hanhart hat Listen von Varianten des altlateinischen Textes im Vergleich zur Septuaginta oder dem A-Text publiziert.[86] Diese Listen sind allerdings nicht vollständig. Als ich sie durchging, fiel mir ein Fall auf, in dem der Altlateiner, oder genauer, ein Manuskript der Vetus Latina, mit dem A-Text übereinstimmt und sowohl von der Septuaginta als auch vom MT verschieden ist: 1,6. Der Altlateiner und der A-Text lesen: »dort waren goldene Diwane«, während der MT und die LXX lesen: »dort waren goldene und silberne Diwane«. In diesem Fall ist die Frage, ob die Lesung ohne »und silberne« einen hebräischen Text ohne diese Wendung bezeugt. Vers 6 ist offenbar ein eher komplizierter Vers. Der hebräische Vers 6 lautet übersetzt: »Dort gab es weiße Baumwollgardinen und blaue Gehänge, mit Kordeln aus feinem Leinen und Purpur in silbernen Ringen an Marmorsäulen gebunden. Dort waren goldene und silberne Diwane auf einem Mosaikfußboden aus Porphyr, Marmor, Perlmutt und bunten Steinen.« In der LXX ist der Hofgarten folgendermaßen beschrieben: »[der Hof] war dekoriert mit Gehängen aus feinem Leinen und Flachs, mit Kordeln von feinem Leinen und Purpur, befestigt an goldenen und silbernen Knäufen an Säulen aus parischem Marmor und Stein. Dort waren goldene und silberne Diwane auf einem Fußboden von Smaragd, Perlen und parischem Stein, und offene Gedecke verschiedenartiger Blumen, mit Rosen rundherum besteckt.«[87] Derselbe Hofgarten sieht im A-Text ein bisschen anders aus. Der A-Text nennt

---

84 Inwiefern die Lesungen des altgriechischen Josuatextes Zeugen eines prä-MT sind; siehe Kapitel II.
85 Siehe die Bemerkungen zum Abschnitt »Zeugen« in diesem Kapitel.
86 Hanhart, Esther, 21–23.
87 Zur Übersetzung vergleiche Brenton, The Septuagint Version of the Old Testament.

zuerst die Gehänge und die Kordeln in einer wunderschönen Kombination von verschiedenen hängenden Materialien mit violetten und roten Schnüren, die die Gehänge zusammenhalten. Dazu gibt es ein Zelt zwischen den Knäufen und Säulen, befestigt mit Schnüren. Der Altlateiner liest aber nicht »Zelt«. Nur ein Manuskript, nämlich La^X, hat »Tabernakel«. Auch Josephus liest: σκήνωμα, »Zelt« – verwandt mit, doch verschieden von dem im A-Text verwendeten Wort.[88] Haben sowohl der A-Text als auch der Altlateiner – zumindest ein Manuskript des Altlateiners – den althebräischen Text hier erhalten? Das würde bedeuten, dass der Altlateiner direkten Zugang zu einem anderen hebräischen Text gehabt hätte. Oder folgte in diesem Fall der Altlateiner dem A-Text? Wahrscheinlich stellte der A-Text die LXX um, und der Altlateiner übernahm dann die Lesung des A-Textes. Der A-Text fügte z. B. »das Zelt« hinzu. Der Altlateiner hat ein ähnliches Wort. Das weist m. E. aber nicht auf einen Einfluss einer anderen hebräischen Vorlage auf den A-Text und den Altlateiner, sondern auf einen Einfluss des A-Textes auf den Altlateiner. Demnach scheint der A-Text die LXX überarbeitet zu haben. Der Altlateiner folgte dann dem A-Text.

Hanhart bietet auch einige Beispiele für Unterschiede zwischen dem Esthertext der Septuaginta und dem des Josephus.[89] In 1,11 liest Josephus z. B. zusammen mit dem A-Text: »zu dem (Trink-)Gelage«, während weder die Septuaginta noch der MT diese Wendung haben. Fragen, wie die hinsichtlich des Altlateiners, können auch für den Josephustext gestellt werden: Folgte Josephus dem A-Text oder nahm er seine Lesung von einer anderen hebräischen Vorlage? Auch hier ist wieder die erste Möglichkeit die wahrscheinlichste.

Es scheint eher, dass der A-Text den Altlateiner und Josephus beeinflusst hat, als umgekehrt. Diese wenigen Fälle müssen noch weiter untersucht werden, da sie möglicherweise Licht auf die Beziehung zwischen dem A-Text und dem Altlateiner auf der einen, und dem A-Text und Josephus auf der anderen Seite werfen können, ebenso wie auf die Beziehung zwischen diesen drei Texten und dem hebräischen Text. Eine Untersuchung dieser Fälle muss auch die sehr seltenen Fälle in Betracht ziehen, in denen der Altlateiner, Origenes und der MT zusammengehen, wie in 2,17. Der letztere Fall ist wirklich schwierig, aber genau diese Fälle

---

88 Josephus, Antiquities XI, 187. Siehe Hanhart, Esther, 22.
89 Hanhart, Esther, 36–38.

verweisen auf den Einfluss des MT auf den Altlateiner. Sie verweisen allerdings nicht auf einen Einfluss des MT auf den A-Text.

Im Hinblick auf den Brief des Mordechai genügt es, daran zu erinnern, dass weder der Septuagintatext, noch der Altlateiner, noch Josephus diesen Brief enthalten. Das zeigt deutlich, dass diese Passage nicht zu dem ursprünglichen hebräischen Text gehörte, und dass der Brief wahrscheinlich eher in Griechisch abgefasst war – wenn auch in »Septuagintagriechisch«.

Nicht nur ist der Brief des Mordechai in einem »Septuagintagriechisch« geschrieben, sondern auch der Inhalt der LXX scheint umgearbeitet worden zu sein. Wie schon bemerkt, stimmt die Gesamtstruktur des A-Textes mit der der LXX überein:

LXX		A-Text	
8,1–8	Befehl des Königs, zu schreiben	7,14–19	Mordechai bittet den König, zu schreiben
		7,20–21	Esthers Schlachtfelder, Teil 1
8,9–13	Esthers und Mordechais Brief		siehe unten, 7,33b–38
Zus. E	Schreiben des Königs	7,22–32	Schreiben des Königs
		7,33a	Aussenden des Schreibens
		7,33b–38	Mordechais Brief
8,14	Aussenden der Briefe		siehe oben, 7,33a
8,15–17	Mordechai verlässt den Palast	7,39–41	Mordechai verlässt den Palast

Auch die literarischen Formen von LXX Kapitel 8 stimmen mit dem Schlusskapitel des A-Textes überein. In Kapitel 8 verwendet die LXX besonders Dialoge, Berichte und Briefe. In Vers 1–2 wird ein Bericht darüber gegeben, wie der König Esther und Esther wiederum Mordechai belohnt. In Vers 3–8 ist es ein Bericht, der einen Dialog zwischen Esther und dem König enthält. In Kapitel 7 werden von Vers 14 an dieselben Formen verwendet: Dialoge, Berichte und Briefe. In Vers 14 spricht der König zu Esther. In Vers 15 wird davon berichtet, wie Mordechai auftritt. Es ist Mordechai, und nicht Esther, der in Vers 16–17 mit dem König spricht. In Vers 18–21 reden Esther und der König miteinander. Vers 22–32 sind parallel zu Zusatz E, dem Schreiben des Königs. In Vers 33a wird das Schreiben des Königs ausgesendet. Auf das Schreiben des Königs folgt der Brief des Mordechai in Vers 33b-38. In Vers 39–41 wird von Mordechais Abgang sowie von der Reaktion der Juden und der Bewohner von Susa berichtet. Die im A-Text verwendeten Formen sind zwar genau dieselben wie die in der LXX, doch hat der A-Text den Inhalt der Dialoge zwischen Esther und dem König verändert. Allerdings ist das logisch, da im A-Text Mordechai derjenige ist, der den König um eine Antwort bittet, während Esther die Organisation des Schlachtfeldes obliegt, wie in LXX Kapitel 9 berichtet war. Darüber hinaus hat der A-Text den Dialog zwischen Mordechai und dem König hinsichtlich der Lösung des Problems dort eingefügt, wo die LXX darüber berichtet, wie Esther dem König und der König Esther näher kam, zwei Elemente, an denen der A-Text bisher überhaupt kein Interesse gezeigt hatte.

LXX		A-Text	
Einleitung		Einleitung	
8,1–2	Esther und Mordechai zusammen mit dem König	= 7,14–15	(mit Konzentration auf Mordechai)
Bitte und Befehl		Bitte	
8,3	Esther nähert sich dem König	–	
8,4	der König nähert sich Esther	–	
		7,16–17	Dialog zwischen Mordechai und dem König
8,5–6	Esthers Fragen	7,8–21	Dialog zwischen Esther und dem König
8,7–8	Antwort des Königs, einschließlich Befehl	–*	
Ausführung des Befehls		Bitte erfüllt	
8,9–10	Vorbereitungen zum Schreiben der Briefe	–**	
8,11–12	Inhalt von Mordakais und Esthers Brief	7,22–32	Schreiben des Königs
Zus. E	Inhalt des Schreibens des Königs	7,33b–38	Brief des Mordechai
8,13	Befehl hinsichtlich der zwei Briefe	–	

LXX		A-Text	
8,14	Aussenden der Briefe	7,33a	Schreiben des Königs ausgesendet
Zusammenfassung		Zusammenfassung	
8,15–17	Mordechais Abgang; die Juden und die Einwohner von Susa jubeln;	7,39–41	Mordechais Abgang; die Juden und die Einwohner von von Susa jubeln;
	Reaktion des Volkes		Reaktion des Volkes

*Das Schreiben des Briefes ist jedoch eine direkte Reaktion auf die Bitte des Mordechai an den König,, dass dieser das Problem lösen solle.
**Ein Teil der Vorbereitungen für das Schreiben findet sich in Vers 34.

Der A-Text behält dieselben Formen bei; er fasst die Teile des Inhalts von LXX Kapitel 9 in 7,18–21 zusammen und lässt einige Elemente aus, die nicht länger zu der neuen Konzentration auf Mordechai, dem Retter der Juden, passen.

Der Brief des Mordechai unterstreicht im A-Text dessen neue Rolle. Der Brief ist in Wendungen verfasst, die typisch für den A-Text sind, oder typisch für die Art und Weise, in der der A-Text die LXX überarbeitet hat. Eine kurze Analyse der in dem Brief des Mordechai benutzten Wörter und Wendungen wird zeigen, dass dieser Abschnitt tatsächlich mit Material entweder charakteristisch für den A-Text oder mit Material von der Septuaginta verfasst wurde. Statt einer umfassenden Analyse der gesamten Passage sollen hier nur die prägnanten Wendungen und Worte herausgegriffen werden.[90]

In Vers 33b erlaubt der König dem Mordechai zu schreiben, was immer er möchte. Verwendet wird ein Verb, das wörtlich »in die Hand geben« oder »übergeben« (ἐνχειρίζω) bedeutet. Dieses Verb erscheint sonst nirgendwo in der Septuaginta; Kombinationen wie »handhaben« (χειρίζω) oder »versuchen« (ἐπιχειρίζω) erscheinen nur selten; dabei findet sich das erste Verb nur einmal in der LXX, nämlich in Zusatz E,5; das letztere Verb steht in Zusatz E,3 und 9,25.[91] Der A-Text benutzt dieselben Verben in seinen Parallelen; allerdings fehlt dort 9,25. Kombinationen mit »geben« sind zumindest dem/der VerfasserIn des A-Textes bekannt. Außerdem hat der A-Text dieses Verb schon einmal vorher be-

---

90 Für eine Untersuchung der Einzelheiten siehe De Troyer, The End of the Alpha Text of Esther, Kapitel 4.
91 Auch in LXX 2. Chr 20,11; LXX Esr 7,23 und einige Male in 2. and 4. Makk.

nutzt, nämlich 7,17, wo der König den Mordechai über die Staatsgeschäfte des Königreiches setzte. Das Verb »übergeben« ist also typisch für den A-Text.

Nachdem Mordechai die Erlaubnis erhalten hatte, ein Schreiben zu verfassen, schreitet er auch sogleich zur Tat. In Vers 34b wird der Inhalt des Schreibens enthüllt: Mordechais Volk ist es erlaubt, in seinem eigenen Land zu verbleiben und ein Festmahl für Gott zu feiern. Das Verb »ein Fest feiern« (ἑορτάζω) erscheint auch in A-Text 7,30, nicht aber im Esthertext der LXX.[92] Andererseits erscheint das Nomen »Festmahl« (ἑορτή) in LXX Zusatz E,22. Der A-Text scheint in LXX Zusatz E,22 eine Quelle seiner Inspiration gefunden zu haben. In LXX Zusatz E,22 legt der König seinem Volk (den Nichtjuden) nahe, einen besonderen Tag in die Reihe der Feiertage aufzunehmen. Der A-Text benutzt das Verb ἑορτάζω an zwei Stellen: in A-Text 7,30 und hier in A-Text 7,34. Dieses Verb ist demnach wieder typisch für den A-Text. Es ist allerdings mit einem anderen in der LXX benutzten Wort verwandt. Der/die VerfasserIn scheint also auch bei diesem Verb auf die LXX geschaut zu haben. Der Inhalt des Schreibens ist in den Versen 36–38 näher beschrieben.

In seinem Brief – also in Vers 36–37 – erinnert Mordechai auch die Adressaten daran, was Haman ihnen schrieb. Haman benutzte einen besonderen Begriff, mit dem er sich auf das jüdische Volk bezog: die »aufrührerischen« Juden (ἔθνος Ἰουδαίων ἀπειθές). Die Qualifikation »aufrührerisch« (ἀπειθής) findet sich auch in Hamans Beschreibung des Volkes in A-Text 3,8. Dort werden die Juden ein kämpferisches und aufrührerisches Volk genannt. Die letztere Qualifikation ist eher ein Fortschritt gegenüber der parallelen Passage in LXX 3,8 und kann daher als typisch für den A-Text angesehen werden.[93]

Hamans Adressaten werden dringend aufgefordert, dem aufrührerischen jüdischen Volk ein »schnelles Ende« zu bereiten (σπουδάσατε

---

92 Das Verb bezieht sich in der LXX auf die Feier eines festlichen Mahles für Gott, und zwar in den meisten Fällen als eine Ermahnung der Juden, ein Festmahl für ihren Gott zu feiern. Obgleich der Esthertext der LXX z. B. sagt, dass die Juden ein Festmahl feierten, ist die benutzte Terminologie anders (LXX 8,16). Der Paralleltext zu LXX 8,16 ist A-Text 7,40.
93 Das Verb ist benutzt, um aufrührerisches Verhalten zu bezeichnen. Zusammen mit dem Nomen »Volk« findet es sich aber nur in Sir 16,6. Auch in LXX Jes 30,9 erscheint es zusammen mit »Volk«, aber in diesem Fall geht es um das ungehorsame und trotzige Volk Israel.

ταχέως). Das Adverb »schnell« (ταχέως) erscheint nur hier im A-Text. Im Esthertext der LXX kommt es nicht vor.[94] Das Wort »Schnelligkeit« (τάχος) findet sich allerdings in LXX Zusatz E,18: Haman empfängt die verdiente Strafe »ohne Verzug« (mit Schnelligkeit). Es sieht so aus, als würde der A-Text auf einem Element von Zusatz E aufbauen. Er benutzt in A-Text 6,12 auch einen verwandten Begriff.[95] Hier macht der A-Text eine merkwürdige Kehrtwendung: Anstatt zu sagen, dass Gott unmittelbar strafen wird (LXX Zus. E,18), stellt der A-Text Haman dar, als schicke dieser sich an, sein Werk eilig zu erledigen, und schließt dann in A-Text 7,28 (die Parallelstelle zu LXX Zus. E,18) mit der Bemerkung, dass Gott eine schnelle und daher angemessene Strafe erteilt: »Aufhängen« wird offenbar als ein schneller Tod verstanden!

Das Verb »schnell machen« oder »sich beeilen« (σπουδάζω) findet sich in A-Text 6,23 und 7,36. Dieses Verb steht einem anderen Verb nahe, das »schnell machen« bedeutet, nämlich σπεύδω; dieses Verb kommt in A-Text 2,9 (// LXX 2,9), AT 3,13 (// LXX 3,15), AT 6,18 (// LXX –)[96] und LXX 8,14 (// AT –) vor. Anscheinend ist Schnelligkeit typisch für Hamans modus operandi: Er sendet schnell sein Schreiben und hilft schnell Mordechai auf sein Pferd (A-Text 6,18). Solche Schnelligkeit auf Hamans Seite ist immer etwas Positives gegenüber der LXX. Die Tatsache, dass er dann auch anderen den Befehl erteilt, schnell zu handeln, kann kaum überraschen. Die zusätzliche Tatsache, dass er seine Adressaten doppelt ermahnt, sich zu beeilen, nämlich mit dem Verb »schnell machen« und dem Adverb »schnell«, bestärkt nur den Eindruck, dass sein Befehl tatsächlich ein typischer »Haman-Befehl« ist.

Hamans Schreiben besteht unmissverständlich darauf, dass das ungehorsame jüdische Volk vernichtet zu werden verdient:[97] »Schicke sie

---

94 Das Wort kommt aber in 2. Makk 2,18; 4,48; 6,23; 7,10; 8,9; 14,27.44; 3. Makk 2,23; 4. Mkk 4,22; 10,21; 1,:9; 14,10 und in LXX Dan 2,16 vor.
95 In 2. Makk 7,37 fleht der siebente Sohn, dass Gott »schnell Gnade an unserem Volk« haben möge.
96 Der A-Text hat kunstvoll die Szene der LXX ausgebaut und an dieser Stelle Material der LXX verwendet.
97 »Vernichtung« (ἀπώλεια) erscheint sonst in A-Text 7,26 (// LXX Zus. E,13 [mit εἰς!]), in A-Text 7,31 (// LXX Zus. E,23), in LXX 7,4 (// A-Text 7,4 [aber vergleiche die Bemerkung, die folgt]) und in LXX 8,6 (// A-Text?). In A-Text 7,4 macht der A-Text nicht von dem parallelen Terminus aus LXX 7,4 Gebrauch, sondern nimmt das zweite und dritte Wort von LXX 7,4 als das erste

in meinem Namen in die Vernichtung« (ἀναπέμψαι μοι εἰς ἀπώλειαν).[98] Hamans Wendung entspricht genau dem Verlangen von A-Text 3,9: »Übergib mir das Volk zur Vernichtung« (δοθήτω μοι τὸ ἔθνος εἰς ἀπώλειαν).

Mordechai zitiert in seinem Brief in A-Text 7,33–38 und, vor allem in seiner Erinnerung an Hamans Schreiben, die Wendung Hamans von A-Text 3,8–9. Elemente aus A-Text 3,8–9 sind unter anderem die Wendungen »das ungehorsame Volk«, »das schelle Aussenden« des Schreibens und der Befehl »zu vernichten«.

In Vers 38 richtet Mordechai die Aufmerksamkeit seiner Hörerschaft auf die Tatsache, dass derjenige, der die Vernichtung der Juden geplant hatte, aufgehängt wurde. Haman wird dargestellt als »derjenige, der solch einen Plan ausgeheckt« hatte (τὸν ταῦτα ἐργασάμενον). Das Verb »aushecken (einen Plan)« (ἐργάζομαι) findet sich noch an einer anderen Stelle des A-Textes, nämlich in 7,28. Dieses Verb sieht wiederum wie ein typisches Wort des A-Textes aus. Dieser mag sich allerdings auch hier wieder seine Inspiration von der LXX, genauer, von Zusatz E,18 geholt haben. Er teilt den Text von LXX Zus. E,18 in zwei Teile und verwendet sie an zwei Stellen: einmal im Paralleltext zu Zusatz E,18 (A-Text 7,28) und einmal hier in A-Text 7,37. Es ist recht überraschend, dass der A-Text denselben Sachverhalt zweimal vermittelt (dass derjenige, der den Plan zur Vernichtung der Juden ausgeheckt hatte, aufgehängt wurde), denn unter normalen Umständen vermeidet der A-Text eher Dubletten, die von dem (manchmal) parallelen Text der LXX und den Zusätzen her kommen. Im gegenwärtigen Kontext verwendet der A-Text allerdings ein anderes Verb als LXX Zusatz E,18 und A-Text 7,28, um darauf hinzuweisen, was tatsächlich mit Haman geschah: »Haman wurde am Stadttor von Susa aufgehängt« (πρὸς ταῖς Σούσων πύλαις κεκρεμάσθαι). Der A-Text hat »aufhängen« (κρεμάζω) statt »kreuzigen« (σταυρόω), wie Zusatz E,18. Dasselbe Verb ist LXX 8,7 verwendet, in einem Zusammenhang, der auch an das Aufhängen Hamans und an die Konfiszierung seines Hauses erinnert. Der A-Text scheint tatsächlich das

---

und zweite Wort von A-Text 7,4. Der A-Text hat daher seine Wahl sicher nicht gegen den Terminus »Vernichtung« vorgenommen.
98 Das Verb »schicken« (ἀναπέμπω) erscheint zwar nicht in der LXX, aber in klassischer Literatur und in einigen Texten aus der Zeit des Neuen Testaments, wie TestHiob 48,3, ebenso wie in in späteren Texten.

Verb »aufhängen« dem Verb »kreuzigen«[99] vorzuziehen. Außerdem lässt sich erkennen, dass die LXX einen Unterschied zwischen »ermorden« und »aufhängen (um zur Schau zu stellen)« macht.[100] Die Bezugnahme auf das Aufhängen Hamans entspricht also der LXX und dem A-Text.[101] Von LXX Zusatz E,18 und A-Text 7,28 kann die Hörer- oder Leserschaft nur wissen, dass Haman am Stadttor von Susa aufgehängt wurde. Demnach kannte der A-Text ganz sicher den LXX Zusatz E,18, der an dieser Stelle hier noch einmal verwendet ist.

Die Analyse der Wendungen und Ausdrücke hat nicht nur deutlich gemacht, dass der A-Text das Vokabular der Septuaginta benutzt, sondern auch – und das ist noch wichtiger –, dass er den Esthertext der LXX überarbeitet hat.

D. Ergebnisse

Der zweite griechische Esthertext, der A-Text, ist ein ziemlich alter Text. Er steht in der Tradition des Altgriechen, d. h. der LXX. Origenes benutzte den A-Text. Josephus und der Altlateiner kannten ebenfalls den A-Text, der deshalb vor diesen beiden existiert haben muss. Doch gibt

---

99 A-Text 7,12 (2mal). 13.14.
100 Siehe De Troyer, The End of the Alpha Text of Esther, Kapitel 4; dies., Once More the So-Called Esther Fragments of Cave 4, RdQ 75/19 (2000), 401–422.
101 An mehreren Stellen der LXX wird auf das Aufhängen Hamans Bezug genommen: 8,7 und 9,25:
LXX 8,7: καὶ αὐτὸν ἐκρέμασα ἐπὶ ξύλου
A-Text: ?
LXX 9,25: καὶ ἐκρεμάσθη αὐτὸς καὶ τὰ τέκνα αὐτοῦ
A-Text 7,19 (im Hinblick auf die Kinder)
Dass Haman aufgehängt wurde, ist unbestritten. Die LXX bezieht sich auf das Hängen von Kindern, oder genauer darauf, dass sie »gehängt und zur Schau gestellt« wurden. Will die LXX mit 9,25 dasselbe mit Bezug auf Haman sagen? Wenn diese Frage positiv beantwortet wird, ist es möglich, dass auch LXX 9,25 eine Quelle der Inspiration für A-Text 7,37 war. Zu beachten ist ferner die Tatsache, dass LXX 9,24 ebenfalls eine Quelle für A-Text 7,37 sein kann. Es ist kaum zufällig, dass diese Verse (LXX 9,24–25), unter anderen, keine Parallele im A-Text haben.

es kein Anzeichen dafür, dass der A-Text eine Übersetzung einer zuvor unbekannten hebräischen Vorlage des Estherbuches ist. Der Beweis, dass der A-Text auf den MT hin korrigiert und insofern von ihm beeinflusst war, steht noch aus. Doch es wurde gezeigt, dass der A-Text eine Überarbeitung des altgriechischen Esthertextes ist. Als solcher ist er ein Beispiel für einen umgeschriebenen griechischen Bibeltext.

1997 wurde zuerst, und dann noch einmal (in Englisch) 2000, vorgeschlagen, nicht mehr den Begriff »Alpha-Text« für den zweiten griechischen Esthertext zu verwenden, sondern diesen »Agrippa-Text« zu nennen, denn der A-Text entstand aller wahrscheinlichkeit nach um 40/41 u. Z. in Rom, als Philo versuchte, Agrippa davon zu überzeugen, den Juden Alexandrias die Erlaubnis zu erteilen, nach ihren eigenen Gesetzen leben zu dürfen.[102]

Das ist auch der Grund, warum in diesem Kapitel durchweg die Abkürzung A-Text (und nicht α-Text, d. h. Alpha-Text) verwendet wurde. Datiert man den Text um 40/41 u. Z. und setzt ihn in Rom an, ist der Einfluss des A-Textes auf Josephus und Philo leichter zu erklären, und wird zugleich die Verwurzelung des A-Textes im altgriechischen Esthertext, der 78–77 v. u. Z. verfasst wurde, untermauert.

---

102 Siehe De Troyer, The End of the Alpha Text of Esther, Kapitel 6.

Kapitel IV

Eine verlorene hebräische Vorlage? Ein näherer Blick auf den Tempelbauer im 3. Esdras

A. Text und These

1. Text

3. Esdras 2,25[1]	MT Esra 4,24	LXX 2. Esdras 4,24
Καὶ ἤργει	באדין בטלת	τότε ἤργησεν
	עבידת	τὸ ἔργον
ἡ οἰκοδομὴ τοῦ ἱεροῦ	בית־אלהא	οἴκου τοῦ θεοῦ
τοῦ ἐν Ἰερουσαλὴμ	די בירושלם	τὸ ἐν Ἰερουσαλὴμ
	והות בטלא	καὶ ἦν ἀργοῦν
μέχρι	עד	ἕως
τοῦ δευτέρου ἔτους	שנת תרתין	δευτέρου ἔτους
τῆς βασιλείας	למלכות דריוש	τῆς βασιλείας
Δαρείου		Δαρείου
τοῦ Περσῶν βασιλέως	מלך־פרס	τοῦ βασιλέως Περσῶν

1 Zum Text von 3. Esdras siehe R. Hanhart, Esdrae Liber I, in: Septuaginta, Vetus Testamentum graecum, auctoritate Academiae Scientiarum Gottingensis editum, Vol. VIII/1, Göttingen 1974 (siehe Abb. 14); zum 2. Esdras siehe ders., Esdrae Liber II, in: Septuaginta, Vetus Testamentum graecum, auctoritate Academiae Scientiarum Gottingensis editum, Vol. VIII/2, Göttingen 1993; zum hebräischen Text siehe BHS, Stuttgart 1977.

Übersetzung:

3. Esdras 2,30[2]	Esra 4,24	LXX 2. Esdras 4,24
Und	Zu dieser Zeit	Dann
	ruhte	stoppte
der Bau des	die Arbeit am	die Arbeit des
Tempels	Gotteshaus	Gotteshauses
in Jerusalem	in Jerusalem	in Jerusalem
ruhte		
	und war unterbrochen	und stand still
bis	bis	bis
zum zweiten Jahr	zum zweiten Jahr	zum zweiten Jahr
der Herrschaft	der Herrschaft	der Herrschaft
des Darius, König	des Königs Darius	von Darius, König
der Perser	von Persien	der Perser

2. These

Der griechische Text von 3. Esdras[3] ist ein Zeuge einer verlorenen hebräisch-aramäischen, umgeschriebenen Erzählung von Esra-Nehemia und anderen Tempelbaugeschichten, wie Haggaj und Sacharja. Esdras geht es darum, die Rolle Serubbabels als Erbauer des Zweiten Tempels zu unterstreichen. Auch wird durch 3. Esdras die Zeit des Tempelbaus, im zweiten Jahr des Königs Darius, einleuchtender. In 3. Esdras 2,30

---

2   Die Nummerierung der Verse kann in den verschiedenen Bibeln unterschiedlich sein.
3   Es gibt mehrere (biblische) Bücher mit dem Namen Esdras. Der folgende Überblick könnte hilfreich sein:

MT	LXX	Slawisch	Vulgata (Clementine Edition)
	Esdras A' (= 1. Esdras)	2. Esdras	3. Esdras
Esra	Esdras B'	1. Esdras	1. Esdras
Nehemia	(= 2. Esdras)	2. Esdras	2. Esdras
		3. Esdras	4. Esdras

Zu beachten ist auch, dass in einigen (modernen) Bibeln 2. Esdras meint: Vulgata 4. Esdras, Kapitel 3–14 = Esra-Apokalypse.

werden die bessere literarische Zeitabstimmung ebenso wie das bessere literarische Umfeld für eine Figur wie Serubbabel sichtbar.

Die These dieses Kapitels ist anders als die der vorausgehenden Kapitel, in denen gegen eine hebräische Vorlage für den A-Text von Esther argumentiert wurde. In diesem Kapitel geht es tatsächlich um eine hebräisch-aramäische Vorlage von 3. Esdras, die sich vom MT unterscheidet.

B. Textzeugen und Meinungen

1. Textzeugen

Einige biblische Bücher sind in mehr als einer griechischen Version erhalten. Daniel und Esther gibt es z. B. in mehr als nur dem altgriechischen Text. Das griechische Buch Daniel kann in seiner Theodotion-Version und als altgriechischer Text gelesen werden. Beide sind in der Ausgabe von Rahlfs abgedruckt.[4] Wie in Kapitel III diskutiert, gibt es auch das griechische Estherbuch in zwei griechischen Formen, nämlich als Septuagintatext und als A-Text. Ebenso gibt es zwei griechische Texte des Buches Esra-Nehemia, obgleich nur vom Esra-Teil.[5] Die Übersetzung des Buches in der Septuaginta ist als Esdras B' bekannt; der andere griechische Text wird als Esdras A' bezeichnet, im deutschen Raum als 3. Esdras. Das Buch 3. Esdras war immer schon Teil der griechischen Bibel. Es ist in den meisten der alten Codices vorhanden. Die Kursiven 19 und 108 sind Zeugen dafür, dass der von Lukian überarbeitete Altgrieche auch 3. Esdras enthielt.[6] Im Codex Vaticanus folgt 3. Esdras den

---

4   Alfred Rahlfs, Septuaginta: Id est Vetus Testamentum graece iuxta LXX interpretes, Vol. II: Libri poetici et prophetici, Stuttgart 1935, 870–936.
5   Aller Wahrscheinlichkeit nach kannten sowohl der/die ÜbersetzerIn des Septuagintatextes als auch der/die VerfasserIn des anderen griechischen Textes sowohl die Esra als auch die Nehemia Teile des Buches Esra-Nehemia.
6   Lukians Hand ist in einigen Änderungen deutlich sichtbar. Er ändert z. B. das griechische Wort μέχρι (bis) in ἕως, genau das Wort, das die Septuaginta in ihrer Wiedergabe des hebräischen Textes verwendet (siehe oben die rechte Kolumne). Das dürfte darauf verweisen, dass Lukian LXX 2. Esdras benutzte, um 3. Esdras zu verbessern. Es wird offenbar, dass Lukian ein vortrefflicher

Chronikbüchern. Nach 3. Esdras – ein(e) SchreiberIn setzte später den Titel Εσδρας ᾱ über den Text – wurde dann die Septuaginta-Übersetzung des hebräischen Esra-Nehemiabuches kopiert.

Hieronymus erklärt im Vorwort zu seiner lateinischen Ausgabe, dass das Buch Esra-Nehemia eine Einheit bilde, und nennt den 1. Esdras jetzt 3. Esdras.[7] Später, in der Edition der Vulgata von Clemens,[8] ist das Buch Esra-Nehemia dann in die beiden Bücher Esra und Nehemia unterteilt. Das »3.« Buch Esra ist im Anhang zur Vulgata, genauer gesagt, im dem

> Exeget war, wenn er in 1,50 und 5,2 vermeidet, dasselbe Verb zu benutzen. In der ersten Passage werden die Juden ins Exil geführt; in der zweiten gehen sie zurück nach Jerusalem. Lukian wählte zwei verschiedene Zeitformen und vermied so den Eindruck, als wäre der Weg ins Exil nicht viel anders als die Rückkehr. An recht vielen Stellen stimmen lukianische Lesungen mit dem Altlateiner überein. Das dürfte bedeuten, dass Lukian die altgriechischen Lesungen beibehalten hat. Wenn das der Fall ist, sollte die Beeinflussung in umgekehrter Richtung verlaufen sein. So könnte man denn sagen, dass LXX 2. Esdras in Richtung 3. Esdras korrigiert wurde. Das ist ein recht komplizierter Sachverhalt, der hier unbeachtet bleiben soll. Siehe aber Robert Hanhart, Text und Textgeschichte des 1. Esrabuches, Mitteilungen des Septuaginta-Unternehmens 12, Göttingen 1974, 11–18, 47–52; Anna Kharanauli, Ein Chanmeti-Fragment der georgischen Übersetzung von Esra I (Fragen der Authentizität, Vorlage und Übersetzungstechnik), Le Muséon 2003 (1/2), 181–216.

7 Siehe Vorwort (»incipit prologus eusebii hieronymi in libro Esrae«) abgedruckt bei Weber, (Hg.): Biblia Sacra iuxta vulgatam versionem, vol. I: Genesis-Psalmi, Stuttgart 1969, 638–639. Siehe auch P. Canart/P.-M. Bogaert/ S. Pisano (Hg), Prolegomena to Codex Vaticanus B: Codex vaticanus graecus 1209 (Bibliorum sacrorum graecorum), Vatican City 1999, 20.

8 Die Edition von Clemens ist selbst ein »Nachdruck« der früheren Edition von Sixtus. Die römische Ausgabe – beide Namen beziehen sich auf römisch-katholische Päpste – der Septuaginta war nicht die erste gedruckte Edition. Die complutensische Polyglotte von 1514–1517 und die Aldina-Edition von 1518 waren die ersten gedruckten Editionen der Septuaginta. Die römische Ausgabe von 1587 ist aber die erste, die sich auf einen einzigen Unzialcodex (Codex B) stützt. Ihr voller Titel ist: Vetus testamentum, iuxta septuaginta, ex autoritate Sixti V. Pont. Max, editum. Romae: Francisci Zanetti, 1587. Siehe Henry Barclay Swete, The Old Testament in Greek, according to the Septuagint, Vol. 1: Genesis-IV Kings, Cambridge 1901, v–vii. Siehe auch Bogaert, Prolegomena to Codex Vaticanus B, 11–15. Eine spätere Edition der Arbeit von 1587 wurde die Standardausgabe der römisch-katholischen Kirche. Ihr voller Titel ist: (Sixto-) Clementina. Biblia Sacra Vulgatae Editionis Sixti Quinti iussu recognita (et auctoritate Clementis Octavi edita, Rom 1592, 1593 und 1598. Siehe Weber, Biblia Sacra, xx–ii.

Neuen Testament folgenden Anhang, abgedruckt.[9] Jetzt stellt sich die Frage, welche der zwei griechischen Texte die Übersetzung des hebräischen Buches Esra-Nehemia ist. Die Antwort auf diese Frage ist einfach, denn es ist offensichtlich, dass die Septuaginta die altgriechische Übersetzung der hebräischen Erzählung ist. In der Tat folgt der Septuagintatext von Esra-Nehemia fast sklavisch dem hebräischen Text.[10] 3. Esdras zeigt dagegen Unterschiede zum hebräischen Text und kann deshalb kaum eine Übersetzung des hebräischen (und teilweise aramäischen) Textes von Esra-Nehemia sein. Deshalb soll der Schwerpunkt hier auf 3. Esdras und auf dem hebräisch-aramäischen Text von Esra-Nehemia liegen. Wenn 3. Esdras keine Übersetzung der biblischen Geschichte ist, was ist es dann?

2. Gegenwärtige Meinungen

Pohlmann unterteilt die wichtigsten Forscher, die sich mit dieser Frage beschäftigen, in zwei Gruppen:[11] Vertreter der »Fragmentenhypothese« und Vertreter der »Kompilationshypothese«. Diejenigen, die die Fragmentenhypothese vorziehen, sehen in 3. Esdras ein Fragment eines größeren Werkes, das die Chronikbücher, Esra und Nehemia enthält, und meinen, dass 3. Esdras eine frühere Redaktionsstufe darstelle als der biblische kanonische Text. Diejenigen, die der Kompilationshypothese den Vorzug geben, behaupten, dass der/die VerfasserIn von 3. Esdras die kanonischen Bücher 1. und 2. Chronik, Esra und Nehemia kannte und sie unter Benutzung des Materials dieser Bücher zu einem Buch kompiliert hat. Nach der ersten Hypothese wäre die Vorlage von 3. Esdras älter als Esra-Nehemia; nach der zweiten wäre sie jünger. Einen guten Überblick über die Forschung von 1783 bis 1965 kann man in Pohlmanns Buch von 1970 finden.[12] Ein neuerer Überblick findet sich in *Currents of Biblical Studies* 2002.[13]

---

9 Weber, Biblia Sacra, Bd. 2: Proverbia–Apocalypsis, Appendix, Stuttgart 1969.
10 Bogaert, Prolegomena to Codex Vaticanus B, 20.
11 Karl-Friedrich Pohlmann, Studien zum dritten Esra: Ein Beitrag zur Frage nach dem ursprünglichen Schluss des chronistischen Geschichtswerks, FRLANT 104, Göttingen 1970, 14; ders., 3. Esra-Buch: Historische und legendarische Erzählungen, JSHRZ 1, Gütersloh 1980.
12 Pohlmann, Studien zum dritten Esra, 14–26.
13 Das ist der neue Name der vorher »Currents in Research: Biblical Studies«

Grabbes Sicht kann keiner der beiden Hypothesen zugeordnet werden, denn er glaubt, dass 3. Esdras einen semitischen Text widerspiegle, der älter und etwas verschieden von dem kanonischen Esra-Nehemia Text sei.[14] So weit ist die Ansicht einleuchtend. Dann aber behauptet er, dass 3,1–5,3, nämlich die so genannte »Geschichte von den drei jungen Männern«,[15] oder die »Geschichte von Darius' Leibwächtern«, eine späte Einfügung sei.[16] Zipora Talshir stellt diese These auf den Kopf. Ihrer Meinung nach ist die Geschichte von den drei jungen Männern ein entscheidendes Stück von 3. Esdras. 3. Esdras wurde verfasst, um dieser Geschichte einen Rahmen zu geben: »It is a section deliberately cut out from Chr-Ezr-Neh, to form a framework for the Story of the Youths.«[17]

C. Analyse

1. MT Esra

a) Struktur

Die hebräisch-aramäische Erzählung von Esra-Nehemia enthält drei größere Teile. Im ersten Teil, Esra 1–6, kehren die Exulanten nach Jerusalem zurück, legen den Grundstein für den Altar und beginnen und vollenden den Tempelbau. Im zweiten Teil, Esra 7–10, steht die Figur des Esra im Mittelpunkt, vor allem seine Fähigkeit, die rechten Fäden zu ziehen, damit das Volk nach dem Gesetz lebt. Der dritte Teil besteht aus dem Buch Nehemia, das seinerseits wiederum in zwei Teile geteilt werden kann. Es ist merkwürdig zu sehen, wie Esra in der Mitte des Buches Nehemia erneut auftritt, nämlich in Kapitel 8. Uns soll es hier aber vor allem um

genannten Zeitschrift. Siehe De Troyer, Zerubbabel and Ezra: A Revived and Revised Solomon and Josiah? A Survey of Current 1 Esdras Research, Currents of Biblical Research (2002) 30–61.

14 Lester Grabbe, Ezra-Nehemiah, Old Testament Readings, London/New York 1998.
15 Zipora Talshir, 1 Esdras: From Origin to Translation, SBLSCSt 47, Atlanta, GA 1999.
16 Nickelsburg, The Bible Rewritten, 89–156, bes. 131–135.
17 Talshir, 1 Esdras: From Origin to Translation, 6.

den ersten Teil der Geschichte gehen, nämlich um Kapitel 1–6. Diese Kapitel erstrecken sich über die Zeit der Rückkehr aus dem Exil unter König Kyros von Persien bis zur Zeit des Darius. Von Kapitel 7 an geht es um die Zeit des Königs Artaxerxes.[18] In der unten gegebenen Gesamtstruktur der Kapitel 1–6 liegt der Schwerpunkt auf den Ereignissen um den Bau des Zweiten Tempels. Diese Kapitel enthalten einen literarischen Bericht, in dem unterschiedliche literarische Formen, wie Briefe, Listen, Dialoge und Berichte über Einweihungen und Feste, verwendet sind.

1,1–11:	König Kyros beauftragt zum Tempelbau
2,1–70:	Liste der Heimkehrer nach Jerusalem
3,1–13:	Grundlegung des Altars und Feier des Laubhüttenfestes
4,1–3:	Feinde[19] bieten ihre Hilfe an; sie werden zurückgewiesen
4,4–6:	Feinde behindern das Bauprojekt
4,7–22:	Feinde schreiben einen Brief an König Artaxerxes
4,23–24:	Ergebnis des Schreibens: das Bauprojekt wird gestoppt
5,1–2:	Prophezeiungen von Haggaj und Sacharja über den Tempelbau
5,3–5:	Anfrage von Tattenai und Setar-Bosenai über das Bauprojekt
5,6–17:	Kopie des Briefes von Tattenai und Setar-Bosenai an König Darius
6,1–12:	König Darius ordnet eine Durchsuchung der Archive an und befiehlt weiter zu bauen
6,13–15:	Der Bau des Tempels wird fortgesetzt und vollendet
6,16–18:	Die Tempelweihe
6,19–22:	Die Feier des Passafestes

18 An der Analyse wird sich zeigen, dass diese chronologische Unterteilung des Buches Esra nicht ohne Probleme ist.
19 Es fällt schwer, diese Leute als Feinde anzusehen. Dienen sie nicht demselben Gott und bieten an zu helfen, den Tempel wieder aufzubauen? Die Annahme, dass alle Leute aus dem Norden Nicht-Israeliten, nach der Eroberung durch die Assyrer verstreute Leute waren, ist wohl eine Unterstellung. Die Israeliten, die blieben, beteten zu JHWH und hatten daher guten Grund, sich am Wiederaufbau des Tempels zu beteiligen. Siehe James D. Purvis, Exile and Return: From the Babylonian Destruction to the Reconstruction of the Jewish State, in: Hershel Shanks (Hg.), Ancient Israel: From Abraham to the Roman Destruction of the Temple, rev. von E. M. Meyers, Washington, DC/Upper Saddle River, NJ 1999, 201–229. Dass diese Leute in Esra-Nehemia Feinde genannt werden, sagt mehr über den/die SchreiberIn als über die so genannten Feinde.

Ein Satz in Esra 4,24 soll im einzelnen untersucht werden. Es ist der letzte Satz des recht komplizierten Kapitels 4. Dieses Kapitel enthält einige Ungereimtheiten. Nachdem die »Feinde von Juda und Benjamin« ihren Dienst an der Rekonstruktion des Tempels angeboten hatten, werden sie von Serubbabel, Josua und dem Rest der Familienoberhäupter in Israel grob zurückgewiesen. Das Schreiben antwortet den Feinden: »Ihr sollt nicht mit uns am Bau des Hauses unseres Gottes teilhaben, sondern wir allein wollen für den Herrn, dem Gott Israels, bauen, wie es uns König Kyros von Persien aufgetragen hat« (4,1–3). In den nächsten Versen werden die Leute von Juda (das heißt, die aus dem Exil Zurückgekehrten) auf vielfache Weise vom Tempelbau abgehalten. Ihre Gegner bestechen sogar die Beamten, um das Vorhaben der Exulanten zu vereiteln. Diese Gegner sind in Vers 4 und 5 als »Volk des Landes« bezeichnet. Diese Leute behindern das Bauprojekt »während der ganzen Regierungszeit des Königs Kyros von Persien und bis zur Herrschaft des Perserkönigs Darius« (Vers 5b). In Vers 6 setzt sich die Beschreibung der Behinderungen fort: »In der Regierungszeit des Ahasveros, im Jahr seines Herrschaftsbeginns, setzten sie eine Anklage gegen die Einwohner von Juda und Jerusalem auf.« Nicht nur änderte sich die Beschreibung der Tempelbauer – von der langen Liste in Vers 2: »das Volk von Juda«, zu: »das Volk von Juda und Jerusalem« –, sondern auch der Name des Königs: Ahasveros.[20] In Vers 7 schreibt eine andere Gruppe von Feinden einen langen Brief an König Artaxerxes (was macht dieser König jetzt hier?). Die Feinde sind nun »Bislam, Mithredat, Tabeel und der Rest ihrer Amtsgenossen«. Als ob das Problem mit den Feinden noch nicht groß genug wäre, hat der/die VerfasserIn der Erzählung zwei andere Namen in Vers 8 hinzugesetzt: Rehum, der königliche Befehlshaber, und Simsai, der Schreiber. Diese zwei schreiben an denselben König, der in Vers 7 genannt ist: König Artaxerxes. In Vers 9 und 10 sind die beiden Namen von einer ganzen Reihe anderer begleitet, die sich scheinbar alle der Anklage gegen die Tempelbauer anschließen.

Rehum und Simsai schreiben allerdings gar nicht gegen die Erbauer, sondern »gegen Jerusalem« (Vers 8). Und hierin liegt genau das Problem im Zusammenhang mit dem zweiten Teil von Kapitel 4: Worum geht es in dem Schreiben? Nicht um den Tempelbau, sondern um den Wiederaufbau Jerusalems! Von Vers 7 an, und ganz sicher mit Vers 8, geht es

---

20 Dieser Name wird in der nachfolgenden Diskussion eine Rolle spielen.

nicht länger um den Tempelbau, sondern um den Wiederaufbau der Stadt. Die Feinde berichten dem König Artaxerxes, dass ihre »Feinde die aufrührerische und böse Stadt« wieder aufbauen und »die Mauern wiederherstellen und die Fundamente sichern«, und dass all' dieses nicht gut für den König sei, denn die Stadt sei bekannt dafür, sich ihren Königen zu widersetzen. König Artaxerxes erkennt die Gefahr und erlässt den Befehl, »dass diese Stadt nicht wieder aufgebaut werden darf« (Vers 21). Mit dieser Nachricht in der Tasche eilen Rehum, Simsai und ihre Amtsgenossen nach Jerusalem, oder genauer, zu den Juden – der Name »Juden« erscheint nur in dem Brief und in dem Erzählungsschluss (Vers 23) –, und zwingen sie, mit ihrer Unternehmung aufzuhören. In dem Brief der Feinde, in der Antwort des Königs, sowie im Erzählungsschluss dieses Abschnitts (Vers 23), geht es um die Stadt.

Vers 24 nimmt allerdings den Sachverhalt des ersten Verses des Kapitels wieder auf und handelt vom Tempelbau: »In jener Zeit kam die Arbeit am Gotteshaus in Jerusalem zum Stillstand und ruhte bis zum zweiten Jahr der Herrschaft des Perserkönigs Darius.« Schematisch sieht Kapitel 4 folgendermaßen aus:

	Feinde	*gegen*	*über*	*wann*
4,1–3	Gegner von Juda und Benjamin	Serubbabel, Josua und Familienoberhäupter	Tempel	Kyros und Darius
4,4–5	Volk des Landes	Volk von Juda		
4,6	»sie«	Bewohner von Juda und Jerusalem	?	Ahasveros
4,7	Bislam, Mithredat und Tabeel	–	–	Artaxerxes
4,8	Rehum, Simsai und Genossen	gegen Jerusalem	Jerusalem	Artaxerxes
4,9–10	dieselben drei und lange Liste	–	–	Artaxerxes
4,11–16			Jerusalem	Artaxerxes
4,17–22			Jerusalem	Artaxerxes
4,23	Rehum, Simsai und Genossen	Juden in Jerusalem	Jerusalem	Artaxerxes
4,24			Tempel	bis Darius

Da der Brief von Bislam, Mithredat und Tabeel in Vers 7 beginnt, wurde hier Vers 7 als der Eröffnungsvers und Vers 23 als Schlussvers dieses Textabschnittes über die Stadt Jerusalem genommen.

4,7:	Einleitung
4,8–11a:	Zweite (hinzugesetzte?) Einleitung
	4,11b–16: Anklagebrief
	4,17–22: Antwort des Königs
4,23:	Ausgang

Der Abschnitt über die Stadt, Vers 7–23, kann leicht unterteilt werden in Einleitung, zusätzliche Einleitung, Brief an den König, Antwort vom König und Schlusserklärung. Der Abschnitt über den Tempel enthält eine Einleitung der Erzählung mit zwei eingebetteten Dialogen (Vers 1–2a, Vers 2b, Vers 3) und einem abschließenden Bericht der Erzählung (Vers 24). Struktur, Inhalt und Form in Kapitel 4 machen deutlich, dass nur der Eröffnungsvers und der Schlussvers von Kapitel 4 vom Tempelbau handeln, während es beim Rest der Geschichte um die Stadt geht.

4,1–6:	Tempel
	4,7–23: Stadt
4,24:	Tempel

b) Analyse

In Kapitel 4 sind vier Könige erwähnt. In Vers 5 werden König Kyros und König Darius genannt; in Vers 6 König Ahasveros; in Vers 7–23 König Artaxerxes; und zuletzt, in Vers 24, noch einmal König Darius. Kapitel 4 bringt die chronologische Abfolge des ersten Teils der Esraserzählung durcheinander.[21] Die historische Königsabfolge dieser Epoche sieht folgendermaßen aus:

Kyros	(559–529)
Kambyses	(529–522)
Darius I	(521–486)
Xerxes I	(486–465)
Artaxerxes I	(465–424)[22]

---

[21] König Artaxerxes erscheint auch in Kapitel 7 und den folgenden. Dort ist allerdings die Chronologie in Ordnung.
[22] Siehe Helga Weippert, Palästina in vorhellenistischer Zeit, Handbuch der Archäologie 2, Bd. I, München 1988, 689.

Die Könige sind in den folgenden Versen von Kapitel 1–6 genannt:

- Kyros: 1,1.2.7.8; 4,3 (Rückbezug auf die Vergangenheit); 4,5; 5,14.17 (Rückbezug auf die Vergangenheit); 6,3.14 (Rückbezug auf die Vergangenheit)
- Darius: 4,5.24; 5,6.7; 6,1.12.13.14.15
- Xerxes/Ahasveros: 4,6
- Artaxerxes/Arthasasta: 4,7.8.11.23; 6,14 (Rückbezug auf die Vergangenheit)

Wenn diese Verse in eine Erzählungsabfolge gesetzt und mit der »tatsächlichen« Chronologie verglichen werden, ergeben sich folgende Problemverse:

Kyros (Kapitel 1) ... Darius (Kapitel 4–6)
- Xerxes/Ahasveros: Eindringling in 4,6
- Artaxerxes/Arthasasta: Eindringling in 4,7–23

Es gibt allerdings noch einen Vers, in dem Kyros, Darius und Arthasasta genannt sind, nämlich 6,14. Hier hat der/die VerfasserIn nicht nur die Namen aller Könige gesammelt, die irgendwie mit dem Tempelbau in Verbindung gebracht werden konnten, sondern auch den höchsten Gott als für den Bau verantwortlich ins Feld geführt: »Sie vollendeten ihren Bau nach dem Gebot des Gottes Israels und nach dem Erlass des Kyros, des Darius, sowie des Perserkönigs Arthasasta.«[23] Das Vorkommen der Namen der drei Könige in diesem Vers, ebenso wie die Anwesenheit Gottes, kann als eine literarische Zusammenfassung betrachtet werden, in der die Bedeutung des Tempels sowie die für die Vollendung des Tempelbaus verantwortlichen Autoritäten hervorgehoben werden.

Es lohnt sich anzumerken, dass in verschiedenen Bibeln verschiedene Namensformen der Könige verwendet werden. Im hebräischen Text werden die nachfolgenden Namen verwendet; zum Vergleich wurde die Transkription der Namen der altgriechischen Übersetzung hinzugesetzt:

---

23 Zu beachten ist, dass in diesem Vers nur der erste Brief den Titel des Königs trägt. Könnte das auf die tatsächliche Abfassungszeit von Kapitel 1–6, nämlich auf die Zeit unter Artaxerxes II (404–359/8) hinweisen?

	MT	*LXX*
4,5	Kores und Darius	Kores und Darius
4,6	Ahasveros	Asveros
4,7–23	Arthasasta	Arthasasta
4,24	Darius	Darius

Im Deutschen ist Kores als Kyros und Arthasasta als Artaxerxes wiedergegeben. Die griechische Übersetzung ist tatsächlich Artaxerxes. Diese Identifikation – auf die noch zurückgekommen wird – ist oft übersehen worden.[24] Die normale Übersetzung von Ahasveros, wenn es überhaupt übersetzt wird – ist Xerxes. Die zeitliche Folge von Kyros und dann Darius ist in Ordnung; der Einschub von Artaxerxes in Vers 7–23 und die Nennung von Xerxes in Vers 6 zerstören allerdings die Chronologie. Da außerdem Vers 7–23 vom Wiederaufbau der Stadt und nicht vom Tempelbau handelt, scheint dieses Stück hier in die Erzählung eingefügt worden zu sein, um einen Vergleich zwischen der Behinderung, die die Juden bei dem Bau der Stadtmauer erlebten (Nehemia 4 und 6), und der Behinderung, die sie beim Tempelbau erfuhren, herzustellen. Hanhart hat als erster auf diese Möglichkeit hingewiesen. Nach ihm sollte Vers 24 folgendermaßen wiedergegeben werden: »Dann – unter Darius – stoppte auch die Arbeit am Tempel.«[25] Wahrscheinlich ist aber nicht nur Vers 24, sondern der ganze Abschnitt, in dem es um den Brief zu und von Artaxerxes geht, ein Vergleich zwischen den Problemen, die sich während der Zeit des Tempelbaus und der Restauration Jerusalems ergaben.[26] Dieser Vergleich erklärt die An-

---

24 Siehe unten.
25 Robert Hanhart, Ein unbekannter Text zur griechischen Esra-Überlieferung, Lothar Perlitt zum 65. Geburtstag am 2. Mai 1995, Mitteilungen des Septuaginta-Unternehmens 22, Göttingen 1995.
26 Stimmt man dem zu, dass Nehemia im 20. Jahr des Artaxerxes I. nach Jerusalem kam, kann man Esra unter Artaxerxes II. annehmen und die Abfassung der Geschichte vom Tempelbau zur Zeit des Darius II. (423–404) oder Artaxerxes II. (404–359/8) ansetzen. Diese Datierung für die Abfassung zumindest der ersten der sechs Kapitel des Buches Esra ist nahe an der Zeit, in der der Wiederaufbau des Tempels in Elephantine angestrebt wurde. Der/die VerfasserIn war vielleicht zumindest durch die Krise in Elephantine und durch das literarische Material, das um diese Ereignisse entstand, angeregt. Er/Sie projizierte aber den Tempelbau zeitlich zurück und drehte den Ablauf der

wesenheit des Artaxerxes in den »Problemversen« von Kapitel 4, nämlich 4,7–23. Allerdings wird dadurch nicht auch die Anwesenheit von Xerxes/Ahasveros in 4,6 deutlich. Aber der/die VerfasserIn wusste offenbar, dass es noch einen König zwischen Kyros und Darius gab. Da gerade Artaxerxes zum Vergleich benutzt wurde, konnte er nicht dieser König sein. Also musste ein anderer König gefunden werden: König Ahasveros. Doch war das leider nicht der »richtige« König, denn Ahasveros regierte nach Darius. Der Text meint aber eindeutig einen König, der zwischen Kyros und Darius regierte, denn Vers 5 nennt beide Könige, während Vers 6 und die folgenden Verse vom Widerstand gegen das Bauprojekt »während der ganzen Regierungszeit des Königs Kyros von Persien und bis zur Herrschaft des Perserkönigs Darius« reden. Es ist schwer, einen Grund für Ahasveros in diesem Abschnitt des Esrabuches zu finden. Eine Erklärungsmöglichkeit wäre vielleicht, dass er ein in der Bibel bekannter König ist, z. B. aus der Geschichte im Estherbuch, in der es um die Exulanten in Persien geht.

Der Einschub von Artaxerxes in Kapitel 4 kann aus literarischer Perspektive folgendermaßen erklärt werden: Der/die VerfasserIn verglich diesen Abschnitt mit dem Abschnitt über den Wiederaufbau der Stadt (Stadtmauer). Das Vorkommen des Ahasveros ist weniger leicht zu erklären.[27]

Bevor wir uns 3. Esdras zuwenden, soll hier die Person behandelt werden, die in Esra 1–6 tatsächlich für den Tempelbau verantwortlich ist. Kyros beauftragt in Kapitel 1 Scheschbassar, nach Jerusalem zu gehen. Daher kann angenommen werden, dass er derjenige ist, der sich um den Tempelbau kümmern sollte, obgleich der Text das nicht ausdrücklich sagt. Scheschbassar ist noch einmal in Kapitel 5 erwähnt. In Vers 14 ist er als die Person dargestellt, die vom König Kyros zum Statthalter (über Juda) eingesetzt wurde. In 5,16 wird von ihm gesagt, dass er der Erbauer (des Fundamentes) des Tempels sei. Daher wird Scheschbassar nur im Zusammenhang mit dem ersten Befehl des Königs Kyros genannt. Da-

---

Ereignisse um. Statt erst Nehemia, dann Esra und dann Tempelbau, beginnt die Erzählung mit dem Tempel, hat dann Esra, und zum Schluss Nehemia.
27 In der hebräischen Bibel war Ahasveros wahrscheinlich mit dem Schreiben von Briefen gegen die Juden oder in deren Angelegenheit verbunden, wie in der Esthererzählung. Daher war es leicht, ihn auch im Kontext des Briefes in Esra 4 zu nennen.

gegen ist Serubbabel derjenige, der von Kapitel 2 an die Führung übernimmt.[28] Serubbabel schickt sich in Kapitel 3 zusammen mit Josua an, den Altar zu bauen. Sie ernennen Leviten und beauftragen sie mit dem Bau des Gotteshauses. In Kapitel 4 wenden sich die Feinde an Serubbabel und Josua und bitten um die Erlaubnis zur Mitarbeit am Tempelbau. Serubbabel lehnt die Bitte schlichtweg ab. Nach den Problemen in Kapitel 4, und angetrieben von Haggaj und Sacharja, nimmt Serubbabel den Tempelbau in Kapitel 5 wieder auf. Als Tattenai und Setar-Bosenai mit ihren Anfragen über die Legitimität des Bauprojekts (5,3ff.) auftreten, ist Serubbabel schon aus der Erzählung verschwunden. Sein Name wird nicht länger erwähnt. Stattdessen scheint man sich an Scheschbassar zu erinnern (5,14.16). In den Versen 6,13–15, die von der Vollendung des Tempelbaus handeln, werden weder Scheschbassar noch Serubbabel genannt. Nun sind es die Ältesten der Juden, die das Projekt vollenden, unterstützt von Haggaj und Sacharja.

In der hebräischen Bibel waren Haggaj und Sacharja eng mit dem Tempelbau verbunden. Durch Haggaj kommt das Wort Gottes zu Serubbabel und ermutigt ihn, mit dem Tempelbau zu beginnen: »Im zweiten Jahr des Königs Darius erging am ersten Tag des sechsten Monats das Wort des Herrn durch den Propheten Haggaj an den Statthalter von Juda, Serubbabel, den Sohn des Schealtiël, und an den Hohenpriester Josua, Sohn des Jehosadak« (Hag 1,1). Das Wort muss für Serubbabel, Josua und den Rest des Volkes, das sich anschickte, den Tempel zu bauen, allgewaltig gewesen sein: »Und der Herr rüttelte den Geist des Statthalters von Juda, Serubbabel, Sohn des Schealtiël, und den Geist des Hohenpriesters, Josua, Sohn des Jehosadak, und den Geist derer, die vom Volk noch übrig waren, auf; und sie kamen und arbeiteten an dem Haus des Herrn der Heerscharen, ihres Gottes« (Hag 1,14). Nach dem Buch Haggaj ist Serubbabel der Diener des Herrn und der Auserwählte (Hag 2,23). Im Buch Sacharja ist Serubbabel mit dem, der den Tempelbau begann, identifiziert: »Die Hände Serubbabels haben das Fundament dieses Hauses gelegt; seine Hände sollen es auch vollenden« (Sach 4,9). In Sach 6,9–14 sind Serubbabel und Josua miteinander verbunden. Se-

---

28 Hin und wieder wurde angenommen, dass Serubbabel and Scheschbassar dieselbe Person seien. Siehe Johan Lust, The Identification of Zerubbabel with Sheshbassar, ETL 63 (1987/1) 90–95. Diese Vorstellung hat allerdings keine breite Zustimmung gefunden.

rubbabel wird die Krone tragen und den Tempel bauen; Josua wird der Hohepriester sein. Haggaj und Sacharja erscheinen auch im Buch Esra, beide im eröffnenden Vers von Kapitel 5 (5,1) und im Schlussvers der Geschichte vom Bau des Tempels in Kapitel 6 (6,14a). Die zwei Propheten kennzeichnen die Wiederaufnahme und die Vollendung des Tempelbaus. Sie sind beide während der Herrschaft des Königs Darius wirksam. Sie ermutigen das Volk im zweiten Jahr des Darius zum Baubeginn. Das scheint in 4,24 vorausgesagt zu sein, wo berichtet wird, dass die Arbeit am Gotteshaus eingestellt wurde und unterbrochen war bis zum zweiten Jahr der Herrschaft des Perserkönigs Darius.

Das erste Kapitel des Buches Esra ist manchmal recht schwierig. Es handelt von der Heimkehr der Exulanten und dem Beginn und der Vollendung des Zweiten Tempels. Ob Scheschbassar oder Serubbabel den Tempelbau angeregt haben, ist nicht ganz klar. Beide sind vor der Vollendung des Tempel vom Blickfeld verschwunden. 4,24 bezeichnet den Abschluss der ersten Bauperiode und verweist zugleich auf den Beginn der zweiten Bauperiode und auf die Vollendung des Baus.

2. LXX 3. Esdras

a) Struktur

Das griechische Buch 3. Esdras unterscheidet sich sowohl vom hebräischen Buch Esra-Nehemia, als auch von dessen griechischer (Septuaginta) Übersetzung. In den Kapiteln 2–9, außer 3–5, liest sich der Text ähnlich wie Esra 1–10. Doch 3. Esdras enthält kaum etwas vom Buch Nehemia. Mit Ausnahme von Kapitel 8 (Vers 1–12) wird die Geschichte von Nehemia nicht nacherzählt.[29] Sie ist »ausgelassen«. Nehemia 8,1–12, das Verlesen des Gesetzes durch Esra, ist als Schlusskapitel dem letzten Teil von 3. Esdras angefügt. 3. Esdras unterscheidet sich von der Esra(-Nehemia)erzählung vor allem durch die folgenden größeren Zusätze:

---

29 Die Frage bleibt bestehen, ob 3. Esdras die Wiedererzählung einer vorgegebenen Esra-Nehemia Geschichte ist. Siehe unten.

1,1–55:	Von Josia bis zum Fall von Jerusalem
	1,1–22: Josia feiert das Laubhüttenfest in Jerusalem
	1,23–24: Zusammenfassung über Josia
	1,25–33: Das Ende Josias
	1,34–58: Geschichte von Josia bis zum Fall von Jerusalem
3,1–5,3:	eine Geschichte über drei junge Männer, Leibwächter des Darius
9,37–55:	Esra verliest das Gesetz (= Neh 8,1–12 mit Änderungen*).

*In 3. Esdras 8,49 ist es z. B. nicht Nehemia, der zu Esra spricht, sondern ein unbekannter Attarates. Das scheint einleuchtend, denn Nehemia war bisher in der Geschichte und im Text von 3. Esdras noch nicht aufgetreten.

3. Esdras hat auch etliche Dinge »umgestellt«. Die Liste der Heimkehrer, das Fundament des Altars, das Laubhüttenfest, die sich Serubbabel nähernden Feinde und die Behinderung des Tempelbaus. Alle diese Passagen wurden hinter den Abschnitt mit der »eingeschobenen«[30] Geschichte von den drei jungen Männern gesetzt. Da sich die nachfolgende Untersuchung auf die ersten sechs Kapitel des 3. Esdras konzentriert, nämlich auf 3. Esdras 2,1–7,15, wird eine vergleichende Synopse dieser Abschnitte gegeben. Auf der linken Seite findet sich die Abfolge im Buch 3. Esdras; auf der rechten Seite die Abfolge in Esra. Das Gleichheitszeichen (=) markiert die Ähnlichkeit eines Abschnittes in 3. Esdras und Esra.[31] Das »umgestellte« Material ist kursiv gedruckt:

3. Esdras	Esra		
2,1–15	Kyros beauftragt zum Tempelbau	= 1,1–11	Kyros beauftragt zum Tempelbau
		2,1–70	*Liste der Heimkehrer nach Jerusalem*
		3,1–13	*Grundlegung des Altars und Laubhüttenfest*
		4,1–3	*Feinde erscheinen und werden zurückgewiesen*
		4,4–6	*Feinde behindern das Bauprojekt*
2,16–29	Feinde schreiben an König Artaxerxes	= 4,7–22	Feinde schreiben an König Artaxerxes

30 Wie die Wörter »ausgelassen« und »umgestellt«, wurde auch »eingeschoben« in Anführungsstriche gesetzt, da noch nicht klar ist, welcher Text welchen verändert hat, oder wer was nacherzählt hat.
31 Kleinere Änderungen wurden nicht vermerkt.

3. Esdras	Esra		
2,30	Das Bauprojekt ist wird gestoppt	= 4,23–24	Das Bauprojekt wird gestoppt
3,1–5,3	Festmahl des Darius (drei Leibwächter)		
5,4–46	*Liste der Heimkehrer nach Jerusalem*		
5,47–65	*Grundlegung des Altars und Laubhüttenfest*		
5,66–71	*Feinde erscheinen und werden zurückgewiesen*		
5,72–73	*Feinde behindern das Bauprojekt*		
6,1–2	Prophezeiung von Haggaj und Sacharja	= 5,1–2	Prophezeiung von Haggaj und Sacharja
6,3–6	Anfrage von Sisin und Satrabusan	= 5,3–5	Anfrage von Tattenai und Setar-Bosenai
6,7–22	Kopie des Schreibens an König Darius	= 5,6–17	Kopie des Schreibens an König Darius
6,23–34	Befehl des Königs Darius	= 6,1–12	Befehl des Königs Darius
7,1–5	Der Bau wird fortgesetzt und vollendet	= 6,13–15	Der Bau wird fortgesetzt und vollendet
7,6–9	Tempelweihe	= 6,16–18	Tempelweihe
7,10–15	Feier des Passafestes	= 6,19–22	Feier des Passafestes

Dieser kurze Überblick macht deutlich, dass ein großer Abschnitt, der aus vier kleineren Einheiten besteht, in der Erzählung von 3. Esdras auf einen anderen Platz versetzt wurde. Der Text von 3. Esdras 2,1–7,15 kann in folgende größeren Abschnitte unterteilt werden:

Teil eins:		Kyros hält die Juden an, nach Jerusalem zurückzukehren und den Tempel zu bauen
	2,1–15:	Kyros beauftragt zum Tempelbau

Teil zwei:		Eine erste Gruppe von Feinden stoppt das Bauprojekt
	2,16–29:	Feinde schreiben an König Artaxerxes
	2,30:	Das Bauprojekt ist gestoppt
Teil drei:		Wie der Bau wieder aufgenommen wird
	3,1–5,3:	Festmahl des Darius (drei Leibwächter)
	5,4–46:	Liste der Heimkehrer nach Jerusalem
Teil vier:		Die zweite Tempelbauperiode
	5,47–65:	Grundlegung des Altars und Laubhüttenfest
	5,66–71:	Feinde erscheinen und werden zurückgewiesen
	5,72–73:	Feinde behindern das Bauprojekt
Teil fünf:		Probleme entstehen, aber Darius erlässt ein Dekret zur Fortsetzung des Bauprojekts
	6,1–2:	Prophezeiungen von Haggaj und Sacharja
	6,3–6:	Anfrage von Sisin und Satrabusan
	6,7–22:	Kopie des Briefes an König Darius
	6,23–34:	Befehle des Königs Darius
	7,1–5:	Der Bau wird fortgesetzt und vollendet
Teil sechs:		Der Tempel wird geweiht und das Passafest gefeiert
	7,6–9:	Die Tempelweihe
	7,10–15:	Die Feier des Passafestes

Das Interesse soll hier besonders auf dem Schluss des zweiten Teils liegen (Schluss von Kapitel 2), dem Ende der ersten Bauperiode. Kapitel 2 von 3. Esdras weist eine eher einfache Struktur auf. Es enthält nur zwei Teile. Teil eins, Vers 1–15, handelt von der Beauftragung durch den König Kyros. In Teil zwei, Vers 16–30, geht es um die erste Serie von Übergriffen auf das Bauprojekt und des Königs Entscheidung, den Bau zu stoppen. Die Feinde sind in Vers 16 aufgelistet. Eine Kopie des Briefes wird in Vers 17–24 gegeben. In Vers 25 liest man die Einführung zu dem Schreiben des Königs Artaxerxes, gefolgt von der Kopie dieses Briefes in Vers 26–29. Vers 30 berichtet, wie die Feinde die Befehle des Königs aufnehmen und nach Jerusalem eilen, um das Bauprojekt zu stoppen.

Teil eins:		Kyros hält die Juden an, nach Jerusalem zurückzukehren und den Tempel zu bauen
	2,1–15:	Kyros beauftragt zum Tempelbau
Teil zwei:		Eine Gruppe von Feinden stoppt das Bauprojekt
	2,16–29:	Feinde schreiben an König Artaxerxes
	2,16:	Liste von Feinden
	2,17–24:	Brief an Artaxerxes
	2,25:	Einführung der Antwort des Artaxerxes
	2,26–29:	Schreiben des Artaxerxes
	2,30:	Das Bauprojekt ist gestoppt
	2,30a:	Die Feinde erhalten die Nachricht
	2,30b:	Sie eilen nach Jerusalem, um das Bauprojekt zu stoppen

b) Analyse

Die ersten Feinde, die in 3. Esdras auf der Bildfläche erscheinen, bilden eine ernst zu nehmende Koalition. In 2,16 erscheinen die folgenden Leute: »Bislam, Mithredat, Tabeel, Rehum, Beltethmus, der Schreiber Simsai und die übrigen Amtsgenossen, die in Samaria und anderswo leben.« Sie alle sind wirksam »zur Zeit des Königs Artaxerxes von Persien«. Sie schreiben dem König »den folgenden Brief gegen diejenigen, die in Judäa und Jerusalem wohnen.« 3. Esdras 2,16 scheint Material von verschiedenen Versen aus Esra 4 gesammelt zu haben, nämlich von Vers 7, 8, 9, und 10:

	Esra	*3. Esdras 2,16*
4,7	Zur Zeit des Königs Artaxerxes	In den Tagen des Königs Artaxerxes von Persien
	Bislam, Mithredat, Tabeel (schreiben)	Bislam, Mithredat, Tabeel *schrieben**
	an König Artaxerxes	*ihm*
4,8	Rehum, der königliche Befehlshaber, Simsai, der Schreiber, (schreiben)	Rehum, Beltethmos**, der Schreiber Simsai
	gegen Jerusalem	*gegen diejenigen, die in Judea und Jerusalem leben*
	an König Artaxerxes	

	Esra	3. Esdras 2,16
4,9	Rehum, Simsai und die übrigen Amtsgenossen, die Richter, Gesandten, Aufseher, die Perser, Erecher, Babylonier und Susaniten	und die übrigen Amtsgenossen,
4,10	die übrigen Volksgruppen, die sich in Samaria niedergelassen hatten und in den übrigen Provinzen	die in Samaria wohnen und anderswo.

*Das Verb und die Adresse folgen am Ende des Verses.
**Das ist eine der Stellen, an denen deutlich wird, dass 3. Esdras mit einer semitischen Vorlage, in diesem Fall mit (dem aramäischen) Esra 4,8, gearbeitet hat. Der/die griechische ÜbersetzerIn dachte, dass »Be'em-te'em« ein Name war, statt eines Nomens. Das Aramäische heißt »Rehum, der Oberbefehlshaber«. Der griechische 3. Esdras transkribiert das Wort »Oberbefehlshaber« und erhält so als Namen »Beelteemos«, heute oft als »Beltetmos« wiedergegeben.

3. Esdras bietet eine lange Liste von Verfassern des Schreibens an König Artaxerxes und benutzt dabei offenbar einen aramäisch-hebräischen Text, der Esra 4,7–10 ähnlich ist, wenn auch nicht ganz genau damit übereinstimmt.[32] In 3. Esdras 2,16 werden alle Verfasser des Schreibens an Artaxerxes eingeführt. Das ist ähnlich zu – wenn nicht identisch mit – Esra 4,7–10, wo ebenfalls die Verfasser des Schreibens an Artaxerxes erwähnt werden:

4,7	Bislam	Mithredat und Tabeel	–
4,8	Rehum	Simsai und Amtsgenossen	gegen Jerusalem
4,9–10		Die genannten Drei und eine lange Liste	–

Die Verfasser schreiben gegen Jerusalem. In Esra 4 schreiben sie gegen die Stadt und gegen den Tempelbau.

4,1–3	Feinde	über den Tempel
4,4–5	Das Volk des Landes	gegen den Tempel
4,6	sie	?

32 Schon hier wird wahrscheinlich deutlich, dass 3. Esdras eine Übersetzung einer hebräisch-aramäischen Vorlage ist, die – neben anderen Quellen – das hebräisch-aramäische Buch Esra benutzt hat.

4,7	Bislam, Mithredat und Tabeel	–
4,8	Rehum, Simsai und Amtsgenossen	gegen Jerusalem
4,9–10	Die genannten drei und eine lange Liste	–
4,11–23	–	gegen Jerusalem
4:24	–	gegen den Tempel

Angemerkt wurde unter anderem, dass der eröffnende und schließende Vers des Kapitels (4,1–6.24) jeweils vom Tempel handelt, und dass es in dem Abschnitt dazwischen (4,7–23) um die »aufrührerische und böse Stadt« geht. Wie in dem mittleren Abschnitt von Esra 4 scheint es auch in 3. Esdras 2,17–30a um die Stadt zu gehen:

2,16:	Liste der Briefschreiber
2,17–24:	Brief hinsichtlich der Stadt
2,25:	Einführung der Antwort des Königs Artaxerxes
2,26–29:	Schreiben des Artaxerxes hinsichtlich der Stadt
2,30a:	Schluss der Stadterzählung
2,30b:	Über den Tempelbau

Nicht ganz sicher ist, ob es in Vers 16 tatsächlich um die Stadt geht, denn es wird nur gesagt, dass das Volk gegen diejenigen schrieb, die in Judäa und Jerusalem wohnen. Doch da es bei der Briefeinführung um die Stadt geht, ist anzunehmen, dass auch Vers 16 zu dem Stadtabschnitt gehört. Vers 30a ist der Schluss der Briefangelegenheit. Daher muss der Bezug auf die Erbauer als eine Bezugnahme auf die Erbauer der Stadt verstanden werden. Vers 30b nennt dagegen wieder den Tempelbau.

Nach Adrian Schenker handelt 3. Esdras tatsächlich sowohl von der Stadt als auch vom Tempel, doch beziehe sich Vers 24 nur auf den Abbruch des Tempelbaus.[33] Schenker interpretiert den Text von Kapitel 2 offenbar so, als ginge es dabei zwar um zwei Bauprojekte, aber nur der Tempelbau sei vom König gestoppt worden.[34]

---

33 Adrian Schenker, La Relation d'Esdras A' au texte massorétique d'Esdras-Néhémie, in: Gerald J. Norton/Stephen Pisano (Hg.), Tradition of the Text: Studies offered to Dominique Barthélemy in Celebration of His 70th Birthday, OBO 109, Göttingen 1991, 218–248.
34 Ders., La Relation d'Esdras, 221–241.

Der/die VerfasserIn von 3. Esdras muss allerdings das Problem der Unterscheidung von Stadtaufbau und Tempelbau gesehen haben, denn in Vers 20–21a fügt er/sie einen Hinweis auf den Tempelbau hinzu: »Da der Tempelbau nun fortgesetzt wird, halten wir es für das Beste, diese Angelegenheit nicht zu vernachlässigen, sondern zu unserem Herrn, dem König, zu sprechen…« Dieser Vers ist sehr ähnlich zu dem recht schwierigen Vers 4,14: »Da wir nun das Salz des Palastes teilen und es uns nicht zusteht, Zeugen der Unehre des Königs zu sein, senden wir lieber und informieren den König.« Das Teilen des Salzes wurde ersetzt durch einen direkten Verweis auf den weitergehenden Tempelbau. Mit diesem Verweis wird der ganze Text von Vers 16–13 ein Text sowohl über den Tempelbau als auch über die Stadt. Aber gerade weil mitten in der Erzählung über den Wiederaufbau der Stadt der Verweis auf den Tempel hinzugefügt wurde, kann Schenkers Schlussfolgerung nicht richtig sein. Mit dem Zusatz des Verweises auf den Tempel hatte der/die VerfasserIn den Text über die Stadt in einen Text über den Tempel umgearbeitet. Das wird noch offensichtlicher in Vers 18. Der Paralleltext von Esra 4,12 heißt: »…Sie bauen die aufrührerische und böse Stadt wieder auf; sie stellen die Mauern wieder her und sichern die Fundamente.« 3. Esdras 2,18 ändert den Vers ein wenig: »[die Juden] bauen die aufrührerische und böse Stadt auf, stellen den Marktplatz und die Mauern wieder her und legen den Grundstein für einen Tempel.« Der griechische Text heißt wörtlich: »…und versuchen den Tempel (zu bauen).« Der Tempelbau ist für die Feinde der Auslöser für das Schreiben an den König. Und das genau hat Vers 20 im Sinn, wenn es heißt: »Da der Tempelbau jetzt fortgesetzt wird…« Der/die VerfasserIn konzentriert sich wirklich auf den Tempel; dass auch die Stadt wieder aufgebaut wird, spielt in diesem Text, wenn überhaupt, nur eine untergeordnete Rolle.[35] Ein Abschnitt in Esra 4, in dem die sich während der Zeit des Tempelbaus ereignenden Vorkommnisse verglichen werden mit denen, die während des Wiederaufbaus der Stadt vorkamen, ist in einen Abschnitt über den Tempel umgewandelt worden. Sein Schluss, Vers 30b, passt ganz genau: »…Der

---

35 Die Frage, ob 3. Esdras eine (wiederhergestellte) Stadt voraussetzt, wie im Buch Nehemia beschrieben, ist von Bedeutung, doch scheint 3. Esdras vor allem von den Heimkehrern und ihrer zweifachen Aktivität zu handeln: dem Tempelbau (3. Esdras 2–7) und dem Versuch, nach dem Gesetz zu leben (3. Esdras 8–9). Die Einleitung stellt diese Erzählung in einen geschichtlichen Kontext (3. Esdras 1).

Tempelbau von Jerusalem war unterbrochen bis zum zweiten Jahr der Regierung des Perserkönigs Darius.«

Vor einer näheren Untersuchung der Wendung »bis zum zweiten Jahr« soll darauf aufmerksam gemacht werden, dass 3. Esdras einen bestimmten Vers vom Paralleltext in Esra 4 nicht verwendet hat, nämlich Vers 6.

2,16	Liste der Feinde	= Esra 4,1–3
5,72–73	*Behinderung durch die Feinde**	= Esra 4,4–5
–		Esra 4,6
2,17–24	Brief an Artaxerxes	= Esra 4,7–16
2,25	Einführung der Antwort des Artaxerxes	= Esra 4,17a
2,26–29	Schreiben des Artaxerxes	Schreiben des Artaxerxes
2,30a	Die Feinde erhalten die Nachricht	= Esra 4,23
2,30b	Sie eilen nach Jerusalem, um das Bauprojekt zu stoppen	= Esra 4,24

*Dieser Abschnitt steht wiederum außerhalb der Abfolge, verglichen mit Esra 4, und ist daher *kursiv* gedruckt; siehe unten.

Vers 4,6 ist der merkwürdige Vers, in dem plötzlich König Ahasveros genannt ist. König Ahasveros und der gesamte Vers sind vom Paralleltext in 3. Esdras »ausgelassen«. Die Frage ist: Warum? Vielleicht identifizierte der/die VerfasserIn von 3. Esdras den hebräischen Namen Ahasveros fälschlicherweise mit Artaxerxes statt mit Xerxes und dachte daher, dass 4,6 auf denselben König verweist, der in Esra 4,7ff genannt ist, nämlich auf Artaxerxes. In diesem Falle mag die Auslassung im Griechischen erfolgt sein, denn die hebräischen Namen der Könige sind leicht zu unterscheiden (vergleiche Ahasveros und Arthasasta). Ein anderes Argument für eine falsche Identifikation von Ahasveros mit Artaxerxes mag darin begründet sein, dass Ahasveros bekannt ist als derjenige, der gegen oder über jüdische Angelegenheiten geschrieben hat. Dadurch konnte er leicht als ein die Feinde unterstützender König zwischen Kyros und Darius[36] angesehen werden. Und im Buch Esther der griechischen Septuaginta wird denn auch der hebräische Name Ahasveros mit Artaxerxes wiedergegeben, während der zweite griechische Text von Esther die Transkription Asveros verwendet. Auch Josephus identifiziert Asveros mit Artaxerxes.[37] Die Auslassung könnte sich aber auch im Hebräi-

---

36 Das bezieht sich wieder auf Esther; siehe unten.
37 Siehe Josephus, Antiquities XI, 184.

schen/Aramäischen vollzogen haben. Vielleicht lag es sogar an dem/der VerfasserIn selbst, der/die nicht zwei Könige haben wollte, die sich mit derselben Angelegenheit befassen, nämlich Ahasveros/Xerxes in 4,6 und Arthasasta/Artaxerxes in 4,7ff. Wahrscheinlich war einfach der/die hebräisch/aramäische SchreiberIn schuld an der Auslassung von Vers 6, denn nirgendwo in der Erzählung sonst ist ein ganzer Vers ausgelassen worden. Letztlich bleibt es wirklich schwierig zu entscheiden, wie es tatsächlich zu der Auslassung kam.

Die Zeitangabe »bis zum zweiten Jahr der Regierung des Perserkönigs Darius« erfordert ebenfalls eine nähere Untersuchung. Der Verweis auf ein »zweites Jahr« findet sich auch in den folgenden Versen von 3. Esdras:

2,30	Und der Tempelbau war unterbrochen bis zum zweiten Regierungsjahr des Perserkönigs Darius.
5,56	Im zweiten Jahr nach ihrem Kommen zum Tempel legten sie den Grundstein des Tempels
5,73	Und durch Verschwörungen, Demagogie und Aufruhr verhinderten sie die Vollendung des Baus solange, wie König Kyros lebte. Zwei Jahre lang waren sie vom Bauen abgehalten worden, bis zur Herrschaft von Darius.
6,1	Jetzt, im zweiten Jahr der Herrschaft des Darius, weissagten die Propheten Haggaj und Sacharja ...

Die zu 3. Esdras parallelen Abschnitte in Esra sind die folgenden:

4,24 (// 3. Esdras 2,30)	Zu dieser Zeit ruhte die Arbeit am Gotteshaus in Jerusalem und war unterbrochen bis zum zweiten Regierungsjahr des Perserkönigs Darius.
3,8 (// 3. Esdras 5,56)	Im zweiten Jahr nach ihrer Ankunft ... machten (sie) einen Anfang (mit der Grundlegung)
4,5 (// 3. Esdras 5,73)	Und sie bestachen die Beamten, um ihr Vorhaben zu vereiteln, während der Herrschaft des Königs Kyros von Persien und bis zur Herrschaft des Perserkönigs Darius.
5,1 (// 3. Esdras 6,1)	Jetzt weissagten die Propheten Haggaj und Sacharja ...

Einige Unterschiede fallen sofort ins Auge. Die Wendung 3. Esdras 6,1 »im zweiten Jahr der Herrschaft des Darius« fehlt in der Parallele Esra 5,1. Das ist sicher keine Auslassung des hebräischen Textes, sondern ein Zusatz des griechischen Textes, denn in der hebräischen Erzählung folgt 5,1 gleich auf 4,24. In diesem Vers ist das zweite Regierungsjahr des Königs Darius nicht erwähnt. Im hebräischen Text endet Kapitel 4 mit der

Aussage, dass der Bau bis zum zweiten Jahr unterbrochen war. Im nächsten Vers, 5,1, ermutigen die Propheten das Volk, den Bau wieder aufzunehmen. Vom Kontext her ist klar, dass das zweite Jahr Vers 5,73 begonnen hat. In 3. Esdras 6,1 wird das »jetzt« durch den Zusatz »im zweiten Regierungsjahr des Darius« erklärt.

Ein weiterer auffälliger Unterschied ist ein kleiner Zusatz in 5,73. Zwischen die Verweise auf die Herrschaft von Kyros und Darius wurde folgende Bemerkung gesetzt: »Zwei Jahre lang wurden sie vom Bauen abgehalten«. Vergleiche:

3. Esdras 5,73	Esra 4,5
… solange … Kyros lebte.	… während der Herrschaft des … Kyros und
Zwei Jahre lang waren sie vom Bauen abgehalten	–
bis zur Herrschaft des Darius.	bis zur Herrschaft des … Darius …

Warum wurde diese Wendung in den Paralleltext eingeschoben? Die Antwort wird ersichtlich aus der Gesamtstruktur von 3. Esdras 2–6:

Teil eins:		Eine erste Gruppe von Feinden stoppt das Bauprojekt
	2,16–29:	Feinde schreiben an König Artaxerxes
	2,30:	Das Bauprojekt ruht
		bis zum zweiten Jahr des Darius
Teil drei:		Wie der Bau wieder aufgenommen wird
	3,1–5,3:	Festmahl des Darius (drei Leibwächter)
	5,4–46:	Liste der Heimkehrer nach Jerusalem
Teil vier:		Die zweite Tempelbauperiode
	5,47–65:	Grundlegung des Altars und Laubhüttenfest
		(5,56) im zweiten Jahr nach ihrem Kommen nach … Jerusalem
	5,66–71:	Feinde treten auf und werden zurückgewiesen
	5,72–73:	Feinde behindern das Bauprojekt
		… solange wie Kyros lebte … für zwei Jahre, bis zur Herrschaft des Darius
Teil fünf:		Sogar jetzt entstehen Probleme, aber Darius erlässt ein Dekret zur Fortsetzung des Bauprojekts

	jetzt im zweiten Jahr des Darius
6,1–2:	Prophezeiungen von Haggaj und Sacharja
6,3–6:	Anfrage von Sisin und Satrabusan
6,7–22:	Kopie des Briefes an König Darius
6,23–34:	Die Befehle des Königs Darius
7,1–5:	Der Bau wird weitergeführt und vollendet

In 3. Esdras 2,30 findet sich ein Verweis auf das zweite Jahr des Darius. Im nächsten Vers ist Darius aber schon auf der Bühne und gibt ein Fest: 3. Esdras 3,1. In 5,56 wird gesagt, dass die Heimkehrer einen Anfang mit der Grundlegung des Altars machten. Bald aber treten Feinde auf (5,66–71) und hindern sie am Bauen (5,72–73). Der/die VerfasserIn verweist auf Probleme, die das Bauprojekt während der Zeit des Kyros behindern und fügt dann hinzu, dass die zweite Welle von Schwierigkeiten zwei Jahre lang dauerte, nämlich die (ersten) zwei Regierungsjahre des Darius. In 5,73 war demnach die erste Wendung deshalb eingefügt, weil in 3. Esdras die Zeit des Darius schon angefangen hatte. Auch ist die erste Wendung von 5,73 nur im Zusammenhang mit der neuen Struktur der Tempelbaugeschichte verständlich, genauer, in der zweiten Tempelbauperiode. In 6,1 ist es schon das zweite Jahr des Darius. Dann weissagen die Propheten. In 3. Esdras hat die Wendung »bis zum zweiten Jahr des Darius« eine doppelte Bedeutung. Zuerst wird gesagt, dass der Tempelbau unter Kyros behindert und im zweiten Jahr des Darius wieder aufgenommen wurde. Dann wird auf die zwei Jahre verwiesen, in denen das Bauprojekt Schwierigkeiten erfuhr, nachdem Darius die Erlaubnis erteilt hatte, den Bau fortzusetzen. Diese Probleme werden auch im zweiten Jahr des Darius gelöst. Letztlich wird das Bauprojekt, das vor langer Zeit begonnen wurde, in zweiten Jahr des Darius vollendet.[38]

---

[38] Normalerweise nimmt man an, dass es im Text um Darius I. geht, doch wurde bereits die Möglichkeit angeschnitten, dass zumindest die ersten sechs Kapitel des hebräisch/aramäischen Estherbuches während der Regierung des Darius II. oder Artaxerxes II. entstanden. Bedeutet das, dass der Zweite Tempel nicht 515 (dem 6. Jahr von Darius I.), sondern erst 418 (dem 6. Jahr von Darius II.) vollendet wurde? Das letztere Datum bringt die Geschichte an die Probleme und Ereignisse des Tempels in Elephantine heran. Aller Wahrscheinlichkeit nach war die Komposition von Esra 1–6 von Elephantine inspiriert und ist daher Esra 1–6 in die post-Elephantine Zeit zu datieren.

Die Geschichte von 3. Esdras handelt also von zwei Bauperioden und zwei Perioden der Baubehinderung:

Erste Periode			
	Teil zwei:		Eine erste Gruppe von Feinden stoppt das Bauprojekt
		2,16–29:	Feinde schreiben an König Artaxerxes
		Erste Behinderung	
		2,30: Das Bauprojekt wird gestoppt	
Zweite Periode			
	Teil drei:		Wie der Bau wieder aufgenommen wird
		3,1–5,3:	Festmahl des Darius (drei Leibwächter)
		5,4–46:	Liste der Heimkehrer nach Jerusalem
	Teil vier:		Die zweite Tempelbauperiode
		5,47–65:	Grundlegung des Altars und Laubhüttenfest
		5,66–71:	Feinde treten auf und werden zurückgewiesen
		5,72–73:	Feinde behindern das Bauprojekt
		Zweite Behinderung	
	Teil fünf:		Sogar jetzt entstehen Probleme, aber Darius erlässt ein Dekret zur Fortsetzung des Bauprojekts
		6,1–2:	Prophezeiungen von Haggaj und Sacharja
		6,3–6:	Anfrage von Sisin und Satrabusan
		6,7–22:	Kopie des Briefes an König Darius
		6,23–34:	Die Befehle des Königs Darius
		7,1–5:	Der Bau wird weitergeführt und vollendet

Nach eine Reihe von Behinderungen wird der Tempelbau erneut in Angriff genommen. Den Propheten Haggaj und Sacharja wird der neue Anfang zugute geschrieben (3. Esdras 6,1–2). Diese letzte Stufe des Tempelbaus wird erneut infrage gestellt. Jetzt zweifeln Sisin und Satrabusan an dem Wert des Bauprojekts. Diese zwei Herren sind die Äquivalente der in Esra 5,3 genannten Tattenai und Setar-Bosenai. Wie die Letzten, so fragen auch die Ersten die Juden, wer ihnen die Baugenehmigung gab. Die zwei Männer schreiben jeweils an König Darius und schlagen ihm vor, die Archive zu durchforschen. König Darius antwortet sowohl in Esra 5 als auch in 3. Esdras 6. Die Männer erhalten jeweils dieselbe Antwort, nämlich dass der Tempel gebaut werden soll, und dass sie das Bauprojekt unterstützen sollen. Diese Namen sind wiederum ein deutliches Zeichen dafür, dass der Text von 3. Esdras unabhängig von der Septuagintaübersetzung des Buches Esra ist, denn 2. Esdras – unten mit LXX 3. Esra 6,3 angegeben – hat andere Namen.

Vergleiche:

Esra 5,3 (aramäisch)	2. LXX Esra 5,3	3. Esdras 6,3
Tattenai	Tatthanai	Sisin*
Setar-Bosenai	Satarbousanai	Satrabusan
(siehe Abb. 15)	(siehe Abb. 16)	(siehe Abb. 17)

*Zu beachten ist, dass die Beschreibung und Funktion von Tattenai sich in den zwei griechischen Texten unterscheidet. In LXX Esra 5,3 ist er ein »Statthalter auf dieser Seite des Flusses«, während er in 3. Esdras 6,3 »Statthalter von Syrien und Phönizien« ist. Diese Beschreibung dürfte auf den/die ÜbersetzerIn der hebräisch/aramäischen Vorlage von 3. Esdras zurückgehen, wo der Name der Provinz einem zeitgemäßen Namen angeglichen wurde. Der Name des Statthalters ist in Hebräisch Tattenai. Im altgriechischen Text von Ezra-Nehemia ist er mit Tattanai wiedergegeben. In 3. Esdras 6,3.7; 7,1 ist der Name des Stadthalters aber Sissin. Der Wechsel von t/d zu s ist für das Hebräische typisch; wollte der/die VerfasserIn den Namen dem hebräischen Kontext angleichen? Siehe Gotthelf Bergsträsser, Introduction to the Semitic Languages: Text Specimens and Grammatical Sketches (übersetzt von P. T. Daniels), Winona Lake, IN 1983, 26–27, 50, 78. Siehe auch Edward Lipinski, Semitic Languages: Outlines of a Comparative Grammar, OLA 57, Leuven 1979, 117–118.

Mit den zwei Propheten und der Nachfrage der zwei Beamten samt ihrer Amtsgenossen kündigt sich die letzte Stufe des Tempelbaus an. Darüber hinaus bringt der/die VerfasserIn mit 6,1 die Geschichte wieder in eine Reihe mit dem Paralleltext Esra 5,1. Von hier an sind beide Erzählungen völlig gleich:

3. Esdras		Esra	
6,1–2	Prophezeiungen von Haggaj und Sacharja	= 5,1–2	Prophezeiungen von Haggaj und Sacharja
6,3–6	Anfrage von Tattenai und Setar-Bosenai	= 5,3–5	Anfrage von Tattenai und Setar-Bosenai
6,7–22	Kopie des Briefes an König Darius	= 5,6–17	Kopie des Briefes an König Darius
6,23–34	Befehle des Königs Darius	= 6,1–12	Befehle des Königs Darius
7,1–5	Der Tempelbau wird fortgesetzt und vollendet	= 6,13–15	Der Tempelbau wird fortgesetzt und vollendet
7,6–9	Tempelweihe	= 6,16–18	Tempelweihe
7,10–15	Feier des Passafestes	= 6,19–22	Feier des Passafestes

3. Esdras unterscheidet auch zwischen verschiedenen Tempelbauperioden. König Kyros gab die erste Erlaubnis zum Tempelbau (Teil eins). Das Projekt wurde von einer Gruppe von »Feinden«, die in dieser Angelegenheit an König Artaxerxes schrieben, gestoppt (Teil zwei). Als Darius König wurde, beauftragt er Serubbabel – der den Weisheitswettstreit gewonnen hatte –, den Tempel zu bauen. Serubbabel führt eine Gruppe von heimkehrenden Exulanten an (Teil drei). Sie beginnen mit dem Tempelbau, werden aber von Feinden gestoppt (Teil vier). Die Juden kehren, ermutigt von Haggaj und Sacharja, zurück, um den Tempel zu bauen. Einige Beamte zweifeln die Rechtmäßigkeit des Bauprojekts an, aber König Darius gibt seine Zustimmung und lässt das Projekt vollenden (Teil fünf). Zu guter Letzt wird der Tempel geweiht und wird das Passafest gefeiert (Teil sechs).

Schematisch gesehen:

Teil eins:	2,1–15	Kyros hält die Juden an, nach Jerusalem zurückzukehren und den Tempel zu bauen
Teil zwei:	2,16–30	Eine erste Gruppe von Feinden stoppt das Bauprojekt
Teil drei:	3,1–5,46	Einsetzung von Serubbabel, Liste von Heimkehrern
Teil vier:	5,66–73	Bauprojekt beginnt und wird von Feinden gestoppt
Teil fünf:	6,17,5	Mehr Probleme, aber das Projekt wird vollendet, der Tempel gebaut
Teil sechs:	7,6–15	Der Tempel wird geweiht und das Passafest gefeiert

3. Esdras hatte vielleicht schon den Irrtum, Artaxerxes zwischen Kyros und Darius anzusetzen, von seiner hebräisch/aramäischen Vorlage übernommen. Wie der/die VerfasserIn von Esra(-Nehemia), brauchte auch der/die VerfasserIn (der hebräisch/aramäischen Vorlage) von 3. Esdras einen König zwischen Kyros und Darius. Die Wahl des Artaxerxes schien logisch, denn dieser König war schon in Verbindung mit der Behinderung des Tempelbauprojekts genannt worden. So kam es, dass sich Artaxerxes schließlich zwischen Kyros und Darius befand und der König wurde, unter dessen Herrschaft eine erste Runde von Feinden das Bauprojekt behinderte.

Eng verbunden mit der Königsfrage ist die Frage nach den Anführern der Juden und dem Oberaufseher des Tempelbauprojekts. Im Buch Esra bilden die folgenden Könige und Oberaufseher[39] jeweils eine Gruppe um den Tempelbau:[40]

1,8.11	Kyros und Scheschbassar
2,2	(Kyros?) und Serubbabel
3,2.7.8	Kyros und Serubbabel
4,2.3.7.8.11.23	Artaxerxes und Serubbabel*
5,1–3	(Darius?) und Serubbabel (während der Tage von Haggaj und Sacharja)
5,4–6,12	Darius und »sie«** (während der Untersuchung und dem Erlass des Darius)
6,13–15	Darius und die Ältesten der Juden (bei der Vollendung des Tempels)

*In diesem Abschnitt wurde auch der Hinweis auf vergangene Könige, wie Kyros, unbeachtet gelassen.
**In 6,7 ist zusammen mit den Ältesten der Juden auch ein »Statthalter der Juden« erwähnt. Leider wird nichts weiter über ihn gesagt. Sogar Scheschbassar ist in 5,14.16 in Verbindung mit dem ursprünglichen Erlass des Kyros genannt.

Der erste, der von Kyros eingesetzt wurde, ist Scheschbassar. Danach übernimmt Serubbabel das Steuer. In Esra ist es fast problematisch, Serubbabel während der Regierungszeit zweier Könige: Kyros und »Artaxerxes«[41], wenn nicht gar drei: Kyros, »Artaxerxes« und Darius – agieren

---

39 Für diesen Abschnitt wurde die Funktion des Hohenpriesters unbeachtet gelassen.
40 Siehe oben.
41 Artaxerxes wurde in Anführungsstriche gesetzt, weil er hier als König zwischen Kyros und Darius fungiert.

zu sehen, denn in jener Zeit war es fast unmöglich, so lange im Amt zu bleiben.[42] Wie schon vorher angemerkt, war Serubbabel aber nicht mehr im Amt, als sich die Vollendung des Tempels abzeichnete.[43]

In 3. Esdras sieht der Überblick ein wenig anders aus:

2,1.2.3.10.12.15	Kyros und Scheschbassar
2,16.17.30	Artaxerxes und ?
2,30b; 3,1–5,3	Darius und Serubbabel*
5,4.6.8	Darius und Serubbabel
5,48.56	(Darius?) und Serubbabel
5,68.70	(Darius?) und Serubbabel**
6,2	Darius und Serubbabel (während der Tage des Haggaj und Sacharja)
6,6.7.8.23.27.29	Darius und Serubbabel*** (während der Untersuchung und des Erlasses des Darius)
7,1.2.4.5	Darius und die Ältesten der Juden (bei der Vollendung des Tempels)

*Serubbabel wird allerdings nur einmal erwähnt, nämlich 4,13. In diesem Vers ist der Name Serubbabel, wenn nicht sogar die gesamte Identifikation, hinzugefügt. Vers 13 heiß es: »Dann begann der Dritte, der von Frauen und Wahrheit sprach (und das war Serubbabel) zu reden.« Es sieht so aus, als sei die Wendung »und das war Serubbabel« der Geschichte von den drei jungen Männern hinzugefügt worden, um eine allgemeine Geschichte – eine Geschichte über drei Männer am Hof des Darius – in die Geschichte über Serubbabel einfügen zu können. Es gab sicher eine solche Geschichte, wie die über die drei jungen Männer, aber die Vorlage von 3. Esdras hat diese Geschichte benutzt und in eine Geschichte über Serubbabel verwandelt. Beweis für Geschichten wie die über die drei jungen Männer kann man z. B. in 4Q550, dem so genannten aramäischen proto-Esther von Qumran finden. Siehe De Troyer, Once More the So-Called Esther Fragments of Cave 4, RdQ 75/19 (2000) 401–422; und dies., 4Q550 in the Context of the Darius Traditions: The Need for Integration of Different Tools, in: Johann Cook (Hg.), Bible and Computer: The Stellenbosch AIBI-6 Conference, Proceedings of the Association Internationale Biblique et Informatique, »Alpha to Byte,« Leiden 2002, 573–581. Hanhart gebot strenge Vorsicht gegen die Existenz einer solchen Geschichte. Siehe Hanhart, Text und Textgeschichte des 1. Esrabuches, 12.
**Wiederum bleibt der Abschnitt mit dem Verweis auf die Vergangenheit unbeachtet.
***Wie in Esra, werden auch hier die Verweise auf König Kyros und Scheschbassar in 6,17.18.20.22 nicht erwähnt.

42 Etwa um 539, als Kyros den Juden erlaubte, nach Jerusalem zu kommen, bis irgendwann vor 486, dem Jahr, als Darius starb.
43 Die Frage, warum Serubbabel plötzlich verschwindet, dürfte nicht allzu schwer zu beantworten sein. Vielleicht starb er einfach? Frieden zu guter Letzt?

In 3. Esdras ist Serubbabel nur mit König Darius assoziiert. Das ist nicht verwunderlich, denn Darius verschaffte Serubbabel Vorteile, nachdem dieser den Weisheitswettstreit gewonnen hatte. König Kyros hatte mit Scheschbassar zu tun. Es ist nicht bekannt, mit wem König »Artaxerxes« umging. Aller Wahrscheinlichkeit nach war es Scheschbassar. Wie in Esra, war Serubbabel auch hier nicht mehr wirksam, als das Bauprojekt vollendet wurde. Zu dieser Zeit hatten schon »die Ältesten der Juden« das Heft in der Hand.

Serubbabel ist also derjenige, der die zweite und letzte Tempelbauperiode einleitet. Das Wort von Haggaj, dass der Herr den Geist Serubbabels (neben anderen) aufgerüttelt hätte, so dass er kam und am Haus des Herrn der Heerscharen arbeitete (Hag 1,14), erfüllte sich in 3. Esdras. Der erste Teil des Wortes von Sacharja: »die Hände Serubbabels legten den Grundstein des Hauses«, erfüllte sich ebenfalls, obgleich lediglich durch die Umordnung der Erzählung. Der zweite Teil des Wortes von Sacharja: »seine Hände sollen ihn auch vollenden« (Sach 4,8), hatte sich aber noch nicht erfüllt, weder in Esra noch in 3. Esdras. Serubbabel hat jedoch in 3. Esdras an Bedeutung gewonnen.

In 3. Esdras spielt Serubbabel eine entscheidende Rolle. Er ist die Summe der Weisheit. Mit ihm wird der Bau des Zweiten Tempels möglich. Serubbabel wirkt in 3. Esdras wie Salomo in 1. Könige 7. Während Salomo den ersten Tempel baut, unternimmt Serubbabel nun den Bau des Zweiten Tempels. 3. Esdras 2,1–7,15 ist die Erzählung vom Bau des Zweiten Tempels.

Der Rest von 3. Esdras, nämlich 3. Esdras 8,1–9,55, beschreibt Esras Kommen nach Jerusalem und seinen Versuch, die Juden nach dem Gesetz leben zu lassen. Für diesen Abschnitt überarbeitete der/die VerfasserIn der Vorlage von 3. Esdras den Text von Esra 7,1–10,44 und Nehemia 8,1–12.[44] Es kann nicht überraschen, dass 3. Esdras absichtlich die Erzählung mit einer Passage über »verlesen und leben nach dem Gesetz« enden lassen wollte. Die letzten Kapitel von 3. Esdras bilden zusammen mit dem ersten Kapitel eine *inclusio*. Im ersten Kapitel leben die Könige alles andere als nach dem Gesetz. Wieder und wieder wird gesagt, dass dieser und jener König böse in den Augen des Herrn handelte (1,39, 44, 47). Unter anderen Dingen führten die »vielen Sakrilege und gesetzlosen

---

44 Auch andere Bibelforscher sehen in 3. Esdras eine Kompilation von Esra-Nehemia Stoff und weiterem Material.

Dinge« sogar der Priester zur endgültigen Zerstörung von Jerusalem und dem Tempel. Die Gesetzlosigkeiten spielen auch im Leben und Wirken Esras eine bedeutende Rolle. Er kämpft gegen die (so genannte) abscheuliche Situation der Eheschließungen der Exulanten mit fremdartigen und ausländischen Frauen. Die Gesetzlosigkeit in den letzten Kapiteln wird der abschließenden Verlesung des Gesetzes gegenübergestellt. Ganz Israel stimmt dem Gesetz zu, »und die Menge antwortete: ›Amen‹« (3. Esdras 9,47).

Die Hingabe an das Gesetz ist genau das, was auch in Kapitel 1 genannt ist. Josia wird nicht für seine Gesetzlosigkeit, sondern für seine Gottesfurcht in Erinnerung behalten werden: »Und die Taten Josias waren recht in den Augen des Herrn, denn sein Herz war voll Gottesfurcht« (3. Esdras 1,23). Nach Josia wurde die Situation aber sofort schlimmer. Doch Josia bleibt »recht«, nämlich voll von Gottesfurcht.

3. Esdras beginnt mit der Feier des Passafestes (3. Esdras 1,1–22). Josia, der (fast) perfekte König, feiert das Passafest.[45] Dieses Passafest wird mit dem verglichen, das in Samuels Tagen gefeiert wurde: »Kein Passafest wie dieses wurde je in Israel seit den Tagen des Propheten Samuel gefeiert« (3. Esdras 1,20).[46] Das Buch 3. Esdras schließt auch mit einem Fest. Der Tag der Gesetzesverlesung und der Zustimmung des Volkes wird zum Feiertag erklärt. Unterweisungen werden gegeben: »Geh und iss das Fett und trink die Süssigkeit und schick Portionen denen, die nichts haben, denn der Tag ist heilig vor dem Herrn; und sei nicht betrübt, denn der Herr wird dich erhöhen« (3. Esdras 9,51–52). Der Schluss von 3. Esdras ist positiv: »Sie alle gingen ihrer Wege..., denn sie waren angeregt durch diese Worte, die sie gehört hatten, und (weil) sie zusammengekommen waren.«[47] Wiederum bilden der Beginn und der Schluss des Buches eine *inclusio*, und der Kreis schließt sich.

---

45 Wie Sweeney ausgeführt hat, könnte Josia eigentlich eher ein »Versager« genannt werden, denn noch in der zweiten Schicht des DtrH kann er nicht die totale Zerstörung von Jerusalem und Juda verhindern. Siehe Sweeney, King Josiah of Judah, 317–318.
46 Wollte der/die VerfasserIn Josia besser machen als Salomo, besser als ein König, der fremde Frauen heiratet?
47 Vergleiche Arie van der Kooij, On the Ending of the Book of 1. Esdras, in: C. Cox (Hg.), VII Congress of the IOSCS-Leuven 1989, SCSt 31, Atlanta 1991, 31–49.

Schematisch gesehen:

1,1–22:	Passafest	
	1,23:	Josias Gottesfurcht
		1,34–58: Gesetzlosigkeit
		8,68–9,36: Gesetzlosigkeit der Heimkehrer
	9,37–48:	Ganz Israel folgt dem Gesetz
9,49–55:	Feiertag	

War vorher Serubbabel mit Salomo verglichen worden, werden hier nun Esra und Josia gegenübergestellt. In 3. Esdras führt Serubbabel das Werk des Salomo fort. Esra wiederum führt fort, verbessert und vollendet das Werk des Josia.[48] Esra betont die Bedeutung des Gesetzes, reformiert die Gemeinschaft und heiligt den Feiertag. Mit Serubbabel und Esra wurde ein neuer Tempel gebaut und entstand eine neue Gemeinschaft. Die zweite Tempelperiode und Gemeinschaft konnte beginnen.

Der/die VerfasserIn (der hebräischen Vorlage) von 3. Esdras hat die biblische Geschichte von Esra, Nehemia und der Chronik umgeschrieben. Die umgeschriebene Erzählung hatte offenbar ein zweifaches Ziel: Konzentration auf Serubbabel als dem Erbauer des Zweiten Tempels und auf Esra als dem neuen Verfechter des Gesetzes. Für 3. Esdras 8,1–9,55 benutzte der/die VerfasserIn der Vorlage von 3. Esdras etliches Material von den Chronikbüchern sowie vielleicht auch von den Königsbüchern.[49] Für 3. Esdras 2,1–7,15 wurde Esra 7,1–10,44 benutzt. 3. Esdras 1 ist eine Kompilation; der/die VerfasserIn ordnete den Stoff von Esra 1,1–6,22 um, fügte einige editorische Bemerkungen ein und setzte eine Geschichte über drei junge Männer hinzu, allerdings leicht umgearbeitet, damit sie zu Serubbabel passt. All dieses Umarbeiten und Hinzufügen von Material vollzog sich sicher auf der hebräisch/aramäischen Stufe der Geschichte und nicht auf der griechischen. Der/die ÜbersetzerIn änderte einige kleinere Dinge, wie etwa die Anpassung von »Statthalter der Provinz jenseits des Flusses« an »Statthalter von Syrien und Phönizien«. Die Hauptveränderungen vollzogen sich aber auf der semitischen Stufe der Geschichte, hier (dieses Kapitel

---

48 Nicht nur nahm der Tempel eine zentrale Rolle ein, sondern auch das Volk lebte nach dem Gesetz. Das Werk des Josia ist damit in gewisser Weise vollbracht. Siehe auch Sweeney, King Josiah of Judah, 322–323.
49 Siehe Kooij, Zur Frage des Anfangs des 1. Esrabuches, ZAW 103 (1991), 239–252; und ebenso De Troyer, Zerubbabel and Ezra.

hindurch) die »Vorlage« von 3. Esdras genannt. Doch gibt es einen Beweis dafür, dass es eine solche Geschichte jemals in Hebräisch/Aramäisch gab? Jedenfalls verweisen keine Zeugen auf die Existenz einer kompletten Erzählung in Hebräisch/Aramaisch. Die Paralleltexte von Esra-Nehemia, 2. Chronik, 2. Könige, und die in Qumran gefundene Dariusgeschichte[50] machen aber die Existenz einer solchen Vorlage plausibel. Darüber hinaus macht ein Vergleich der Struktur des ersten Teils von 3. Esdras mit Esra nicht nur die Änderungen zur parallelen Geschichte von Esra-Nehemia und Chronik (und Könige) sichtbar, sondern bestärkt auch die Ansicht, dass alle diese Veränderungen auf der Ebene der Vorlage stattfanden.

3. Esdras		Esra	
1,1–58	Josia und seine Nachfolger	–*	
2,1–15	Kyros beauftragt zum Tempelbau	= 1,1–11	Kyros beauftragt zum Tempelbau
		2,1–70	*Liste der Heimkehrer nach Jerusalem*
		3,1–13	*Grundlegung des Altars und Laubhüttenfest*
		4,1–3	*Feinde kommen und werden zurückgewiesen*
		4,4–6	*Feinde behindern das Bauprojekt*
2,16–29	Feinde schreiben an König Artaxerxes	= 4,7–22	Feinde schreiben an König Artaxerxes
2,30	Das Bauprojekt wird gestoppt	= 4,23–24	Das Bauprojekt wird gestoppt
3,1–5,3	Festmahl des Darius (drei Leibwächter)	–**	

50 Josef T. Milik, Les modèles araméens du livre d'Esther dans la grotte 4 de Qumran, RdQ 59 (1992), 321–406; Klaus Beyer, Die Aramäischen Texte vom Toten Meer, Ergänzungsband, Göttingen 1994, 113–117; Sidnie White Crawford, Has Esther been found at Qumran? 4QProto-Esther and the Esther Corpus, RdQ 65–68 (1996), 307–325; Kossmann, Die Esthernovelle. Florentino García Martínez, The Dead Sea Scrolls Translated. The Qumran Texts in English (translated by W. G. E. Watson), Leiden 1994 (first published in Spanish, then in Dutch), 1994–1995; siehe auch ders., Biblical Borderlines, in: Florentino García Martínez/Julio Trebolle Barrera (Hg.), The People of the Dead Sea Scrolls: Their Writings, Beliefs and Practises, Brill 1995, 123–138, bes. 130–136; De Troyer, Once More the So-Called Esther Fragments of Cave 4.

3. Esdras		Esra	
5,4–46	Liste der Heimkehrer nach Jerusalem		
5,47–65	Grundlegung des Altars und Laubhüttenfest		
5,66–71	Feinde kommen und werden zurückgewiesen		
5,72–73	Feinde behindern das Bauprojekt		
6,1–2	Prophezeiungen von Haggaj und Sacharja	= 5,1–2	Prophezeiungen von Haggaj und Sacharja
6,3–6	Anfrage von Sisin und Satrabusan	= 5,3–5	Anfrage von Tattenai und Setar-Bosenai
6,7–22	Kopie des Briefes an König Darius	= 5,6–17	Kopie des Briefes an König Darius
6,23–34	Befehle des Königs Darius	= 6,1–12	Befehle des Königs Darius
7,1–5	Der Bau wird fortgesetzt und vollendet	= 6,13–15	Der Bau wird fortgesetzt und vollendet
7,6–9	Die Tempelweihe	= 6,16–18	Die Tempelweihe
7,10–15	Die Feier des Passafestes	= 6,19–22	Die Feier des Passafestes

*Aber siehe 2. Chr 35–36 und 2. Kön 22.
**Aber siehe 4Q550.

Das Hauptaugenmerk lag hier auf 3. Esdras 2,30. Dieser Vers ist der Schlussvers des Abschnitts 2,16–30. Dieser Abschnitt und sein Schlussvers bedeuten einen Wendepunkt im Hinblick auf die Reihenfolge der beiden Bücher. Die vier kleineren Einheiten vor diesem Abschnitt, nämlich Esra 2,1–4,5(6), kamen nun hinter diesen Abschnitt zu stehen, jetzt also 3. Esdras 5,44–5,73. Diese Vertauschung in der Abfolge war nicht nur für die neue Ausrichtung der Geschichte in 3. Esdras nötig, sondern passt auch genau zu einem anderen entscheidenden Sachverhalt in der Geschichte von Esra-Nehemia. In 4,7 wechselt die Sprache der Erzählung von Hebräisch zu Aramäisch. 4,7 heißt es: »Und in den Tagen von Artaxerxes schrieben Bislam, Mithredat und Tabeel, sowie ihre übrigen Amtskollegen, an den Perserkönig Artaxerxes; der Brief war in Aramäisch geschrieben und übersetzt (in Aramäisch).« Die Erzählung setzt dann bis 6,12 in Aramäisch fort. In 6,19 wechselt die Sprache wieder zurück ins Hebräische.

Durch die Änderung der Abfolge wurde der Abschnitt 3. Esdras 2,16–30 (// Esra 4,7–24) zum logischen Kontext für die Einfügung der

Geschichte von den drei jungen Männern, die aller Wahrscheinlichkeit nach ursprünglich in Aramäisch geschrieben war.[51] Der/die VerfasserIn hat sicher absichtlich die Abfolge der Erzählung verändert, um sie der Erzählung von den drei Leibwächtern anzupassen. Der aramäische Abschnitt von den an den König schreibenden Feinden wurde zur Einleitung für die aramäische Erzählung von den drei Leibwächtern.

Aramäische Vorlage von 3. *Esdras*		Aramäische Vorlage von Esra	
2,16–29	Feinde schreiben an König Artaxerxes	= 4,7–22	Feinde schreiben an König Artaxerxes
2,30	Das Bauprojekt wird gestoppt	= 4,23–24	Das Bauprojekt wird gestoppt
3,1–5,3	Festmahl des Darius (drei Leibwächter)	–	

Von 3. Esdras 2,16 bis 5,3 war die Erzählung in Aramäisch geschrieben. Dann, in 3. Esdras 6,1–7,9 (// Esra 5,1–6,18), ist die Sprache wiederum Aramäisch; zwischendurch aber, in 3. Esdras 5,4–73 (// Esra 2,1–4,5[6]), ist alles Hebräisch. Das Schlussstück, 3. Esdras 7,10–15 (// Esra 6,19–22), ist ebenfalls in Hebräisch geschrieben. In der folgenden schematischen Darstellung sind die aramäischen Abschnitte kursiv gedruckt.

3. *Esdras*		Esra	
1,1–58	Josia und seine Nachfolger	–	
2,1–15	Kyros beauftragt den Tempelbau	= 1,1–11	Kyros beauftragt den Tempelbau
		2,1–70	Liste der Heimkehrer nach Jerusalem
		3,1–13	Grundlegung des Altars und Laubhüttenfest
		4,1–3	Feinde kommen und werden zurückgewiesen

---

51 Dieser Sachverhalt verdient weitere Betrachtung. Besonders interessant ist, wie Origenes, die syrische Hexapla und Lukian diesen Abschnitt behandelt haben. Eine Untersuchung der revidierenden und stilistischen Arbeit des Lukian, besonders ein Vergleich der Geschichte von den drei jungen Männern mit dem übrigen Text, könnte einen Einblick in die Art des lukianischen Werkes verschaffen.

3. Esdras		Esra	
		4,4–6	Feinde behindern das Bauprojekt
2,16–29	Feinde schreiben an König Artaxerxes	= 4,7–22	Feinde schreiben an König Artaxerxes
2,30	Das Bauprojekt wird gestoppt	= 4,23–24	Das Bauprojekt wird gestoppt
3,1–5,3	Festmahl des Darius (drei Leibwächter)	–	
5,4–46	Liste der Heimkehrer nach Jerusalem		
5,47–65	Grundlegung des Altars und Laubhüttenfest		
5,66–71	Feinde kommen und werden zurückgewiesen		
5,72–73	Feinde behindern das Bauprojekt		
6,1–2	Prophezeiungen von Haggaj und Sacharja	= 5,1–2	Prophezeiungen von Haggaj und Sacharja
6,3–6	Anfrage von Sisin und Satrabusan	= 5,3–5	Anfrage von Tattenai und Setar-Bosenai
6,7–22	Kopie des Briefes an König Darius	= 5,6–17	Kopie des Briefes an König Darius
6,23–34	Befehle des Königs Darius	= 6,1–12	Befehle des Königs Darius
7,1–5	Der Bau wird fortgesetzt und vollendet	= 6,13–15	Der Bau wird fortgesetzt und vollendet
7,6–9	Die Tempelweihe	= 6,16–18	Die Tempelweihe
7,10–15	Die Feier des Passafestes	= 6,19–22	Die Feier des Passafestes

Ein vollständiges Bild der Variationen in der Sprache bietet ein zusätzliches, bedeutendes ideologisches Element. Das Buch Esra-Nehemia beginnt und schließt in Hebräisch; dazwischen ist die Erzählung in Aramäisch geschrieben. Sara Japhet hat mit Recht behauptet, dass »the transition from one language to another ... an indication that the author was completely bilingual ...« sei.[52] In 3. Esdras dient der Wechsel in der

---

[52] Sara Japhet, »History« and »Literature« in the Persian Period: The Restoration of the Temple, in: Mordechai Cogan/Israel Eph'al (Hg.), Ah, Assyria ... Studies in Assyrian History and Ancient Near Eastern Historiography Presented to Hayim Tadmor, Scripta Hierosolymitana 33 (1991) 174–188, 174–188, bes. 185.

Sprache aber noch einem anderen Zweck. Die erste Periode des Bauprojekts und seine Behinderung durch Feinde wird in Aramäisch ausgedrückt; die zweite Periode des Bauprojekts und seine Behinderungen werden dagegen in Hebräisch wiedergegeben. Die letzte Runde von Problemen und deren Lösung – die Vollendung des Tempelbaus und seine Weihung – werden wieder in Aramäisch geboten. Der Abschnitt über das Passafest ist dann schließlich in Hebräisch präsentiert.

Schematisch gesehen:

Aramäisch

Teil zwei:		Eine erste Gruppe von Feinden stoppt das Bauprojekt
	2,16–29:	Feinde schreiben an König Artaxerxes
	2,30:	Das Bauprojekt wird gestoppt
Teil drei:		Wie der Bau wieder aufgenommen wird
	3,1–5,3:	Das Festmahl des Darius (drei Leibwächter)

Hebräisch

	5,4–46:	Liste der Heimkehrer nach Jerusalem
Teil vier:		Die zweite Tempelbauperiode
	5,47–65:	Grundlegung des Altars und Laubhüttenfest
	5,66–71:	Feinde erscheinen und werden zurückgewiesen
	5,72–73:	Feinde behindern das Bauprojekt

Aramäisch

Teil fünf:		Probleme entstehen, aber Darius erlässt ein Dekret zur Fortsetzung des Projekts
	6,1–2:	Prophezeiungen von Haggaj und Sacharja
	6,3–6:	Anfrage von Sisin und Satrabusan
	6,7–22:	Kopie des Briefes an König Darius
	6,23–34:	Befehle des Königs Darius
	7,1–5:	Der Bau wird fortgesetzt und vollendet
Teil sechs:		Der Tempel wird geweiht und das Passafest gefeiert.
	7,6–9:	Die Tempelweihe

Hebräisch

	7,10–15:	Die Feier des Passafestes

Ob dieser wechselweise Gebrauch von Aramäisch und Hebräisch vollkommen zufällig ist, lediglich ein Glücksfall der Umstellung des Textes, oder absichtlich so ausgeführt wurde, kann zwar nicht mit Sicherheit gesagt werden, doch entsteht zumindest der Eindruck, als seien die Feinde überall, sowohl auf der aramäischen als auch auf der hebräischen Seite. Da aber das erste Kapitel in Hebräisch geschrieben ist, finden sich auch die Verteidiger des Tempels auf beiden Seiten, sowohl auf der aramäischen als auch auf der hebräischen. König Kyros schreibt in Hebräisch – zumindest in dieser Erzählung – und König Darius in Aramäisch.

Die Analyse führt zu dem Ergebnis, dass die Umstellung des Textes, einschließlich der Einfügung der Erzählung von den drei Leibwächtern, auf der Stufe der hebräisch/aramäischen Vorlage erfolgte. Andere Elemente, wie die Transliteration der Funktion einer der sich beklagenden Personen, Rehum, der königliche Beamte, weisen ebenfalls auf eine hebräisch/aramäische Vorlage.

D. Ergebnisse

Der griechische Text des 3. Esdras ist ein Zeuge einer nicht mehr erhaltenen hebräisch/aramäischen Vorlage. Diese jetzt verlorene Vorlage war eine umgeschriebene Erzählung über den Bau des Zweiten Tempels. Sie betont die Rolle Serubbabels als dem Oberaufseher des Tempelbauprojekts. Als solcher wurde Serubbabel zu einem neuen – und besseren – Salomo. Der/die AutorIn der alternativen hebräisch/aramäischen Geschichte benutzte Material von den Büchern Esra-Nehemia und der 2 Chronik, sowie wahrscheinlich auch von 2. Könige. Darüber hinaus hat er/sie die aramäische Geschichte über die drei Leibwächter umgearbeitet in eine Heldengeschichte über Serubbabel. Dass sich all' dieses editorische Überarbeiten auf der Stufe der hebräisch/aramäischen Vorlage abspielte,[53] erklärt auch, warum es im griechischen 3. Esdras keinen stilistischen Unterschied gibt zwischen den Abschnitten, die ursprünglich in Hebräisch und denen, die ursprünglich in Aramäisch geschrieben waren.[54]

---

53 Vielleicht ist eine Rückübersetzung des gesamten Textes von 3. Esdras ins Hebräisch/Aramäische doch nicht so unmöglich wie vorher angenommen. Siehe De Troyer, Zerubbabel and Ezra.
54 Hanhart, Text und Textgeschichte des 1. Esrabuches, 12.

Ergebnisse

Die vier Kapitel des hier vorliegenden Buches zeigen vier verschiedene Weisen, in denen sich der biblische Text entwickelte. Im I. Kapitel wurde der Septuagintatext von Esther behandelt, und es wurde gezeigt, inwiefern die griechische Septuaginta als ein umgeschriebener hebräischer Text angesehen werden kann. Die griechische Übersetzung des hebräischen Estherbuches ist nicht nur eine Übersetzung, sondern auch eine Überarbeitung des hebräischen biblischen Textes. Der altgriechische Text von Josua war Subjekt der Untersuchung im II. Kapitel. Dieser Text zeigt, wie der hebräische Text von Josua in seinem vorletzten Stadium, der prä-masoretischen Stufe, aussah. Der hebräische Text von Josua – das heißt, der masoretische Text, wie er in den meisten Bibeln abgedruckt ist – kann also als eine spätere, umgeschriebene Version eines alten Textes angesehen werden, der durch den altgriechischen Text sichtbar wird. Der masoretische Text ist demnach ein umgeschriebener biblischer Text. Derartige Neufassungen entstanden, sobald erst einmal ein Buch ins Griechische übersetzt war. Genau diese Art von Neufassung wurde im III. Kapitel behandelt. Hier zeigte sich, dass auch der A-Text von Esther ein umgeschriebener griechischer Bibeltext ist. Schließlich wurde im IV. Kapitel dargelegt, wie der hebräische Text von Esra-Nehemia umgeschrieben und in eine alternative Geschichte zum hebräischen Text verwandelt wurde. Der griechische Text von 3. Esdras ist der einzige Zeuge für den jetzt verlorenen, hebräisch/aramäischen, umgeschriebenen Text. In diesen vier Kapiteln wurde gezeigt, dass der Prozess des Umschreibens am besten beim Studium altgriechischer Bibeltexte gesehen und verfolgt werden kann.

Behandelt wurden hier die Bücher Esther, Josua und 3. Esdras. Der Prozess des Umschreibens vollzog sich also nicht nur in Apokryphen und Pseudepigraphen, sondern auch in den kanonischen Büchern des Alten Testaments, wie Josua. Es geschah mit allen Sorten von Bibeltexten, und es wurde zu allen Zeiten gemacht. In der Bibelwissenschaft wird dieser Prozess des Umschreibens gesehen und ist ein weithin anerkanntes Phänomen, wie in der Einleitung bereits angemerkt wurde. Zeugen zum hebräischen Text, wie die altgriechischen Bibeltexte, sollten aber zusammen mit dem hebräischen, masoretischen Text untersucht werden. Die Behandlung von Zeugen kann nicht länger vom Studium der literarischen Entwicklung des Alten Testaments abgekoppelt werden. Mit anderen Worten, Literarkritik und Redaktionskritik sollten die Resultate einer erneuerten Textkritik einbeziehen.

Die vier Kapitel dieses Buches sollen als Beispiele dafür stehen, wie eine erneuerte Textkritik mit Literarkritik und Redaktionskritik verbunden werden kann. Sie zeigen, auf welche Weise griechische Bibeltexte zum Verständnis des literarischen Wachstums des Alten Testaments beitragen und den Prozess des Umschreibens biblischer Texte beleuchten.

Anhang

Abbildungen

Abbildung 1

Genesis	Psalmi
Exodus	Odae
Leviticus	Proverbia
Numeri	Ecclesiastes
Deuteronomium	Canticum
Iosue	Iob
Iudicum	Sapientia
Ruth	Siracides
Regnorum I (= MT Sam. I)	Psalmi Salomonis
Regnorum II (= MT Sam. II)	Osee
Regnorum III (= MT Regum I)	Amos
Regnorum IV (= MT Regum II)	Michaeas
Paralipomenon I	Ioel
Paralipomenon II	Abdias
Esdrae I (liber apocryphus)	Ionas
Esdrae II (= MT Ezra, Neh.)	Nahum
Esther	Habacuc
Iudith	Sophonias
Tobit	Aggaeus
Machabaeorum I	Zacharias
Machabaeorum II	Malachias
Machabaeorum III	Isaias
Machabaeorum IV	Ieremias
	Baruch
	Threni seu Lamentationes
	Epistula Ieremiae
	Ezechiel
	Susanna
	Daniel
	Bel-et-Draco

Abbildung 2a

τῆς βασιλείας γινώσκει ὅτι πᾶς ἄνθρωπος ἢ γυνή, ὃς εἰσελεύσεται πρὸς ὁ τὸν βασιλέα εἰς τὴν αὐλὴν τὴν ἐσωτέραν ἄκλητος, οὐκ ἔστιν αὐτῷ σωτηρία· πλὴν ᾧ ἐκτείνει ὁ βασιλεὺς τὴν χρυσῆν ῥάβδον, οὗτος σωθήσεται. κἀγὼ οὐ κέκλημαι εἰσελθεῖν πρὸς τὸν βασιλέα, εἰσὶν αὗται
12 ἡμέραι τριάκοντα. ¹²καὶ ἀπήγγειλεν Αχραθαῖος Μαρδοχαίῳ πάντας
13 τοὺς λόγους Εσθηρ. ¹³καὶ εἶπεν Μαρδοχαῖος πρὸς Αχραθαῖον Πορεύθητι καὶ εἰπὸν αὐτῇ Εσθηρ, μὴ εἴπῃς σεαυτῇ ὅτι σωθήσῃ μόνη ἐν τῇ
14 βασιλείᾳ παρὰ πάντας τοὺς Ιουδαίους· ¹⁴ὡς ὅτι ἐὰν παρακούσῃς ἐν τούτῳ τῷ καιρῷ, ἄλλοθεν βοήθεια καὶ σκέπη ἔσται τοῖς Ιουδαίοις, σὺ δὲ καὶ ὁ οἶκος τοῦ πατρός σου ἀπολεῖσθε· καὶ τίς οἶδεν εἰ εἰς τὸν

B S A V (967) O a b min verss

O-S^c = 𝔐 | ἔθνη] εθη 392 | πάντα] ταυτα τα V; τα 583: cf 𝔐 | ἤ] καὶ O-A'
= 𝔐 | τὴν ἐσωτέραν/ἄκλητος] tr 670 | εντοτεραν A | ακλητως V^c O⁻⁵⁸³ | ἔστιν] εσται a 542 (967 inc): cf L | αὐτῷ] αυτης 93; εν 542 | ἐκτείνει] εκτενει V 249' 318 (967 inc) = L; εαν (> 583 55) εκτεινη (εκτηση 728; εκτινει 311) O⁻⁵⁸ b 55 311; + αυτω O⁻⁵⁸·S^c = 𝔐 | τὴν χρ. ῥάβδον] τ. ραβδον την χρυσην O: cf 𝔐 L et 84 | οὗτος] ουτως 93 728* 108; αυτος A | κἀγὼ] και εγω O-A' 46 = L cf 16 | οὐ κέκλημαι] ουκ εκληθην (εκληρωθην A) O-A | ἐλθεῖν S* | om πρὸς τὸν βασιλέα 2° 967 | πρός 2°] εις 106' 381 | ἡμέραι τριάκοντα] tr O = 𝔐
12 ἀπήγγειλεν Αχρ.] απελθων αγχραθαιος απηγγειλε 71 cf La (exiit spado et nuntiavit) | επηγγειλεν Compl | αχθραθαιος S; αρχαθαιος A; ακραθαιος 967 249'; αγχραθαιος 71'; αθαχ (sic 58 Compl, αθαχ 93; αδαχ 583) O = 𝔐: cf s | Μαρδοχαίῳ] pr τω (το 93) 93 71 248: cf 𝔐 | πάντας — fin] ταυτα 71; verba eius (ipsius La^K) La^KMX
18 Μαρδ. πρὸς Αχραθαῖον] αυτω μαρδοχαιος 106'; om πρὸς Αχραθαῖον A' 967 71: cf 𝔐 | αχθραθαιον S; ακραθαιον 249'; αθαχ (sic 58 Compl, αθαχ 93, αδαχ 583) O = 𝔐: cf s | αὐτῇ] τη 311: cf 𝔐 | om Εσθηρ — σεαυτῇ Aeth^MP*: homoiot | om Εσθηρ a 542 La^KMX | σεαυτῇ] εαυτη 236; > 967 | σωθήσομαι (-σωμαι 311) O-S^c-A' La^KMX Aeth Arm | ἐν τῇ βασιλείᾳ] pr παρα παντας 93: ex sq; > 728* | παρά] υπερ A'; > 122
14 om ὡς A' a 52: cf 𝔐 | παρακούσῃς] pr παρακουσασα (παρακουουσα S^c) O-S^c = 𝔐 | τούτῳ/τῷ καιρῷ] tr O = 𝔐 | ἄλλοθεν] αλλαχοθεν b 311; post Ιουδαίοις tr O = 𝔐; + δε A | καὶ σκέπη post Ιουδαίοις tr 249 | ἔσται] pr ουκ 106-120^c-762^c | τοῖς Ιουδαίοις] pr εν 93 | om ὁ 120 | απολησθε V^c (-λεισθα*) | καί 3° ⌒ (18) καί 71 | οἶδεν] ειδεν 106-236 731 122 = Ald Sixt | εἰ] η S 967 728; > A 130* (corr pr m): ante ει

9(13) τριάκοντα· καὶ πῶς εἰσελεύσομαι νῦν ἄκλητος οὖσα; ⁹⁽¹³⁾καὶ ἀπέστειλε L
(14) πρὸς αὐτὴν Μαρδοχαῖος καὶ εἶπεν αὐτῇ ⁽¹⁴⁾Ἐὰν ὑπερίδῃς τὸ ἔθνος σου τοῦ μὴ βοηθῆσαι αὐτοῖς, ἀλλ' ὁ θεὸς ἔσται αὐτοῖς βοηθὸς καὶ σωτηρία,

19' 93'

8 ακλειτως 93: cf 7; ανακλητος 19'
9 εἶπεν] ειπειν 93': cf 𝔐 et praef p 91 n 3 | ὑπερίδῃς] pr υπεροραεσι 93' = 𝔐 cf o' (app) et praef p 91 n 3 | τὸ ἔθνος] του εθνους 19: cf 16 | αὐτοῖς 2°] pr εν 93: cf o' (app) | βοηθός] βοηθεια 93: cf o'

Abbildung 2b

ΕΣΘΗΡ

ο' καιρὸν τοῦτον ἐβασίλευσας; ¹⁵καὶ ἐξαπέστειλεν Εσθηρ τὸν ἥκοντα πρὸς 15
αὐτὴν πρὸς Μαρδοχαῖον λέγουσα ¹⁶Βαδίσας ἐκκλησίασον τοὺς Ἰου- 16
δαίους τοὺς ἐν Σούσοις καὶ νηστεύσατε ἐπ᾽ ἐμοὶ καὶ μὴ φάγητε μηδὲ
πίητε ἐπὶ ἡμέρας τρεῖς νύκτα καὶ ἡμέραν· κἀγὼ δὲ καὶ αἱ ἅβραι μου
ἀσιτήσομεν, καὶ τότε εἰσελεύσομαι πρὸς τὸν βασιλέα παρὰ τὸν νόμον,
ἐὰν καὶ ἀπολέσθαι με ᾖ. ¹⁷καὶ βαδίσας Μαρδοχαῖος ἐποίησεν ὅσα 17
ἐνετείλατο αὐτῷ Εσθηρ.

C ¹Καὶ ἐδεήθη κυρίου μνημονεύων πάντα τὰ ἔργα κυρίου ²καὶ εἶπεν $^{1}_{2}$

BSAV (967) O a b min verss

15 ἐξαπέστειλεν — fin] ἀπελθὼν ἀνείγγειλεν αυτη και ειπεν εσθηρ ουτως ειπε αυτω 71; dixit esther mardochaeum (-chaeo recte, vel pr ad) La^F | ἐξαπέστειλεν Εσθηρ] ειπεν εσθηρ εξαποστειλαι παλιν A cf La^KM (et dixit esther (hester La^K) denuo cum misisset) = 𝔐; + denuo Arm | απεστειλεν 108 | τὸν ἥκοντα πρὸς αὐτήν] > 392 Arm = L; om πρὸς αὐτήν A' 98 Aeth^NQ = 𝔐; | ἥκοντα] εικοτα S* | αὐτήν] αυτον 243-731 | πρὸς Μαρδ./λέγουσα] tr 392; om πρός 108 670 | Μαρδοχαῖον] pr τον 130
16 Βαδίσας] καλεσας 108 | ἐκκλησίασον] + μοι 93-S^c | τούς 1°] pr παντας O-S^c = 𝔐; + ανδρας S* | Σούσοις] + civitate Arm: cf A₂ | om μή 236* | φαγετε 106 122 | πίητε] πιεται 93; πιετε τι 106' | ἐπί] εφ A: cf 2₁₈; > 762 | ἡμέρας τρεῖς] tr (τρισιν ημεραις 58) O = 𝔐 | νύκτα καὶ ἡμέραν] pr και 64-381 = Ald; > 71 | κἀγώ = L] και (> 93) εγω O-A: cf 11 | om δέ 71 311 542 670 = Ald | om αἱ 120 46 249': post καί | ἀσιτήσομεν] -σωμεν 71 311 542 670; -σομαι 106' 108: cf 𝔐; + ουτως (-τω 583^c) O-S^c = 𝔐 cf L | ελευσομαι 71' | πρός] εις 93 | παρά — fin] ακλητος ει δει και αποθανειν με 392 = L cf Vulg | om τόν 2° 318 | ἐὰν καί] tr 318 | ἐάν] + δε 107 | ᾖ] δεη 93 b Ios XI 228: cf L; δει 108 249; χρη 58
17 καί] ο δε 58 | Μαρδοχαῖος] pr ο 583 | ὅσα — fin] pr κατα παντα O-S^c = 𝔐; ουτως 71': cf L | ὅσα] ως 108 | αὐτῷ] επ αυτω (προς αυτον 93) O = 𝔐; > 249 311

C 1 om v₁ 71 | ἐδεήθη] pr μαρδοχαιος O-S^c (-χαος)-A' La^V Or II 331 | κυρίου 1°] pr του O-S^c-311 = L; τον θεου Or; > Aeth^-NQ | κυρίου 2°] pr του O^-588-S^c Or

---

L σὺ δὲ καὶ ὁ οἶκος τοῦ πατρός σου ἀπολεῖσθε· ¹⁰καὶ τίς οἶδεν εἰ εἰς τὸν 10
καιρὸν τοῦτον ἐβασίλευσας; ¹¹⁽¹⁵⁾καὶ ἀπέστειλεν ἡ βασίλισσα λέγουσα 11(15)
⁽¹⁶⁾Παραγγείλατε θεραπείαν καὶ δεήθητε τοῦ θεοῦ ἐκτενῶς· κἀγὼ δὲ (16)
καὶ τὰ κοράσιά μου ποιήσομεν οὕτως, καὶ εἰσελεύσομαι πρὸς τὸν βασιλέα ἄκλητος, εἰ δέοι καὶ ἀποθανεῖν με. ¹²⁽¹⁷⁾καὶ ἐποίησεν οὕτως 12(17)
Μαρδοχαῖος.

(**C**) ⁽¹⁾Καὶ ἐδεήθη τοῦ κυρίου μνημονεύων αὐτοῦ τὰ ἔργα ⁽²⁾καὶ εἶπεν $^{(1)}_{(2)}$

19' 93'

11 θεοῦ] κυριον 93' | ποιησωμεν codd: cf ο' (app) | ακλητως (-κλιτ. 319) 93': cf 7

Abbildung 3

ΕΣΘΗΡ

τῆς βασιλείας γινώσκει ὅτι πᾶς ἄνθρωπος ἢ γυνή, ὃς εἰσελεύσεται πρὸς ὁ
τὸν βασιλέα εἰς τὴν αὐλὴν τὴν ἐσωτέραν ἄκλητος, οὐκ ἔστιν αὐτῷ
σωτηρία· πλὴν ᾧ ἐκτείνει ὁ βασιλεὺς τὴν χρυσῆν ῥάβδον, οὗτος σωθήσεται. κἀγὼ οὐ κέκλημαι εἰσελθεῖν πρὸς τὸν βασιλέα, εἰσὶν αὗται
12 ἡμέραι τριάκοντα. ¹²καὶ ἀπήγγειλεν Αχραθαῖος Μαρδοχαίῳ πάντας
13 τοὺς λόγους Εσθηρ. ¹³καὶ εἶπεν Μαρδοχαῖος πρὸς Αχραθαῖον Πορεύθητι καὶ εἰπὸν αὐτῇ Εσθηρ, μὴ εἴπῃς σεαυτῇ ὅτι σωθήσῃ μόνη ἐν τῇ
14 βασιλείᾳ παρὰ πάντας τοὺς Ἰουδαίους· ¹⁴ὡς ὅτι ἐὰν παρακούσῃς ἐν
τούτῳ τῷ καιρῷ, ἄλλοθεν βοήθεια καὶ σκέπη ἔσται τοῖς Ἰουδαίοις,
σὺ δὲ καὶ ὁ οἶκος τοῦ πατρός σου ἀπολεῖσθε· καὶ τίς οἶδεν εἰ εἰς τὸν

B S A V (967) O a b min verss

O-Sᶜ = 𝔐 | ἔθνη] εθη 392 | πάντα] ταυτα τα V; τα 583: cf 𝔐 | ἢ] και O-A′
= 𝔐 | τὴν ἐσωτέραν/ἄκλητος] tr 670 | εντοτεραν A | ακλητως Vᵒ O⁻⁵⁸³ | ἔστιν]
εσται a 542 (967 inc): cf L | αὐτῷ] αυτης 93; εν 542 | ἐκτείνει] εκτενει V 249′
318 (967 inc) = L; εαν (> 583 55) εκτεινη (εκτηνη 728; εκτινει 311) O⁻⁵⁸ b 55
311; + αυτω O⁻⁵⁸-Sᶜ = 𝔐 | τὴν χρ. ῥάβδον] τ. ραβδον την χρυσην O: cf 𝔐 L et 8₄ |
οὗτος] ουτως 93 728* 108; αυτος A | κἀγὼ] και εγω O-A′ 46 = L of 16 | οὐ
κέκλημαι] ουκ εκληθην (εκληρωθην A) O-A | ελθειν S* | om πρὸς τὸν βασιλέα
2° 967 | πρός 2°] εις 106′ 381 | ἡμέραι τριάκοντα] tr O = 𝔐
12 ἀπήγγειλεν Αχρ.] απελθων αγχραθαιος απηγγειλε 71 cf La (exiit spado et
nuntiavit) | επηγγειλεν Compl | αχθραθαιος S; αρχαθαιος A; ακραθαιος 967
249′; αγχραθαιος 71′; αθαχ (sic 58 Compl, αθαχ 93; αδαχ 583) O = 𝔐: cf s |
Μαρδοχαίῳ] pr τω (το 93) 93 71 248: cf 𝔐 | πάντας — fin] ταυτα 71; verba
eius (ipsius Lᴬᴷ) Lᴬᴷᴹˣ
13 Μαρδ. πρὸς Αχραθαῖον] αυτω μαρδοχαιος 106′; om πρὸς Αχραθαῖον A′
967 71: cf 𝔐 | αχθραθαιον S; ακραθαιον 249′; αθαχ (sic 58 Compl, αθαχ 93,
αδαχ 583) O = 𝔐: cf s | αὐτῇ] τη 311: cf 𝔐 | om Εσθηρ — σεαυτῇ Aethᴹᴾ*:
homoiot | om Εσθηρ a 542 Lᴬᴷᴹˣ | σεαυτῇ] εαυτη 236; > 967 | σωθήσομαι
(-σωμαι 311) O-Sᶜ-A′ Lᴬᴷᴹˣ Aeth Arm | ἐν τῇ βασιλείᾳ] pr παρα παντας 93:
ex sq; > 728* | παρά] υπερ A′; > 122
14 om ὡς A′ a 52: cf 𝔐 | παρακούσῃς] pr παρακουσασα (παρακουουσα Sᶜ)
O-Sᶜ = 𝔐 | τούτῳ/τῷ καιρῷ] tr O = 𝔐 | ἄλλοθεν] αλλαγοθεν b 311; post
Ἰουδαίοις tr O = 𝔐; + δε A | καὶ σκέπη post Ἰουδαίοις tr 249 | ἔσται] pr
ουκ 106-120⁻⁷⁶²ᶜ | τοῖς Ἰουδαίοις] pr εν 93 | om ὁ 120 | απολησθε Vᵒ
(-λεισθαι*) | καὶ 3° ⌒ (₁₅) καὶ 71 | οἶδεν] ειδεν 106-236 731 122 = Ald Sixt |
εἰ] η S 967 728; > A 130* (corr pr m): ante ει

9(13) τριάκοντα· καὶ πῶς εἰσελεύσομαι νῦν ἄκλητος οὖσα; ⁹⁽¹³⁾καὶ ἀπέστειλε L
(14) πρὸς αὐτὴν Μαρδοχαῖος καὶ εἶπεν αὐτῇ ⁽¹⁴⁾Ἐὰν ὑπερίδῃς τὸ ἔθνος σου
τοῦ μὴ βοηθῆσαι αὐτοῖς, ἀλλ' ὁ θεὸς ἔσται αὐτοῖς βοηθὸς καὶ σωτηρία,

19′ 93′

8 ακλειτως 93: cf 7; ανακλητος 19′
9 καὶ εἶπεν] ειπειν 93′: cf 𝔐 et praef p 91 n 3 | ὑπερίδῃς] pr υπεροραςει 93′
= 𝔐 cf o′ (app) et praef p 91 n 3 | τὸ ἔθνος] του εθνους 19: cf 16 | αὐτοῖς 2°]
pr εν 93: cf o′ (app) | βοηθός] βοηθεια 93: cf o′

Abbildung 4

f. 104. v.

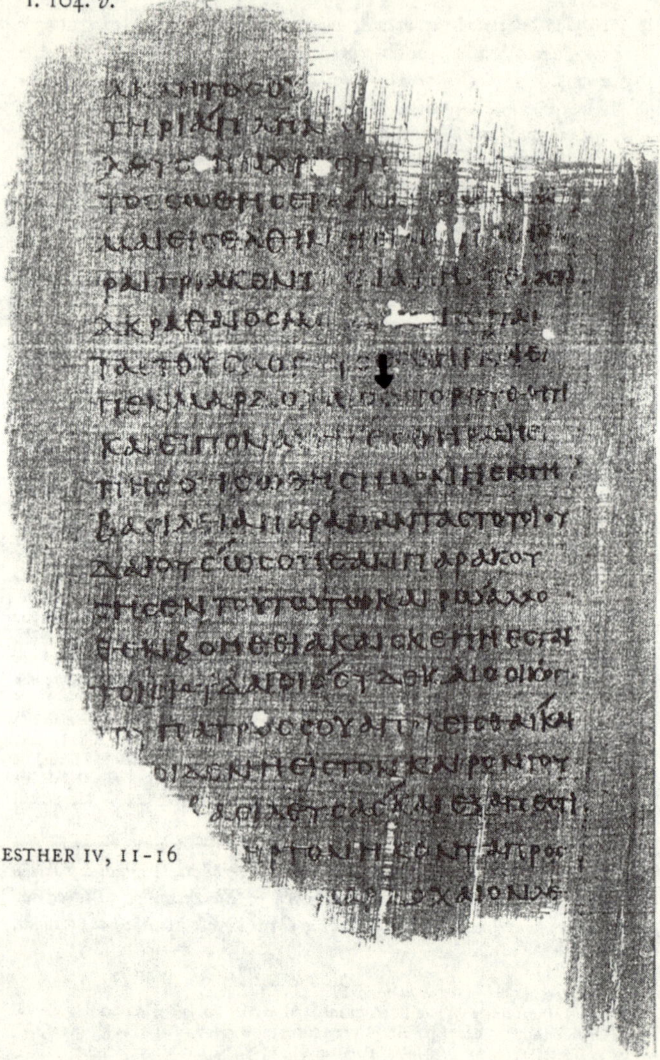

ESTHER IV, 11-16

Abbildung 5

fol. 104ʳ.

THE TEXTS
top of page

IV. 3 κραυγη και κοπε]τος και πεν
θος μεγα τοις ιου]δαιοις σακκō
και σποδον] εστρωσαν εαυτοις'

4 κα̣ι̣ εισηλθον αι αβραι και οι
ευνουχοι της βασιλεισσης και
ανηγ'γειλαν αυτη' και εταραχθη
ακουσασα το γεγονος' και απε
στειλαι στολισαι τον μαρδο
χαιον και αφελεσθαι αυτου τō

5 σακκον' ο δε ουκ επεισθη' η
δε εσθηρ προσεκαλεσατο α
χραθαιον τον ευνουχον ε
αυτης ος παρειστηκει αυτη'
και απεστιλεν αυτη παρα του

7 μαρδοχαιου το ακριβες' ο δε
μαρδοχαιος υπεδιξεν αυτη
το γεγονος' και την απαγ'γε
λειαν ην επηγ'γειλατο α[μαν
τω βασιλει εις την γαζ[αν τα
λαντων μυριων ι[̣ν̣]α απολε
ση του]ς ϊουδα[ι̣]ους

. . . . . .

fol. 104ᵛ.
top of page

IV. 11 ακλητος ου[κ εστιν αυτω σω
τηρια' πλην ω [εκτεινει ο βασι
λευς την χρυσην [ραβδον ου
τος σωθησεται' καγω ου κεκ[λη
μαι εισελθιν εισιν αυται ημε

12 ραι τριακοντα και απηγγειλεν
ακραθαιος μα[ρ]δ[ο]χαιω παν

13 τας τους λογους εσθηρ' και ει
πεν μαρδοχαιος πορευθητι

Abbildung 6

ανθρωπω F^b | (om οτι—ισραηλ 30 | οτι] pr και επεστρεψε πας
ιηλ μετ αυτου εις την παρεμβολην εις γαλγαλα ej (16.236.237)
[επετρεψε 16 | πας] pr και j 237: pr ιησους και 236 | γαλ-
γαλο(uid) 237] | κυριος συν sup ras Θ^1 | om κυριος c | συνεπο-
λεμησεν] συνεξεπολεμησεν a: *expugnauit* 𝕷 Hil: *pugnauit*
Or-lat-cod: επολεμει dgnptw(επ-)𝕮 Or-lat-ed | τω] pr εν c
Hil: τον Δ_8 | υπερ του dgnptw𝕷 Or-lat 370

15 και επεστρεψεν ιησους και πας ιηλ μετ αυτου εις την
παρεμβολην εις γαλγαλα B^b⸱c⸱F^bmgGΘbcgiknoqrv(mg)xy^a1z(mg)
𝕬𝕰^f𝕾 [sub ※ Gv(mg) 𝕾-cod: sub — 𝕾-ed | επεστρεψεν]
υπεστρεψεν F^b: *reuersi sunt* 𝕰^f | πας] +ο λαος B^b⸱c⸱Θ | ισλ
Θ | μετ αυτου] ras 𝕾: om r | om εις την παρεμβολην n: | εις
1°] προς F^b | εις γαλγαλα] της γαλγαλ F^b | γαλγαλαν G] ;+

16 οι—ουτοι] *illi quinque reges* Or-lat: *toti quinque reges*
𝕷 | ουτοι] των ιεβουσαιων dghnptw | και 2°] *qui* 𝕾 | om εις l |
om το εν gn | το 2°] τω b′d: om 𝕬𝕷 Or-lat | εν] εις G | μακηδα]
μακιδαν g: μακιδαν n (δαν int lin n^a): μακηλα a_2: *Maceta* 𝕬:
Mageda 𝕷 Or-lat: ⟨κακηδα 18⟩

17 om totum comma f | και] pr και ειπεν ις m* | απηγ-
γελη] ανηγγελη h: απηγγειλαν u: απηγγειλον Δ_8: *renuntia-
uerunt* 𝕷 | ιησοι A | λεγοντων gnw | ευρηνται] ευρον n (or ex
οι uid) | οι πεντε βασιλεις] οι πεντε bis scr d: (οι βασιλεις οι
πεντε 236): *toti quinque reges* 𝕷: +ουτοι a_2𝕰(uid): +των
ιεβουσαιων gnw | κεκρυμμενοι] pr οι N: κεκρυμμενων g: απο-
κεκρυμμενοι F^buid(del απο F^c): κατακεκρυμμενοι u | om τω 2°
c | τω εν] om gn𝕰: om τω 𝕬 | μακηδα] μακηδαν g: μακιδαν
n: μακηλα a_2: *Maceta* 𝕬: *Mageda* 𝕷

18 ισους r | λιθους] +μεγαλους F^b(int lin)GΘbcfgikmnoqr
v(mg)xz(mg)𝕬𝕰^c𝕾(sub ※ Gv^mg𝕾) | επι] *in* 𝕬𝕰 | το στομα]
του στομα a_2: τω στοματι a: του στοματος dgnptw: om το Gfvz |
σπηλαιου] +του επι μακηδα F^b | καταστησατε] κατεστησατε επ
αυτους p: καταστησεται επ αυτους c: καταστησεται επ αυτον A:
+επ αυτους bklqta_2𝕬𝕾: +επ αυτου GNΘefijosvxyz(ar sup ras
z^a)b_2 +επ αυτο F^b: +αυτου w | ανδρας] ανδρες n: *custodes*
𝕬-cod: +*super eos* 𝕰 | φυλασσειν] pr του Ga-dkopqtx: om
gn | om επ deka_2𝕬𝕰𝕷 | αυτου o

19 om μη εστηκατε 𝕰^f | om μη 1° ax | εστηκατε] εστηκετε
x: στηκετε ab: στητε dgnptw: στηκατε ωδε o: +ωδε efjqsvz |

Abbildung 7a

LIST OF SYMBOLS.

Uncial MSS.

B (II) Codex Vaticanus. Rome, Vatican, Gr. 1209.
A (III) Codex Alexandrinus. London, Brit. Mus., Reg. I. D. v-viii.
D (I) Codex Cottonianus. London, Brit. Mus., Cotton MSS., Otho B. vi. 5-6.
E Codex Bodleianus. Oxford, Bodl., Auct. T. infr. ii. 1.
F (VII) Codex Ambrosianus. Milan, Ambrosian, A. 147 infr.
G (IV, V) Codex Colberto-Sarravianus. Leyden, Univ. Libr., Voss. Gr. Q. 8.
    ,,   ,,   ,,   Paris, Bibl. Nat., Reg. Gr. 17.
    ,,   ,,   ,,   St Petersburg, Imp. Libr., v. 5.
H Palimpsest at St Petersburg containing large portions of Numbers, which are printed in *Monumenta sacra inedita, nova collectio*, i.
K Fragmenta Lipsiensia. Leipzig, Univ. Library, cod. Tisch. ii., palimpsest. Fragments of Num., Deut., Jos. and Jdg., printed in *Monumenta sacra inedita, n. c. i.*
L (ψ1) Codex Purpureus Vindobonensis. Vienna, Imp. Libr., Theol. Gr. 2 (Lamb.).
M (X) Codex Coislinianus. Paris, Bibl. Nat., Coislin Gr. 1.
N (XI, 23) Codex Basiliano-Vaticanus. Rome, Vatican, Gr. 2106.
    ,,   Venetus. Venice, St Mark's, Gr. 1.
S Codex Sinaiticus ($\aleph$). Leipzig and St Petersburg.
U_2 Amherst Papyri, iii c, containing Gn. i. 1–5.
U_3 London, Brit. Mus., *pap.* ccxii, containing Gn. xiv. 17.
U_4 Oxyrhynchus Papyri 656, containing parts of Gn. xiv. xv. xix. xx. xxiv.
U_5 Papyrus fragment containing Ex. xix. 1, 2, 5, 6.
U_6 Papyrus fragment containing Dt. xxxii. 3–6, 8–10.
Δ_2 Paris, Bibl. Nat.; vellum fragments in the binding of Gr. 1397, containing portions of Gn. xxi. xxii. xxiv.
Δ_3 Strassburg, Pap. Gr. 748; vellum fragments of Gn. xxv. xxvi.
Δ_4 Geneva, n° 99; vellum fragments of Gn. xxxvii.
Δ_5 Palimpsest fragment containing Gn. xl. 3, 4, 7.
Δ_6 Vellum fragment containing Lev. xxii. 3—xxiii. 22.
Δ_7 Sinai fragment containing Nu. xxxii. 29.
Θ Washington Codex.

Selected Cursive MSS.

a (15) Paris, Bibl. Nat., Coislin Gr. 2.
b' (19) Rome, Chigi, R. vi. 38.
b (108) Rome, Vat. Gr. 330.
c (38) Escurial, Y. II. 5.
d (44) Zittau, A. I. 1.
e (52) Florence, Laur., Acq. 44.
f (53) Paris, Bibl. Nat., Reg. Gr. 17ᵃ.
g (54) Paris, Bibl. Nat., Reg. Gr. 5.
h (55) Rome, Vat., Regin. Gr. 1.
i (56) Paris, Bibl. Nat., Reg. Gr. 3.
j (57) Rome, Vat., Gr. 747.
k (58) Rome, Vat., Regin. Gr. 10.
l (59) Glasgow, Univ. Libr., BE. 7ᵇ. 10.
m (72) Oxford, Bodl., Canon. Gr. 35.
n (75) Oxford, Bodl., Univ. Coll. 52.
o (82) Paris, Bibl. Nat., Coislin Gr. 3.
p (106) Ferrara, Bibl. Com., Gr. 187.
q (120) Venice, St Mark's, Gr. 4.
r (129) Rome, Vat., Gr. 1252.
s (131) Vienna, Imp. Libr., Theol. Gr. 1 (Nessel 23).
t (134) Florence, Laur., v. 1.
u   Jerusalem, Holy Sepulchre, 2.
v   Athos, Pantocrator, 24.
w   Athens, Bibl. Nat. 44.
x   London, Brit. Mus., Curzon 66.
y (121) Venice, St Mark's, Gr. 3.
z (85) Rome, Vat., Gr. 2058.
a_2 St Petersburg, Imp. Libr., 62   } (continuation
      London, Brit. Mus., Add. 20002} of E).
b_2 (29) Venice, St Mark's, Gr. 2.
c_2 (135) Bale, AN. III. 13 (Omont 1).
d_2 (61) Oxford, Bodleian, Laud Gr. 36.

N.B. b = b' + *b*.

Abbildung 7b

MSS. whose Readings are occasionally quoted on the Authority of Holmes and Parsons.

14 Rome, Vat., Pal. Gr. 203.
16 Florence, Laur., v. 38.
18 Florence, Laur., Med. Pal. 242 (from the Monastery of S. Domenico, Fiesole).
20 Codex Dorothei.
25 Munich, Gr. 9.
28 Rome, Vat. Gr. 2122.
30 Rome, Casanatensis, 1444.
31 Vienna, Imp. Libr., Theol. Gr. 4 (Lamb.).
32 Codex Eugenii.
37 Moscow, S. Synod., 31.
46 Paris, Bibl. Nat., Coislin Gr. 4.
64 Paris, Bibl. Nat., Reg. Gr. 2.
68 Venice, St Mark's, Gr. 5.
71 Paris, Bibl. Nat., Reg. Gr. 1.
73 Rome, Vat., Gr. 746.
74 Florence, Laur., Acquisti da S. Marco 700 (49).
76 Paris, Bibl. Nat., Reg. Gr. 4.
77 Rome, Vat., Gr. 748.
78 Rome, Vat., Gr. 383.
79 Rome, Vat., Gr. 1668.
83 Lisbon, Archivio da Torre do Tombo 540 ff. (formerly at Evora).
84 Rome, Vat., Gr. 1901.
105 London, Br. Mus., Burney.
107 Ferrara, Gr. 188.
108 Rome, Vat., Gr. 330.
118 Paris, Bibl. Nat., Reg. Gr. 6.
125 Moscow, S. Synod., Vlad. 3 (Matt. 30).
126 Moscow, S. Synod., Vlad. 38 (Matt. 19).
127 Moscow, S. Synod., Vlad. 1 (Matt. 31 a).
128 Rome, Vat., Gr. 1657.
130 Vienna, Imp. Libr., Theol. Gr. 3 (Nessel 57).
132 Oxford, Bodl., Selden 9.
133 Leyden Univ., Voss's excerpts.
136 Oxford, Bodl., Barocc. 196.

Ancient Versions.

𝕬 = Armenian (ed. Zohrab, Venice, 1805).
   𝕬-ed means Zohrab's text, 𝕬-cod or 𝕬-codd variants recorded in his notes.

𝕭 = Bohairic.
   𝕭^l Lagarde's edition, Leipzig, 1867.
   𝕭^w Wilkins's edition, London, 1731.
   𝕭^p Paris Bibl. Nat. Copt. 1, quoted for Genesis only.
   𝕭^v Rome, Vatican, Copt. 1, quoted for Deuteronomy only.

𝕮 = Sahidic.
   𝕮^c Ciasca's edition, Rome, 1885.
   𝕮^m Maspéro's edition (*Mémoires de la Mission Archéologique Française au Caire*, Tom. vi. Paris, 1892). 𝕮-cod is a Bodleian MS. quoted by Ciasca. A few fragments in Paris (Bibl. Nat., Copt. 129 b) not published by Maspéro have been quoted under the symbol 𝕮^p.
   𝕮^b fragments in the British Museum (Or. 5287) hitherto unpublished.
   𝕮^t Palimpsest in the British Museum (17183) containing Jos., Jdg., Ruth, Esth., Tobit.

𝕰 = Ethiopic.
   𝕰^c Dillmann's codex C.
   𝕰^f „   „   F.
   𝕰^p Paris, Bibl. Nat., Eth. 3 (Zotenberg), collated throughout Genesis for our edition.

𝕷 = Old Latin.
   𝕷^b Belsheim's edition of the Vienna palimpsest.
   𝕷^l Robert's edition of the Lyons Octateuch.
   𝕷^v Extracts given by Vercellone, *Variae Lectiones*.
   𝕷^w Ranke's edition of the Würzburg palimpsest.
   𝕷^t Munich palimpsest containing fragments of the Old Latin Version of Exodus—Deuteronomy.

𝕻 = Palestinian Aramaic.
   𝕻^c from Mrs Lewis's edition of Codex Climaci (*Horae Semiticae*, VIII).
   𝕻^d from H. Duensing, *Christlich-palästinisch-aramäische Texte und Fragmente*.
   𝕻^e from Gwilliam and Stenning, *Anecdota Oxoniensia*, Semitic Series I. 9.
   𝕻^l from Mrs Lewis's Lectionary (*Studia Sinaitica*, VI).
   𝕻^p from the St Petersburg fragments in Land's *Anecdota Syriaca*, vol. IV.
   𝕻^s from F. Schulthess, *Christlich-palästinische Fragmente*.
   𝕻^t from Mrs Lewis and Mrs Gibson's *Palestinian Syriac texts from palimpsest fragments in the Taylor-Schechter collection*.

𝕾 = Syro-hexaplar (ed. Lagarde, *Bibliothecae Syriacae*).
   𝕾-ap-Barh quotations from 𝕾 in the *Auṣar Rāzē* o Barhebraeus.
   𝕾^m readings supplied by A. Masius from his MS.

Abbildung 8

24. LXX, *JOSHUA* X 14 - X 19

[ν̄α]

```
     ὥϲτε ἐπακοῦϲαι] θ[εὸν] ἀνθρώ[που              X 14
     ὅτι κύριοϲ ......]ιαξ ἐπολέμ[η-               (= Ra 10.14)
     ϲεν τῷ Ιϲραη]λ. καὶ ἔφυγον [οἱ                X 16
     πέντε βαϲιλεῖϲ] οὗτοι καὶ κα[τε-              (= Ra 10.16)
 5   κρύβηϲα]ν εἰϲ τὸ ϲπήλαιον Μ[α
     κη]δα. καὶ ε[ἶ]πεν Ἰηϲουϲ· κυλ[ί-             X 18
     ϲα]τε λίθουϲ ἐπὶ τὸ ϲτόμα τ[οῦ                (= Ra 10.18)
     ϲ]πηλαίου καὶ καταϲτήϲατ[ε
     ἄ]νδραϲ ἐ[π'] αὐτούϲ, ὑμεῖϲ                   X 19
10   δὲ] μὴ ἑ[ϲ]τήκατε καταδιώ-                    (= Ra 10.19)
     κον]τεϲ [ὀπ]ίϲω τῶν ἐχθρῶν
     ὑμῶν καὶ κ]ατα[λάβ]ετε τὰϲ
     οὐ]ραγίαϲ [αὐτῶν καὶ] μὴ ἀφῆ-
     τ]ε εἰϲε[λθεῖν εἰϲ τ]ὰϲ πόλειϲ
15   αὐ]τῶν· [παρέδωκ]εν γὰρ
     αὐ]τοὺ[ϲ κύριοϲ ὁ θεὸϲ ἡμῶ]ν εἰϲ
```

X 14 [......]ιεξ επολεμ[ηϲεν] 2648* [......]ιαξ επολεμ[ηϲεν] 2648ᶜ (for -ιεξ and -ιαξ see Introduction, 3.2.4.)] ϲυνεπολεμηϲεν BAGVW, ϲυνεξεπολεμηϲε 15, ϲυνεξεπολεμηϲε 18 64 128 381 488 618 628 630 646 669, *expugnauit* OldLat Hil, *pugnauit* Or-latᶜᵒᵈ, επολεμει 44 54 74 75 76 84 106 107 118 125 134 314(εκπ−) 370(vid) 537 610 799 Sahᵇ Or-latᵉᵈ, επολεμη 458; ϲυνεπολεμιϲε 343, ϲυνεπολεμηϲε Fᵇ, see Introduction 3.2.4. ǁ X15 om.: και επεϲτρεψεν ιηϲουϲ και παϲ ιηλ μετ αυτου ειϲ την παρεμβολην ειϲ γαλγαλα BAFˢVOldLatSahᵃSahⁱ; exstat in BᵐᵍFᵇᵐᵍGW 18 19 30 38 54 56 58 68 75 82 85ᵐᵉ 108 120 121ᵐᵉ 122 126 129 246 343ᵐᵉ 344ᵐᵉ 346ᵐᵉ 370 376 426 458 488 489 628 630 646 669 707 730 ArmEthᶜSyh (sub ÷; in *O* sub ※) ǁ X 16 μακηδα 54 75 458] pr. το εν (ειϲ G) BAFˢVW ǁ X 17 om.: και απηγγελη τω Ιηϲου λεγοντεϲ ευρηται οι πεντε βαϲιλευϲ κεκρυμμενοι εν τω ϲπηλαιω τω εν μακηδα 53 125 246 392 799; exstat in BAFˢGVW ǁ X 18 καταϲτηϲατ[ε] B 15 44 55 64 72 84ᵗˣᵗ 107 125 128 129 381 407 417ᵐᵉ 610 618] + επ (om. 118 314 537 799; π 126) αυτου (αυτουϲ 19 54 58 59 68 74 75 76(vid) 106 108 120 122 126 134 318 370 376 392 509 799, αυτο Fᵇ) AGVW16 18 29 30 46 52 53 56 57 71 73 77 82 85 118 121 129 130 131 236 246 313 314 319 320 321 328 343 344 346 376 392 413 414 422 426 458 488 489 500 527 528 530 537 550 551 552 616 628 630 646 669 707 730 739 761; post ανδραϲ 54 75 458 669 ǁ ε[π] αυτουϲ 54 75 458 669 (transp., cf. post ανδραϲ variant)] pr. φυλαϲϲειν (−ιν A) BFˢGVW ǁ X 19 ταϲ [ου]ραγιαϲ] την ουραγιαν BAFˢGVW

Abbildung 9a

195 ΕΣΘΗΡ E23—8 14

ο' ἀπωλείας. ²⁴πᾶσα δὲ πόλις ἢ χώρα τὸ σύνολον, ἥτις κατὰ ταῦτα μὴ ποι- 24
ήσῃ, δόρατι καὶ πυρὶ καταναλωθήσεται μετ' ὀργῆς· οὐ μόνον ἀνθρώποις
ἄβατος, ἀλλὰ καὶ θηρίοις καὶ πετεινοῖς εἰς τὸν ἅπαντα χρόνον ἔχθιστος
κατασταθήσεται. 8 ¹³τὰ δὲ ἀντίγραφα ἐκτιθέσθωσαν ὀφθαλμοφανῶς 13
ἐν πάσῃ τῇ βασιλείᾳ, ἑτοίμους τε εἶναι πάντας τοὺς Ἰουδαίους εἰς
ταύτην τὴν ἡμέραν πολεμῆσαι αὐτῶν τοὺς ὑπεναντίους.
¹⁴Οἱ μὲν οὖν ἱππεῖς ἐξῆλθον σπεύδοντες τὰ ὑπὸ τοῦ βασιλέως λεγό- 14

B S A V O a b min verss

ἡμῖν ἐπιβουλεύουσιν] των δε τουτοις επιβουλευσαντων (-λευοντων 583) A 583
La^XMX (sim): cf L Ios XI 282 | ἡμῖν ἐπιβουλεύουσιν] των επιβουλευειν αυτοις
τολμωντων (τολμωσι pro αυτοις τολμωντων 76) a | ἡμῖν 2°] υμιν 93 542; ημων
670 | ἐπιβ. μνημόσυνον] εμνημονευουσιν επιβουλειας 93; επιβουλευσασι μνημο-
συνας 108 | τῆς ἀπωλείας] om τῆς 106' 542; + αγητε 93: ox 22; + ποιησητε 108
24 πόλις] pr η 106' | χώρας S* | om τὸ σύνολον 249 La^XV = L | ἥτις]
ημεις 93 | ποιησει V° 93 71'-236-314-762 728 108 249' 311 | μετ'] pr και
S^c1 (del S^c2) | οὗ] pr και 93 248 108 249 La^X cf La^V = L | ἄβατος ἀλλά]
αβατοις 670 | om εἰς — χρόνον A: cf L | om εἰς 108 | ἔχθιστος] αισχιστος
O-S^c (εσχ.; εχιστος*)-A cf La^XMX (abominabilis) | κατασταθήσεται] αυτα
σταθησεται S*; pr τε 248
8 18 ἀντίγραφα] + της επιστολης O⁻⁹³-S^c Aeth Arm; + της γραφης 93
= 𝔐: cf 4s | ἐκτιθέσθωσαν] εκτιθέσθω (εκτεθεισθω A) S O-A'; + δογμα
(δογματα 58') εν παση χωρα και χωρα (-ρας 583; om και χωρα 58) O = 𝔐 |
ὀφθαλμοφανῶν 108 | om ἐν 98 | ἑτοίμους — Ἰουδαίους] ειναι δε τους ιουδ.
ετοιμους O = 𝔐; om πάντας Arm | τε] δε A | ταύτην/τὴν ἡμέραν] tr O = 𝔐;
om τὴν 108 | πολεμῆσαι] pr των 93: cf 𝔐; + τε 670 | αὐτῶν/τ. ὑπεναντίους
O = 𝔐
14 om οὖν 130 | ἱππεῖς] + και επιβαται των πορίων (πυριων 58: cf Gen
45 11) οι μεγιστανες (om των — μεγιστανες 583) O-S^c = 𝔐: cf 10 | σπεύδοντες]
επισπευδοντες O⁻⁹³; + και διωκομενοι O⁻⁵⁸³-S^c = 𝔐 | τά] + δε 58 | ὑπό

L μετὰ ταῦτα σωτηρίαν μὲν εὖ ποιοῦσι τοῖς Πέρσαις, τῶν δὲ ἐπιβουλευ-
σάντων μνημόσυνον τῆς ἀπωλείας. ³²⁽²⁴⁾ἡ δὲ πόλις καὶ ἡ χώρα, ἥτις 32(24)
κατὰ ταῦτα μὴ ποιήσαι, δόρατι καὶ πυρὶ καταναλωθήσεται μετ' ὀργῆς
καὶ οὐ μόνον ἀνθρώποις ἄβατος, ἀλλὰ καὶ θηρίοις καὶ πετεινοῖς ἐκτα-
θήσεται.

(8) ³³⁽¹⁴⁾Ἐξετέθη δὲ καὶ ἐν Σούσοις ἔκθεμα περιέχον τάδε, καὶ ὁ 33(14)
βασιλεὺς ἐνεχείρισε τῷ Μαρδοχαίῳ γράφειν ὅσα βούλεται. ³⁴ἀπέστειλε 34
δὲ Μαρδοχαῖος διὰ γραμμάτων καὶ ἐσφραγίσατο τῷ τοῦ βασιλέως
δακτυλίῳ μένειν τὸ ἔθνος αὐτοῦ κατὰ χώρας ἕκαστον αὐτῶν καὶ

19' 93'

81 μετά] pr και 93' = ο' | σωτηρια 319
82 om ἡ 2° 93: cf ο' | μή] ου 93 | ποιήσει 93': cf ο'
83 ἐνεχείρισε] ενεχρισε 93
84 επεστειλεν 93 | om καὶ ἐσφραγίσατο τῷ 93 | χώρας] χωραν 19; pr τας 319

Abbildung 9b

15 μενα ἐπιτελεῖν· ἐξετέθη δὲ τὸ πρόσταγμα καὶ ἐν Σούσοις. ¹⁵ ὁ δὲ Μαρ- ο´
δοχαῖος ἐξῆλθεν ἐστολισμένος τὴν βασιλικὴν στολὴν καὶ στέφανον
ἔχων χρυσοῦν καὶ διάδημα βύσσινον πορφυροῦν· ἰδόντες δὲ οἱ ἐν Σούσοις
16
17 ἐχάρησαν. ¹⁶τοῖς δὲ Ἰουδαίοις ἐγένετο φῶς καὶ εὐφροσύνη· ¹⁷κατὰ πόλιν
καὶ χώραν, οὗ ἂν ἐξετέθη τὸ πρόσταγμα, οὗ ἂν ἐξετέθη τὸ ἔκθεμα,

B S A V O a b min verss

τοῦ βασ./λεγόμενα] O⁻⁵⁸: cf 𝔐 | υποτελειν 71 | om ἐξετέθη — fin 106'-236
Iob XI 284 | εξετ. δὲ τὸ πρόσταγμα] το δε εκθεμα εξετεθη O = 𝔐; om δέ 670 |
τὸ πρόσταγμα] τὸ ἔκθεμα A: cf L; το γραμμα a 542: cf 3₁₅; exemplum epistolae
La^PKM: cf 1₇; pr και V | καί] το V; > 46 La^PKM Sa: cf 𝔐 | Σούσοις] + τη
βαρει (πολει 583) O-S^c Aeth Arm = 𝔐: cf 1₂; + civitate(m) regis (ubi erat
rex La^X) La: cf A₂

15 ἐξῆλθεν] εκ προσωπου του βασιλεως O-S^c = 𝔐 | στολήν] + υακινθινην
(-νον 93) αερινην (δερρινην (δεριν. 583) 58': cf praef p 99) O-S^c = 𝔐 cf Vulg
et a' in 1₆: cf praef p 63 | ἔχων χρυσοῦν] tr O-S^c: cf 𝔐; om ἔχων 106' |
om δέ 2° 122 | om οί 71 | Σούσοις] + civitate La^X Aeth Arm: cf 𝔐 et A₂
ἐχάρησαν] εχορησαν 98; + και ευφρανθησαν (ευφρ. και εχαρησαν 58) O-S^c = 𝔐

16 τοῖς δέ] οτι τοις A 583 | om φῶς καί 106' | εὐφροσύνη] + και αγαλλιαμα
και τιμη O-S^c = 𝔐; iocunditas epulatio et convivium La^M: cf L

17 πόλιν καὶ χώραν] χωραν και χωραν και κατα πολιν και πολιν (πολιν 1°⌒2°
58') O = 𝔐: cf 1₂₂; pr πασαν 108 392 La^X Arm = 𝔐 | om οὗ 1° — fin 71 |
om οὗ 1° — εὐφροσύνη 2° 106': cf L | ἂν 1°] εαν A' V 74' 46: cf 1₂₀ | ἐξετέθη
1° — ἔκθεμα B a⁻⁷⁴' 55 108 318 392 542 Aeth] ο λογος του βασιλεως και το
εκθεμα εξετεθη O-S^c = 𝔐; εξετ. το προσταγμα (edictum La^M; exemplum
epistolae La⁻^M: cf 14) S* 249' La Sa Arm; εξετ. το εκθεμα A' V 74' b: homoiot |

35 ἑορτάζειν τῷ θεῷ. ³⁵ἡ δὲ ἐπιστολή, ἣν ἀπέστειλεν ὁ Μαρδοχαῖος, L
36 ἣν ἔχουσα ταῦτα ³⁶Ἀμαν ἀπέστειλεν ὑμῖν γράμματα ἔχοντα οὕτως
Ἔθνος Ἰουδαίων ἀπειθὲς σπουδάσατε ταχέως ἀναπέμψαι μοι εἰς ἀπώ-
37 λειαν. ³⁷ἐγὼ δὲ ὁ Μαρδοχαῖος μηνύω ὑμῖν τὸν ταῦτα ἐργασάμενον πρὸς
ταῖς Σούσων πύλαις κεκρεμάσθαι καὶ τὸν οἶκον αὐτοῦ διακεχειρίσθαι·
38 ³⁸οὗτος γὰρ ἐβούλετο ἀποκτεῖναι ἡμᾶς τῇ τρίτῃ καὶ δεκάτῃ τοῦ μηνός,
39(15) ὅς ἐστιν Αδαρ. ³⁹⁽¹⁵⁾καὶ ὁ Μαρδοχαῖος ἐξῆλθεν ἐστολισμένος τὴν βασι-
40 λικὴν ἐσθῆτα καὶ διάδημα βύσσινον περιπόρφυρον· ⁴⁰ἰδόντες δὲ οἱ ἐν
(16) Σούσοις ἐχάρησαν. ⁽¹⁶⁾καὶ τοῖς Ἰουδαίοις ἐγένετο φῶς, πότος, κώθων.
41(17) ⁴¹⁽¹⁷⁾καὶ πολλοὶ τῶν Ἰουδαίων περιετέμνοντο, καὶ οὐδεὶς ἐπανέστη

19' 93'

36 ταχέως] εν ταχει 93'
37 ημιν 108
38 τρίτῃ καὶ δεκάτῃ] τρισκαιδεκατη 93': cf o' E 20 | ὅς] ο 93: cf o' 2₁₆
39 ἐσθῆτα] + και στεφανον χρυσουν 93' = o'
40 ἰδόντες] ειδοντες 108; ειδοτες 19 | om ἐγένετο 319 | πότος] pr και 319 |
κώθων] τω κω̄ (κω̄ τω 108) θω̄ 19'

Abbildung 10a

12₁₋₄   ΛΕΥΙΤΙΚΟΝ   138

½ **12** ¹Καὶ ἐλάλησεν κύριος πρὸς Μωυσῆν λέγων ²Λάλησον τοῖς υἱοῖς
Ἰσραὴλ καὶ ἐρεῖς πρὸς αὐτούς Γυνή, ἥτις ἂν σπερματισθῇ καὶ τέκῃ ἄρσεν,
καὶ ἀκάθαρτος ἔσται ἑπτὰ ἡμέρας, κατὰ τὰς ἡμέρας τοῦ χωρισμοῦ τῆς
3 ἀφέδρου αὐτῆς ἀκάθαρτος ἔσται· ³καὶ τῇ ἡμέρᾳ τῇ ὀγδόῃ περιτεμεῖ τὴν
4 σάρκα τῆς ἀκροβυστίας αὐτοῦ· ⁴καὶ τριάκοντα ἡμέρας καὶ τρεῖς καθεσθήσεται ἐν αἵματι ἀκαθάρτῳ αὐτῆς· παντὸς ἁγίου οὐχ ἅψεται καὶ εἰς τὸ

ABFM *O″ C′′⁻⁷³ bdfnst⁻⁸⁴ ³⁷⁰xyz* al verss Pal

104 Pal; των ζωων των μη εσθιομενων 44-107' 54' *t* Aeth Arm | ζωογονούντων
2°] pr μη 707 550'; ζωων των 85^txt-130-321'-344* | ἐσθιόμενα 2°] εσθομενα 318
319 426

12 1 ἐλάλησεν] ειπε 125 | Μωυσῆν] μωσην G *n* 126 Cyr I 1004 Eus VI 11;
μωσει 72; μωυση 58 19; + και ααρων 376 | λέγων] > 125; + αυτω 426 Sa³
  2 omit init — αὐτούς 414': homoiot | τους υιους 500 | καί 1° — αὐτούς]
πρὸς αὐτούς sub ÷ G^c; λεγων (+ *eis* Sa) 126 Co = 𝔐; > 125 | ερει 528* | αὐ-
τούς A B G-15-72-376 *b n x*⁻⁶¹⁹ *y*⁻³⁹² 55 319 Cyr I 1004 Eus VI 11 ^LatRuf *Lev*
VIII 2 *Rom* II 13 SedScot 2 Arm Pal Syh] + λεγων ^LatAug *Loc in hept* III 22
rell | ἥτις ἄν] εαν τις Cyr I 1004 Eus VI 11^ap | ἥτις] ητι 53^c-664; τις 15^txt-72
Arm; > 246 126 55 Bo | ἄν 376 *d* 53* *t* 509 *z* 319 646 Bas II 465 Cyr V 500]
εναν 528; > 426; εαν Eus VI 11te rell = edd Ra | σπερματισθῇ καί] -τιση και
55; > 126 | αρσενα 29 53'-56^c-129 68'-120' | om καί 3° 72-381' *C*-422 *b*
106-125 *f*⁻⁵⁶* *n* 74^c-76 509 126 59 Bas II 465 Cyr I 1004 V 500 Eus VI 11 ^LatAug
Lev XL 1 (sed hab *Loc in hept* III 23) Ruf *Lev* 8tit VIII 2 *Rom* II 13 SedScot 2
Aeth Arm Bo Pal | ἀκάθαρτος 1°] καθαρος 707* | ἔσται 1°] εστω Cyr V 500 |
ἑπτὰ ἡμέρας F^a] pr εως F Aeth; tr 126 | ἡμέρας 1°] ⌒2° 30 68^txt ^Latcod 100 |
κατά — χωρισμοῦ] pr και 458; *secundum diem separationis* Bo^A; *secundum
legem* Sa; om κατά — τοῦ 46; om τὰς ἡμέρας Bo^B | κατά] και 414' 75 18*(c
pr m) 319 | ἡμέρας 2°] pr ζ 75 | τοῦ — ἀφέδρου] *separationis* ^Latcod 100; *pur-
gationis* Ruf *Rom* II 13 SedScot 2 | τοῦ χωρισμοῦ] > Aeth; post αὐτῆς tr 426 |
τῆς] pr et Hi *Helv* 8; του 376 *d x*⁻⁵⁰⁹ *y*⁻³⁹² 126 426 | αὐτῆς] αυτου 53'; > Hes
923 Ruf *Rom* II 13 | ἀκάθαρτος ἔσται 2°] pr και 52 318; > 72 19' 125 Arab Bo |
ἔσται 2°] *septem dies* Sa; + *sept*[... ^Latcod 104

  3 ἡμέρᾳ τῇ ὀγδόῃ] ογδοη ημερα 53' | περιτεμεῖ] -μη 56' 75' 318*-392 59; -μης
b ^LatRuf *Lev* VIII 3 (sed hab *Rom* II 13); -μειται 15 121; -μειτε 55 = Tar^P; +
ras 1 litt 64 | om αὐτοῦ 53'

  4 τριάκοντα — τρεῖς] τριακοντα και (> 71' 72 *d*⁻¹⁰⁶ Ruf) τρεις ημερας F
58-*oI*⁻¹⁵ *d f t* 71' 392 *z* 59 426 646 799 Cyr I 1005 ^LatAug *Loc in hept* III 24 Lev
XL 1 Hi *Helv* 8 Ruf *Rom* II 13 SedScot 2 Aeth Arm Pal Syh = edd Tar; τρεις
και τριακοντα ημερας 15; τρεις ημερας και τριακοντα G | τρεῖς] δεκα A |
καθεσθήσεται B^c F M' G-58-*oII d*⁻⁴⁴ *f t* 509 *y*⁻³⁹² 18^c 59 799] καθησεσθε 44;
καθησεται (-τε 75) A *oI*⁻¹⁵ *C′′⁻⁵⁷c ⁷⁷* 414' 529* *n*⁻⁷⁵c *s x*⁻⁵⁰⁹ 392 630 18* 55 319 Cyr I
1005 = edd Ra; κανθησεται 529* 126; καθαρησθησεται 376; καθιεται 68; καθι-
σεται (-τε 75^c) rell | ἐν αἵματι ἀκαθάρτῳ] in *puritate sanguinis* Arm^te; *super pu-*

---

12 2 (κατὰ τὰς ἡμέρας) τοῦ — ἀφέδρου (αὐτῆς)] κατὰ τὰς ἡμέρας τοῦ χωρισμοῦ
τῆς κακώσεως αὐτῆς 58; σ' *secundum dies separationis afflictionis* α' *separationis
miseriae* Hes 923; θ' τοῦ χωρισμοῦ τῆς ὀδύνης αὐτῆς 58(s nom) ^LatHes 923 | (τῆς)
ἀφέδρου] τῆς ὀδύνης 343 18^cat; ὀδύνης M 85-321'-344

4 καθεσθήσεται] ο' καθεσθήσεται 344 | ἀκαθάρτῳ] α' σ' θ' καθαρίσεως (καρ.

ΛΕΥΙΤΙΚΟΝ 12₄₋₆

ἁγιαστήριον οὐκ εἰσελεύσεται, ἕως ἂν πληρωθῶσιν αἱ ἡμέραι καθάρσεως αὐτῆς. ⁵ἐὰν δὲ θῆλυ τέκῃ, καὶ ἀκάθαρτος ἔσται δὶς ἑπτὰ ἡμέρας κατὰ 5
τὴν ἄφεδρον· καὶ ἑξήκοντα ἡμέρας καὶ ἓξ καθεσθήσεται ἐν αἵματι ἀκαθάρτῳ αὐτῆς. ⁶καὶ ὅταν ἀναπληρωθῶσιν αἱ ἡμέραι καθάρσεως αὐτῆς ἐφ' 6
υἱῷ ἢ ἐπὶ θυγατρί, προσοίσει ἀμνὸν ἐνιαύσιον ἄμωμον εἰς ὁλοκαύτωμα

ABFM O'' C''⁻⁷³ bdfnst⁻⁸⁴ ³⁷⁰xyz al verss Pal

rum sanguinem Arm^(ap) | αἵματι] ιματιω A | ἀκαθάρτῳ] καθαρω (-ρων 528) G-29-82-376-*ol* C''⁻¹³¹ᶜ 127 30'-85'ᵗˣᵗ-321'ᵗˣᵗ-343' Latcodd 100 104 Aug *Lev* XL 1 *Loc in hept* III 24 Hi *Helv* 8 Bo Syh; -του 799; -των 130ᵐᵍ; καθαρισμω 54; καθαρισμου b 75 Aeth↓; καθαρισμ^μ 458 | αὐτῆς 1°] αυτη 319; + αυτη d n⁻⁷⁵ t Latcod 100 | παντός] pr *et* Hi *Helv* 8 | ἁγίου] αγγ(ε)ιου A B 118'-537 246 54 55 (sed hab Sixt) | οὐχ F^b] pr *ea* Arm; ουκ B* F M' 29-82 | ἄψεται F^b] -τε F | om καί 3° — εἰσελεύσεται 529ᵗˣᵗ: homoiot | om καί 3° 16' | εἰς] προς 121 | ἁγιαστήριον] θυσιαστ. 72 107'-125 121 55 | οὐκ] ουχ 551*; > 313-615* | ἕως ἄν] pr *et* Latcod 100; εως ου A 121; εαν 246; om ἄν 19' x⁻⁵⁰⁹ z 55 646 (sed hab Ald) | αἱ ἡμέραι] ημερα 528; om αἱ F G-15-58 C''⁻⁵²⁸ ⁵⁵⁰' 71-527 59↓ | καθάρσεως] pr της 72-707ᶜ-708 d 53' n⁻⁴⁵⁸ t 318 55 319; (+ της 458) καθαρισεως Bᶜ F G-82-376 56-129 458 s⁻³⁰' 509 426 799; χρισεως 29

5 om init — (6) αὐτῆς 799: homoiot | δέ] > 30'; + και 75' | τεκη θηλυ F 58-72 59 | τέκῃ] εσται 53' | om καί 1° Fᶜ 72-82 106-125 53'-129 127 126 426 Latcod 100 Aeth Arm Bo Pal | δίς] δια 458; δι 552*; litt δ sup ras 58; > 44-106* Arm^(te) | ἡμέρας 1°] -ραις 72 | κατὰ τὴν ἄφεδρον A B 127 x y⁻³¹⁸ 55 319 Latcod 100 Arm] ο αφεδρος αυτης 53'; *secundum legem fluxus eius* Sa; + αυτης Cyr I 1005 rell = edd 𝔐 | τήν] τον 72 | om καί 2° — (6) αὐτῆς 618ᵗˣᵗ: homoiot | ἑξήκοντα — ἕξ] εξηκοντα εξ ημερας d 458 71'; εξηκοντα ημερας 707; εξ και εξηκοντα ημερας 15; εξ ημερας 53'; ημερας εξ και εξηκοντα G; ημερας επτα και εξηκοντα 55; εξηκοντα και εξ (*tres* Aeth^P) ημερας (-ραις 761) 376 C'' n⁻⁴⁵⁸ s t 318 426 Latcod 100 Aeth Arm Pal = Tar; + *dies* Syh = 𝔐 Sam | ἑξήκοντα] εξ 121* | ἕξ] μιαν A | καθεσθήσεται] καθησεσθε (-σθαι 610; καθεσθησεσθαι 107) 44-107'; καθησεται (-θαισ. 75*; -θισ. 118'-537 425ᶜ 646) A F G-58-64'-72-381-618^(mg) 320 b 129 n x⁻⁵⁰⁹ 392 628 55 59 319 426 646; καυθησεται 126; *sedet* Latcod 104 | ἀκαθάρτῳ] καθαρω O'⁻⁵⁸(⁶¹⁸ᵗˣᵗ)-29-82 C''⁻¹³¹ᶜ n 30'-85-130ᵗˣᵗ-321'ᵗˣᵗ-343' 392 Latcod 100 Aug *Loc in hept* III 24 Arm Bo Syhᵗˣᵗ; καθαρισμου d t Aeth↓ | fin] + παντος αγιου ουχ αψεται και εις το αγιαστηριον ουκ εισελευσεται εως αν πληρωθωσιν αι ημεραι της καθαρσεως αυτης 53: ex 4

6 ὅταν ἀναπληρωθῶσιν] sup ras 53 | ἀπληρωθωσιν M(|)-416(‖); πληρωθωσιν G b 619 126 55 Eus VI 11 | om αἱ G | καθάρσεως] pr της 529 d⁻¹²⁵ 53 t 318; της ανακαθαρσεως 125; καθαρισεως (+ ras 2 litt 130) Bᶜ F G-82-376 56 s⁻³⁰' x 392 426 | ἐφ'] επι C'' b n 30'-85'ᵗˣᵗ-321'ᵗˣᵗ-343' 318 | υιον 500 392; υιων d 458 120*-407 | ἤ 1°] και 130; > d | om ἐπί 1° 552 b n 74-76 619* 126 Latcod 100 Hi C *Pel* I 34 Arm Bo | θυγατρί] + αυτης 376 75' | ἀμνόν] pr το δωρον αυτου

346; καθαρσεως M')· καθαρισμοῦ (-μον 416) M' 85(s nom)-130-321(nom absc)-344-346 | αἱ ἡμέραι] o' α' θ' ἡμέραι 344; σ' αἱ ἡμέραι 344ᵗˣᵗ(vid)
5 τήν ἄφεδρον] τήν ὀδύνην 343' | ἄφεδρον] ἄλλος ὀδύνην (-νη 528; -νας 551) 376 C''ᶜᵃᵗ⁻⁴¹⁴: ὀδύνην (-νης 108; -νη 130) 108 85'-321' | ἀκαθάρτῳ] ...]σεως θ' καθαρισμοῦ 321; α' σ' θ' (> C⁻⁷³⁹ᶜ-417) καθαρίσεως (καθιεις εως C'' 18)· καθαρισμοῦ C''ᶜᵃᵗ 85(s nom)-130-344-346 18ᶜᵃᵗ(s nom)

Abbildung 11

Jonah 1:10 – 2:2

S	8HevXII gr
1:10 καὶ ἐφοβήθησαν οἱ ἄνδρες φόβον μέγαν καὶ εἶπαν πρὸς αὐτόν Τί τοῦτο ἐποίησας; διότι ἔγνωσαν οἱ ἄνδρες ὅτι ἐκ προσώπου κυρίου ἦν φεύγων, ὅτι ἀπήγγειλεν αὐτοῖς.	
1:11 καὶ εἶπαν πρὸς αὐτόν Τί σοι ποιήσωμεν καὶ κοπάσει ἡ θάλασσα ἀφ' ἡμῶν; ὅτι ἡ θάλασσα ἐπορεύετο καὶ ἐξήγειρε μᾶλλον κλύδωνα.	
1:12 καὶ εἶπεν Ιωνας πρὸς αὐτούς Ἄρατέ με καὶ ἐμβάλετέ με εἰς τὴν θάλασσαν, καὶ κοπάσει ἡ θάλασσα ἀφ' ὑμῶν· διότι ἔγνωκα ἐγὼ ὅτι δι' ἐμὲ ὁ κλύδων ὁ μέγας οὗτος ἐφ' ὑμᾶς ἐστι.	
1:13 καὶ παρεβιάζοντο οἱ ἄνδρες τοῦ ἐπιστρέψαι πρὸς τὴν γῆν καὶ οὐκ ἠδύναντο, ὅτι ἡ θάλασσα ἐπορεύετο καὶ ἐξηγείρετο μᾶλλον ἐπ' αὐτούς.	
1:14 καὶ ἀνεβόησαν πρὸς κύριον καὶ εἶπαν Μηδαμῶς, κύριε, μὴ ἀπολώμεθα ἕνεκεν τῆς ψυχῆς τοῦ ἀνθρώπου τούτου, καὶ μὴ δῷς ἐφ' ἡμᾶς αἷμα δίκαιον, ὅτι σύ, κύριε, ὃν τρόπον ἐβούλου πεποίηκας.	ψυχης του ανθρωπου τουτου και μη δως εφ ημας αι]ΜΑ ΑΘΩ[ον οτι συ ον τροπον εβουλου πεποιηκας
1:15 καὶ ἔλαβον τὸν Ιωναν καὶ ἐξέβαλον αὐτὸν εἰς τὴν θάλασσαν, καὶ ἔστη ἡ θάλασσα ἐκ τοῦ σάλου αὐτῆς.	και ελαβον τον ιωναν και εξεβαλον αυτον εις την θαλ]ΑΣ[σαν κα]Ι [εστη η θαλασσα εκ του αυτης
1:16 καὶ ἐφοβήθησαν οἱ ἄνδρες φόβῳ μεγάλῳ τὸν κύριον καὶ εὖξαν θυσίαν τῷ κυρίῳ καὶ ηὔξαντο εὐχάς.	και ε]ΦΟΒΗ[θη]ΣΑΝ [οι ανδρες φοβω μεγαλω τον ⳦]⳦ ΚΑΙ ΕΘΥΣΙΑΣΑΝ Θ[υσ]ΙΑΝ [τω και ευξαντο ευχας] Vac
2:1 Καὶ προσέταξε κύριος κήτει μεγάλῳ καταπιεῖν τὸν Ιωναν· καὶ ἦν Ιωνας ἐν τῇ κοιλίᾳ τοῦ κήτους τρεῖς ἡμέρας καὶ τρεῖς νύκτας.	Και προσεταξεν κητει μεγαλω κ]ΑΤΑΠΙΕΙΝ ΤΟΝ ΙΩΝΑΝ [και ην ιωνα εν κοιλια του κητου]Σ ΤΡΕΙΣ ΗΜΕΡΑΣ ΚΑΙ ΤΡΕ[ις νυκτας
2:2 καὶ προσηύξατο Ιωνας πρὸς κύριον τὸν θεὸν αὐτοῦ ἐκ τῆς κοιλίας τοῦ κήτους	και προσευξατο ιωνα προς τον θεον αυτο]Υ [εκ κοιλιας του κητους

78

178

Abbildung 12

Habakkuk 2:13–3:1

S	8ḤevXII gr
2:13 οὐ ταῦτά ἐστι παρὰ κυρίου παντοκράτορος; καὶ ἐξέλιπον λαοὶ ἱκανοὶ ἐν πυρί, καὶ ἔθνη πολλὰ ὠλιγοψύχησαν.	τῶν δυνα]Μ[εων και λαοι εν ικανω] ΤΗ[Ι] πυρος και εθνη εν ικανοτητι] ΚΕΝΟΝ [
2:14 ὅτι ἐμπλησθήσεται ἡ γῆ τοῦ γνῶναι τὴν δόξαν κυρίου, ὡς ὕδωρ κατακαλύψει αὐτούς.	οτι πλησ]ΘΗΣΕΤΑΙ [η γη του γνωναι την δοξαν] ⳧⳧⳨ ΩΣ [υδ" κατακαλυψει επι] ΘΑΛΑΣΣ[ης]
2:15 ὦ ὁ ποτίζων τὸν πλησίον αὐτοῦ ἀνατροπῇ θολερᾷ καὶ μεθύσκων, ὅπως ἐπιβλέπῃ ἐπὶ τὰ σπήλαια αὐτῶν.	ουαι] Τ[ω ποτιξοντι]ΕΙ [ ] ΠΛ[ησιοναυτου] Υ ΑΝΑΤΡ[οπη δια τ]ΟΥ ΕΠΙΒ[λεπειν επι την ασχημοσ]ΥΝΗΝ ΑΥ[τω]Ν
2:16 πλησμονὴν ἀτιμίας ἐκ δόξης πίε καὶ σὺ καὶ διασαλεύθητι καὶ σείσθητι· ἐκύκλωσεν ἐπὶ σὲ ποτήριον δεξιᾶς κυρίου, καὶ συνήχθη ἀτιμία ἐπὶ τὴν δόξαν σου.	ΕΝΕΠΛΗΣ[θης ατιμιας ε]Κ ΔΟΞΗΣ [π]ΙΕ ΚΑΙ ΓΕ ΣΥ ΚΑΙ [ ] ΚΥΚΛΩΣΕΙ ΕΠΙ ΣΕ ΠΟ[τηριον δεξιας] ⳧⳧⳨ ΚΑΙ ΕΜΕΤΟΣ [ατιμιας επι] ΤΗΝ ΔΟΞΑΝ Σ[ο]Υ
2:17 διότι ἀσέβεια τοῦ Λιβάνου καλύψει σε, καὶ ταλαιπωρία θηρίων πτοήσει σε διὰ αἵματα ἀνθρώπων καὶ ἀσεβείας γῆς, πόλεως καὶ πάντων τῶν κατοικούντων αὐτήν.	ΟΤΙ ΑΔΙΚΙΑ [λιβανου καλυ]ΨΕΙ ΣΕ ΚΑΙ ΤΑΛΑΙΠΩΡΙΑ [κτηνων πτοησ]ΕΙ ΣΕ ΔΙ[ΑΙΜΑΤΑ ΑΝ[θρωπ]ΩΝ ΚΑΙ ΑΔΙΚΙΑΝ ΓΗΣ ΠΟΛΕΩΣ [κ]ΑΙ ΠΑΝΤΩΝ ΤΩΝ ΕΝΟΙ[κ]ΟΥΝΤΩΝ ΕΝ [αυτ]Η vac
2:18 Τί ὠφελεῖ γλυπτόν, ὅτι ἔγλυψεν αὐτό; ἔπλασεν αὐτὸ χώνευμα, φαντασίαν ψευδῆ, ὅτι πέποιθεν ὁ πλάσας ἐπὶ τὸ πλάσμα αὐτοῦ τοῦ ποιῆσαι εἴδωλα κωφά.	ΤΙ ΩΦΕΛΗΣΕΝ ΓΛΥΠΤΟΝ ΟΤΙ [εγλυψε]Ν ΑΥΤΟ Ο ΠΛΑΣΑΣ ΑΥΤΟ ΧΩΝΕΥΜΑ [και φα]ΝΤΑΣΙΑΝ ΨΕΥΔΗ ΟΤΙ ΠΕΠΟΙΘΕΝ Ο [π]ΛΑΣΑΣ ΕΠΙ ΤΟ ΠΛΑΣΜΑ ΑΥΤΟΥ ΕΠ ΑΥΤΟ [π]ΟΙΗΣΑΙ ΕΙΔΩΛΑ ΚΩΦΑ vac
2:19 οὐαὶ ὁ λέγων τῷ ξύλῳ Ἔκνηψον ἐξεγέρθητι, καὶ τῷ λίθῳ Ὑψώθητι· καὶ αὐτό ἐστι φαντασία, τοῦτο δέ ἐστιν ἔλασμα χρυσίου καὶ ἀργυρίου, καὶ πᾶν πνεῦμα οὐκ ἔστιν ἐν αὐτῷ.	ουα]Ι [ ] ΛΕΓΩΝ ΤΩ ΞΥΛΩ ΕΓΝΗΨΟΝ ΕΞΕ[γερθητι] ΤΩ ΛΙΘΩ ΣΙΩΠΩΝ ΑΥΤΟΣ ΦΩ[ημι ιδου] ΑΥΤΟ ΣΕΣΑΓΜΕΝΟΝ ΧΡΥ[σο]ΥΝ [και αργυ]ΡΟΥΝ ΚΑΙ ΠΑΝ ΠΝΕΥΜΑ ΟΥ [μη] Ε[σ]ΤΙΝ ΕΝ ΜΕΣΩ ΑΥΤΟΥ vac
2:20 ὁ δὲ κύριος ἐν ναῷ ἁγίῳ αὐτοῦ· εὐλαβείσθω ἀπὸ προσώπου αὐτοῦ πᾶσα ἡ γῆ.	ΚΑΙ Ο ⳧⳧⳨ ΕΝ ΝΑΩ ΑΓΙΩ [α]ΥΤΟΥ ΣΙΩΠΗΣΟΝ ΑΠΟ ΠΡΟΣΩΠΟΥ ΑΥΤΟΥ ΠΑΣΑ Η ΓΗ [v]ac
3:1 Προσευχὴ Αμβακουμ τοῦ προφήτου μετὰ ᾠδῆς.	

132

179

Abbildung 13

78—10 ΕΣΘΗΡ 184

9 διετράπη τῷ προσώπῳ. ⁹εἶπεν δὲ Βουγαθαν εἶς τῶν εὐνούχων πρὸς ο'
τὸν βασιλέα Ἰδοὺ καὶ ξύλον ἡτοίμασεν Αμαν Μαρδοχαίῳ τῷ λαλήσαντι
περὶ τοῦ βασιλέως, καὶ ὤρθωται ἐν τοῖς Αμαν ξύλον πηχῶν πεντήκοντα.
10 εἶπεν δὲ ὁ βασιλεύς Σταυρωθήτω ἐπ' αὐτοῦ. ¹⁰καὶ ἐκρεμάσθη Αμαν
ἐπὶ τοῦ ξύλου ὃ ἡτοίμασθη Μαρδοχαίῳ. καὶ τότε ὁ βασιλεύς ἐκόπασεν
τοῦ θυμοῦ.

B S A V (967) O a b min verss

εκ του (> 58: cf C₁₀) στοματος του βασιλεως O⁻⁵⁸³-Sᶜ = 𝔐; ο δε (+ προσωπον
58*: cf 𝔐) αμαν αχ. 58; και ακουσας αμαν 93; > ακούσας 106' = 𝔐
9 Βουγαθαν] pr o b⁻²⁴⁸ = Ald Compl; βουγαθα S* 71; βουγαζαν Sᶜ 52;
βουγαδαν 46-64-381-728; βουταθαν V Sa (vid); βουχαθαν 236; βουθαγεν (+ εις:
ex sq) 967; baguas La^P; bugatas La^M; buzatas La^K; gabuta La^X; σαβουχαδας
Ios XI 261ᵗᵉ 266ᵃᵖ (σαβουζανης 266ᵗᵉ; αβουχαδας 261ᵃᵖ et 266ᵃᵖ); αρβωνα
(-νας 58') O: cf 𝔐 Vulg; χαρβωνα Compl = 𝔐: cf 1₁₀ | τ. εὐνούχων] pr απο
O⁻⁵⁸-Sᶜ = 𝔐; + ουτος δε (ὁ 108) εγνωκει τουτο το ξυλον ιδων του σταυρου
(τουτω (τουτων*?) pro του σταυρου 108) εν τη οικια του (> 108) αμαν οτε
εκαλει αυτον επι τον (το 46-64-728 108 Ald Compl) δειπνον των βασιλεων και
περι τουτου πυθομενος εγνω παρ ενος των παιδων το κατασκευαζομενον (τε κα-
τασκευαζομενος pro το κατασκ. 108); + και ειπε 248) b 108 (ante εἶπεν 1° tr)
cf Ios XI 261 et 266 = Ald Compl | πρὸς τ. βασιλέα] του βασιλεως A 58 Aeth;
regis· domine (+ mi La^P) rex La⁻^X; ipsius La^X = L; ενωπιον του βασιλεως
93 = 𝔐 | Ἰδοὺ καί] και γε ιδου 93 = 𝔐; om καί 583 76 La = L | ξύλον 1°]
pr το O-Sᶜ-A' = 𝔐 | ἡτοίμασεν] ητοιμακεν V; pr δ O-Sᶜ-A'La⁻^X Sa Aeth =
𝔐 cf L | τῷ λαλ. περὶ τοῦ βασιλέως] amico regis Arm; pr et add αγαθα 93;
+ de bono Sa: cf sq | τῷ λαλήσαντι] + αγαθα O⁻⁹³-Sᶜ 249' = L 𝔐 | καί 2°
— Αμαν 2°] και εστι 71; > 106'; om καί S* La^KM: cf 𝔐; om ἐν τ. Αμαν La^ΓΚΜ |
ἐν] επι 236; > 108 | ξύλον 2°] > O⁻⁵⁸³-A 71 b Sa = 𝔐; pr υψηλον O-Sᶜ
Aeth⁻Q = 𝔐 | πηχῶν πεντ.] tr O = 𝔐 | εἶπεν δέ 2°] και ειπεν 93: cf L 𝔐 |
Σταυρωθήτω] suspendatur La Aeth: cf L 𝔐 et 10 E₁₈ | ἐπ'] απ 120 | αὐτοῦ]
αυτο (αυτω 46-248-728) b: cf L
10 Αμαν] pr o 58: cf 𝔐 | ἐπί — Μαρδοχαίῳ] εν αυτω 71; + τω λαλησαντι
περι του βασιλεως 249': ex ⁹ | τοῦ ξύλου δ] του ξ. ου O-Sᶜ-A 542; τω ξυλω ω
249: cf 6₄ | ἡτοιμασε(ν) O-Sᶜ-A' b 108 249' 542 La Sa Aeth Arm = 𝔐 |
om τότε 71 La: cf 𝔐 | ὁ βασ. — fin] τω (> 58) θυμω εκοπασεν ο βασ. O⁻⁹³ |
ὁ βασ./ἐκόπασεν] post θυμοῦ tr 93: cf 𝔐 et 2₁; tr A 98-243-248-731 | βασιλεύς
⌒(81)βασιλεύς 46 | τοῦ θυμοῦ] pr απο 98-243-248-731

ὁ βασιλεὺς ἐπέστρεψεν ἐπὶ τὸ συμπόσιον καὶ ἰδὼν εἶπεν Οὐχ ἱκανόν σοι L
ἡ ἁμαρτία τῆς βασιλείας, ἀλλὰ καὶ τὴν γυναῖκά μου ἐκβιάζῃ ἐνώπιόν
μου; ἀπαχθήτω Αμαν καὶ μὴ ζήτω. ¹²καὶ οὕτως ἀπήγετο. ⁽⁹⁾καὶ 12
εἶπεν Αγαθας εἶς τῶν παίδων αὐτοῦ Ἰδοὺ ξύλον ἐν τῇ αὐλῇ αὐτοῦ (9)
πηχῶν πεντήκοντα, ὃ ἔκοψεν Αμαν ἵνα κρεμάσῃ Μαρδοχαῖον τὸν λαλή-

19' 93' (392)

11 ἰδών] + ο βασιλευς 392
12 Αγαθας] γαβουθας 93': cf o' app (La^X) | om τῶν 19 | om Αμαν 392 |

Abbildung 14

κωλῦσαι τοὺς ἀνθρώπους ἐκείνους τοῦ οἰκοδομῆσαι τὴν πόλιν καὶ
προνοηθῆναι ὅπως μηδὲν παρὰ ταῦτα γένηται καὶ μὴ προβῇ ἐπὶ πλεῖον
τὰ τῆς κακίας εἰς τὸ βασιλεῖς ἐνοχλῆσαι. — ²⁵τότε ἀναγνωσθέντων 25
τῶν παρὰ τοῦ βασιλέως Ἀρταξέρξου γραφέντων ὁ Ραοῦμος καὶ Σαμ-
σαῖος ὁ γραμματεὺς καὶ οἱ τούτοις συντασσόμενοι ἀναζεύξαντες κατὰ
σπουδὴν εἰς Ἱερουσαλὴμ μεθ᾽ ἵππου καὶ ὄχλου παρατάξεως ἤρξαντο
κωλύειν τοὺς οἰκοδομοῦντας. καὶ ἤργει ἡ οἰκοδομὴ τοῦ ἱεροῦ τοῦ ἐν
Ἱερουσαλὴμ μέχρι τοῦ δευτέρου ἔτους τῆς βασιλείας Δαρείου τοῦ
Περσῶν βασιλέως.

¹Καὶ βασιλεὺς Δαρεῖος ἐποίησεν δοχὴν μεγάλην πᾶσιν τοῖς ὑπ᾽ 3
αὐτὸν καὶ πᾶσιν τοῖς οἰκογενέσιν αὐτοῦ καὶ πᾶσιν τοῖς μεγιστᾶσιν τῆς
Μηδίας καὶ τῆς Περσίδος ²καὶ πᾶσιν τοῖς σατράπαις καὶ στρατηγοῖς 2

B' A V' L a b 58' 119' verss

24 νῦν οὖν] και νυν εγω (> 71) a: cf Esdr II 4₂₁ 𝔊; om οὖν A | ἐπέταξα]
επατ. B* 236*-314*: cf 22; post ἐκείνους tr 107 | ἀποκωλῦσαι] -λυσω 125;
post ἐκείνους tr 58' | om τοῦ 125 | οἰκοδομῆσαι] pr μη L 71: cf Esdr II |
om τὴν πόλιν 120 | προνοηθῆναι] -νοησαι L; prospicite La^C | παρὰ ταῦτα]
παρ αυτα (αυτων 340) 58' | ἐπί Ios XI 28] εις το a: cf sq | εἰς τὸ βασιλεῖς
ἐνοχλῆσαι B' Sixt: cf Esdr II 4₂₂ 𝔐] εις το ενοχλησαι 745ᵐᵍ; επι τω βασιλει ενοχλησαι (-χλειται 340) 58'; εις το μη ενοχλεισθαι βασιλεις L; ad commovendos
reges La^C; ita ut regibus molestia inportetur La^V; επι τω (το 74-121 248 245)
βασιλεις (-λει 728) ενοχλεισθαι rel
25 τότε] οτε 745: cf 21 | om τῶν 728 | αρταρξερξου A 55 Aeth: cf 15 |
om ὁ 1° — συντασσόμενοι 71-107 | ὁ 1° Ios XI 29] > b 119': cf Esdr II 4₂₃ |
Ραοῦμος coni Tor.: cf 15 et Esdr II] ραθυμος codd Ios | Σαμσαῖος coni Tor.:
cf 15 et Esdr II] ραμελιος L La^C; σαβελλιος V' La^V; σεβελλιος 46-728; σαμελλιος
(-μελιος 74) B' a⁻¹²¹ 98 119' Aeth; σεμελιος Ios; σεμελλιος rel | om ὁ 2° 108:
cf Esdr II 𝔊 | τούτοις] τουτου 243-731 | ἀναζεύξαντες] + παντες 71 | κατὰ
σπουδὴν / εἰς Ἱερ. B' Sy Aeth Arm] μετα σπουδης ηλθον εις ιερ. L La: cf Esdr
II; tr rel | μεθ᾽ ἵππου] μεθ ιππων L 71 58' La^C Arm; ιππους Ios: cf Esdr II 𝔊 |
ὄχλου] οπλου 121-236-314-762; curribus La^C | παρατάξεως ἤρξ. κωλύειν] et
cum ingenti agmine et continuo ut venerunt prohibuerunt La^C | παρατάξεως]
ταξεως 55; ταχεως L Sy | ἤρξαντο] -ξατο 381-731 610 745; pr και L La^V:
cf Esdr II | ἱεροῦ] ναου 98 cf Ios: cf 1₄₇ | om τοῦ 3° 107 245 | ἐν] επι 121-
236-314-762 | μέχρι] εως L = Esdr II 4₂₄ 𝔊 | δευτέρου] δυο 314; β' 98 |
τῆς βασ. — fin] του (> 125) βασιλεως δαρ. (post περσων tr 125) του (των 71;
> 107) περσων βασιλεως (> 107) 71'-74-120-130-134; om τῆς βασιλείας La^C
Arm¹⁵⁰⁰ | δαριου B* A V' (V*) 64-728 340: cf 3₁ ₃ ₅ ₇ ₈ 4₇ 5₁₆ ₇₀ 6₁ ₆ ₇ ₂₂ ₃₃
7₁ ₄ ₅ | τοῦ ult] των 46 (non 52) | Π. βασιλέως tr L La^V: Ω^c La^C = Esdr II
3 1 Καὶ βασ. Δαρεῖος] δαρ. ο βασ. L; darius autem rex La^S; om Καί La^V
Arm¹⁵⁰⁰ | βασιλεύς] -λευσας b; pr ο a 58': cf 6₁₆ ₂₂ | δαριος B* A V' (V*)
64-728: 2₂₅ | πᾶσιν 1°∩2° La^V | υφ 74-121-130-236-314-728 cf 2 1₁ |
αὐτόν] αυτων 243* 340: cf 2 | πᾶσιν 2°] > 107 Arm; ∩3° L | γονεσην 314 |
αὐτοῦ — (2) καὶ 2°] και μεγιστασι(ν) αυτον και (om αυτου και 125) σατρα-
ποις (-ποι 125: cf praef p 45) μηδ(ε)ιας περσιδος 107 | αὐτοῦ] εαυτου V 58:
cf 1₁; αυτων 381*ᵛⁱᵈ 340: cf praec | om πᾶσιν 3° 71 | om τῆς 1° 71 245 | om

181

Abbildung 15

אֱלָהָא דִּי בִירוּשְׁלֶם וְעַמְּהוֹן נְבִיאַיָּא דִּי־אֱלָהָא מְסָעֲדִין לְהוֹן ס נְבִיָּא ׳ ב ׳ וּמל וכל ה
ק דבות ב מא

3 בֵּהּ־זִמְנָא אֲתָא עֲלֵיהוֹן תַּתְּנַי פַּחַת עֲבַר־נַהֲרָה וּשְׁתַר בּוֹזְנַי ב ב כת ה וחד כת א׳
ב בטע , ב׳

וּכְנָוָתְהוֹן וְכֵן אָמְרִין לְהֹם מַן־שָׂם לְכֹם טְעֵם בַּיְתָא דְנָה לִבְּנֵא ׳ זוזגיי ׳ ב .

4 ס 4 אֱדַיִן כְּנֵמָא אֲמַרְנָא לְהֹם מַן־ יתה ר״פ בטע
וַאֲשַׁרְנָא דְנָה לְשַׁכְלָלָה׃

5 אִנּוּן שְׁמָהָת גֻּבְרַיָּא דִּי־דְנָה בִנְיָנָא בָּנַיִן׃ 5 וְעֵין אֱלָהֲהֹם הֲוָת עַל־ ה ל . ב וחס
שָׂבֵי יְהוּדָיֵא וְלָא־בַטִּלוּ הִמּוֹ עַד־טַעְמָא לְדָרְיָוֶשׁ יְהָךְ וֶאֱדַיִן יְתִיבוּן ל . ל ומל

6 נִשְׁתְּוָנָא עַל־דְּנָה׃ ס 6 פַּרְשֶׁגֶן אִגַּרְתָּא דִּי־שְׁלַח תַּתְּנַי ׀ פַּחַת כל כת א

עֲבַר־נַהֲרָה וּשְׁתַר בּוֹזְנַי וּכְנָוָתֵהּ אֲפַרְסְכָיֵא דִּי בַּעֲבַר נַהֲרָה עַל־ ב׳ . י׳ זוגין ול בטע
דָּרְיָוֶשׁ מַלְכָּא׃ 7 פִּתְגָמָא שְׁלַחוּ עֲלוֹהִי וְכִדְנָה כְּתִיב בְּגַוֵּהּ לְדָרְיָוֶשׁ

8 מַלְכָּא שְׁלָמָא כֹלָּא׃ ס 8 יְדִיעַ ׀ לֶהֱוֵא לְמַלְכָּא דִּי־אֲזַלְנָא לִיהוּד ל . ג . י

מְדִינְתָּא לְבֵית אֱלָהָא רַבָּא וְהוּא מִתְבְּנֵא אֶבֶן גְּלָל וְאָע מִתְּשָׂם ׳
בְּכֻתְלַיָּא וַעֲבִידְתָּא דָךְ אָסְפַּרְנָא מִתְעַבְדָא וּמַצְלַח בְּיֶדְהֹם׃ ס ל . י

9 אֱדַיִן שְׁאֵלְנָא לְשָׂבַיָּא אִלֵּךְ כְּנֵמָא אֲמַרְנָא לְהֹם מַן־שָׂם לְכֹם טְעֵם יתה ר״פ בטע

10 בַּיְתָא דְנָה לְמִבְנְיָה וְאֻשַּׁרְנָא דְנָה לְשַׁכְלָלָה׃ 10 וְאַף שְׁמָהָתְהֹם לכה ס . ר״פ

שְׁאֵלְנָא לְהֹם לְהוֹדָעוּתָךְ דִּי נִכְתֻּב שֻׁם־גֻּבְרַיָּא דִּי בְרָאשֵׁיהֹם׃ ס ׳

11 וּכְנֵמָא פִתְגָמָא הֲתִיבוּנָא לְמֵמַר אֲנַחְנָא הִמּוֹ עַבְדוֹהִי דִּי־אֱלָהּ ל . ב חס א בלישׂ

שְׁמַיָּא וְאַרְעָא וּבָנַיִן בַּיְתָא דִּי־הֲוָא בְנֵה מִקַּדְמַת דְּנָה שְׁנִין שַׂגִּיאָן ׳

12 וּמֶלֶךְ לְיִשְׂרָאֵל רַב בְּנָהִי וְשַׁכְלְלֵהּ׃ 12 לָהֵן מִן־דִּי הַרְגִּזוּ אֲבָהֲתַנָא כסדראה חד מן ב׳ חד
ב כת ש וחד כת ס
ל כת ה

לֶאֱלָהּ שְׁמַיָּא יְהַב הִמּוֹ בְּיַד נְבוּכַדְנֶצַּר מֶלֶךְ־בָּבֶל כַּסְדָּיָא וּבַיְתָה

1 דְּנָה סַתְרֵהּ וְעַמָּה הַגְלִי לְבָבֶל׃ ס 13 בְּרַם בִּשְׁנַת חֲדָה לְכוֹרֶשׁ לכת ה
מַלְכָּא דִּי בָבֶל כּוֹרֶשׁ מַלְכָּא שָׂם טְעֵם בֵּית־אֱלָהָא דְנָה לִבְּנֵא׃ ג.ג

14 וְאַף מָאנַיָּא דִי־בֵית־אֱלָהָא דִּי דַהֲבָה וְכַסְפָּא דִּי נְבוּכַדְנֶצַּר ר״פ.ג.כת ה בלישׂ

הַנְפֵּק מִן־הֵיכְלָא דִּי בִירוּשְׁלֶם וְהֵיבֵל הִמּוֹ לְהֵיכְלָא דִּי בָבֶל הַנְפֵּק

---

[4] Mm 3897 א. [5] Mm 3852 contra textum. [6] Mm 3899. [7] Mm 456. [8] Mm 3900. [9] Mp sub loco. [10] Mm 3901.
[11] Mm 3835. [12] Mm 3902.

2 ^{b} Q et K ut 1^c || 3 ^{a} 𝔊 6,3 Σισίννης || ^{b} id 13, sed 2.17 = לְמִבְ׳ || ^{c} 𝔊 καὶ τὴν χορηγίαν, 𝔊 καὶ τὴν στέγην ... καὶ τἆλλα πάντα || 4 $^{a-a}$ > 𝔊 α, dl (ex 9) || ^{b} Mss 𝔊 אֲמַרוּ ||
5 ^{a} 𝔊(𝔖) τὴν αἰχμαλωσίαν = שְׁבִי cf 𝔊 α || 8 ^{a} 𝔊 α + καὶ ... κατελάβομεν τῆς αἰχμαλωσίας
τοὺς πρεσβυτέρους (cf 5^a) τῶν Ἰουδαίων ἐν Ἱερουσαλημ τῇ πόλει οἰκοδομοῦντας, ins וְהַשְׁכַּחְנָא
שָׂבֵי יְהוּדָיֵא בִּירוּשְׁלֶם קִרְיְתָא בָּנַיִן || 9 ^{a} prp ־הַ || 10 ^{a} 1 c mlt Mss שֻׁם= || 11 ^{a} pc
Mss למֵאמַר || 12 ^{a} sic L, mlt Mss Edd ־הֲ || ^{b} Q דָּאֲה, K דָּיָה || 13 ^{a} > 𝔊*; 𝔖
(d)prs.

Abbildung 16

97   ΕΣΔΡΑΣ Β'   5₁—₃

5 ¹Καὶ ἐπροφήτευσεν Ἀγγαῖος ὁ προφήτης καὶ Ζαχαρίας ὁ τοῦ Ἀδδὼ   1
προφητείαν ἐπὶ τοὺς Ἰουδαίους τοὺς ἐν Ἰουδὰ καὶ Ἱερουσαλὴμ ἐν ὀνό-
ματι θεοῦ Ἰσραὴλ ἐπ' αὐτούς.   ²τότε ἀνέστησαν Ζοροβαβὲλ ὁ τοῦ Σαλα-   2
θιὴλ καὶ Ἰησοῦς υἱὸς Ἰωσεδὲκ καὶ ἤρξαντο οἰκοδομῆσαι τὸν οἶκον τοῦ
θεοῦ τὸν ἐν Ἱερουσαλήμ, καὶ μετ' αὐτῶν οἱ προφῆται τοῦ θεοῦ βοηθοῦν-
τες αὐτοῖς.   ³ἐν αὐτῷ τῷ καιρῷ ἦλθεν ἐπ' αὐτοὺς Θαθθαναὶ ἔπαρχος πέ-   3
ραν τοῦ ποταμοῦ καὶ Σαθαρβουζαναὶ καὶ οἱ σύνδουλοι αὐτῶν καὶ τοιάδε
εἶπαν αὐτοῖς Τίς ἔθηκεν ὑμῖν γνώμην τοῦ οἰκοδομῆσαι τὸν οἶκον τοῦτον

B' A L' a b 58 (desinit ab 2 init) 119 La¹²³ Aeth Arm

55 58 | τοῦ 1°] pr domini Arm: cf 𝔙ᵃᵖ; > 71 44(l) | τό 2°] του Β' L 71-130 610 Ra. (La¹²³ inc): cf 𝔐, Esdr I 2₂₅ et 1₄; > 44 | ἀργοῦν] αργων (-γον 74 58) B' A 71-74-106-107-120-134-370 58 | δευτ. ἔτους] tr B L La¹²³ = 𝔐; pr του 44 58 = Esdr I; om δευτέρου 55 | om τ. βασιλείας Β' 107: cf 𝔙ᵃᵖ et Esdr Iᵃᵖ | δαριου 93 64*-728 | om του 2° b 44 55 Ald Compl Sixt | βασ. Περσῶν tr 58
5 1 ἐπροφήτευσεν Β' A 64-243-731 58 119 Ald] επροεφ. 381-728 68; προεφητευσαν L 236 Aeth Arm = 𝔙, cf Esdr I 6₁ᵃᵖ; προεφ. rel: cf praef p 56 | om ὁ προφήτης a⁻¹²¹ Aeth (cf sq) Arm: cf 𝔙ᵃᵖ et Esdr I | ὁ τοῦ] οι του 74; υιος L: cf 𝔐; και 381* | αδδου 58; αδω B: cf 6₁₄ Par II 12₁₅; αδιω 55; εδδω 93 La¹²³: cf 𝔐, Esdr I et 6₁₄ Zach 1₁ | προφητείαν] -τεια 731*(non 68); propheta Aeth: cf 𝔐 et Esdr I; prophetaverunt Arm; prophetavit La¹²³ | Ἰουδαίους] υιους b Ald | τούς 2°] του 121; + οντας L La¹²³(vid; qui fuerunt) | Ἰουδά] τη ιουδαια (ιουδα 44) L 44 = Esdr I, cf 1₃; iudaea La¹²³: cf 𝔙 | Ἱερουσαλήμ] pr εν 19' La¹²³ Compl = 𝔐 | ἐν 2°] επ 55: cf Esdr I; pr τους 119 | θεοῦ] pr κυ A La¹²³ Arm: cf 𝔙ᵃᵖ et Esdr I | ἐπ' αὐτούς] prophetaverunt eis Aeth; > Arm = 𝔙, cf Esdr I

2 om v 2 – 6₂₂ 58 | ανεστη 44 Aeth = Pesch, cf Esdr I 6₂; ανεβησαν L; ascendit La¹²³ | ζοροβαβελ 93-108: cf 2₂ | om ὁ τοῦ Σαλαθιήλ 44: cf Esdr I 6₂ᵃᵖ et 3₂ | Ἰησοῦς] ι̅ς̅ 236-314 381; ι̅η̅ς̅ La¹²³ | om υἱὸς Ἰωσεδέκ 71: cf Esdr Iᵃᵖ et 3₂ | υἱός] ο του L Eus in Is 101: cf Esdr I et praec; pr o B Ra. | ἤρξατο 44: cf praec | οἰκοδομειν (-μην 19) A L 44 = Esdr I, cf 3₁₀ | τοῦ θεοῦ 1°] κ̅υ̅ 19: cf 𝔙ᵃᵖ et Esdr I; pr κυ 108 Arm; om του 71 44; ⌒2° La¹²³ | τόν 2°] του 55; > 71 Aeth⁻ᴮ: cf 1₄ | αὐτῶν] αυτου 55 | βοηθοῦντες] οι φοβουντες 55 | αὐτοῖς] αυτους 64*

3 αὐτῷ τῷ tr 74 | ἦλθεν] venerunt Aeth: cf 𝔙ᵃᵖ | θαθαναι a⁻³¹⁴ 46 Ald; thathana Arm; θαναι 314; θαναναι B'; thanani Aethᴬ; thanagarani Aethᴮ; θανθαναι Sixt Ra.: cf 𝔙ᵃᵖ; τανθαναιος L: cf 6 6₁₃; thananeus La¹²³ (chan. cod vid: cf 6) | ἔπαρχος] στρατηγος L: cf 6₆ ₁₃ 8₃₆ 12₇ + Par II 9₁₄; pr o L 46-381-728 119: cf 6₁₃ 8₃₆ 12₇ + 13₇ | πέραν] pr του 93-108: cf 4₁₀; pr o 19: cf 6₁₃ | καί 1°⌒2° 52 | Σαθαρβουζαναί] -ναβ 370ˢ (hab 370); σαθαρμουζ. 71; σαθραβ. 121: cf Esdr I 6₃; sathrabuzan Arm; σαρθαβ. 46-64ᶜ-381-728: cf 6 6₁₃; σαρθαβουναι 64*; σαρθαρβ. 120*-236*; σαθασβουρζαναι 119; -να B Ra.: cf 6 6₁₃; 'astharbuzna (-zel Aethᴬ) Aeth; σαθραβουζανα 55; σαθραβουζανης 248 Compl = Esdr I 6₃; θαρβουζαναιος L: cf 6 6₁₃ | σύνδουλοι] συμβουλοι 107 | αὐτῶν] αυτω 610; dominorum eorum Aeth: cf 4₇ | τοιάδε] τοια (τεια 314) B' A a⁻⁷¹ ⁷⁴ ¹⁰⁶ ¹⁰⁷ Ra.; ταδε L; > Arm: cf Esdr I | εἶπαν B Sixt] ειπον A 19' a 119: cf praef p 56s; ειπεν 93 b 55: cf Esdr Iᵃᵖ | ὑμῖν] ημιν 93 107ᶜ (610*; non 125)-

Abbildung 17

2 ἐπ' αὐτούς. ²τότε στὰς Ζοροβαβὲλ ὁ τοῦ Σαλαθιὴλ καὶ Ἰησοῦς ὁ τοῦ Ἰωσεδὲκ ἤρξαντο οἰκοδομεῖν τὸν οἶκον τοῦ κυρίου τὸν ἐν Ἰερουσαλὴμ 3 συνόντων τῶν προφητῶν τοῦ κυρίου βοηθούντων αὐτοῖς. ³ἐν αὐτῷ τῷ χρόνῳ παρῆν πρὸς αὐτοὺς Σισίννης ὁ ἔπαρχος Συρίας καὶ Φοινίκης καὶ 4 Σαθραβουζάνης καὶ οἱ συνέταιροι καὶ εἶπαν αὐτοῖς ⁴Τίνος ὑμῖν συντάξαντος τὸν οἶκον τοῦτον οἰκοδομεῖτε καὶ τὴν στέγην ταύτην καὶ τὰ ἄλλα πάντα ἐπιτελεῖτε; καὶ τίνες εἰσὶν οἱ οἰκοδόμοι οἱ ταῦτα ἐπιτελοῦν-
5 τες; ⁵καὶ ἔσχοσαν χάριν ἐπισκοπῆς γενομένης ἐπὶ τὴν αἰχμαλωσίαν 6 παρὰ τοῦ κυρίου οἱ πρεσβύτεροι τῶν Ἰουδαίων ⁶καὶ οὐκ ἐκωλύθησαν τῆς οἰκοδομῆς μέχρι τοῦ ἀποσημανθῆναι Δαρείῳ περὶ αὐτῶν καὶ προσφωνηθῆναι.

7 ⁷Ἀντίγραφον ἐπιστολῆς, ἧς ἔγραψεν Δαρείῳ καὶ ἀπέστειλεν Σισίννης

B' A V' *L a* (74 desinit ab 4 ταυ]τα επιτελουντες) *b* 58 119 verss

L: cf 14s | om ἐπ' αὐτούς 71 La^C Arm

2 ζοροβακελ 74 | ὁ τοῦ Σαλαθιήλ] > 71 64^txt(corr pr m) 125; om ὁ 610 | σαλαθαηλ 58: cf 5s | om ὁ τοῦ Ἰωσεδέκ 71 125: cf Esdr II 5₂ 𝔊^ap | om τὸν οἶκον 55 | τοῦ κυρίου 1°] του θεου 245 Sy = Esdr II; > 71; om τοῦ *L a* 64-381 52 119: cf 1₃ | συνόντων] + αυτοις *L* 121 La (*cum eis* La^C): cf Esdr II | om τῶν 55 610*(corr pr m): post των | om τοῦ 4° 71 58 | βοηθούντων] pr και V^c *L* 121 58 La Sy^12165 | αὐτοῖς] αυτους 236; + αγγαιου και ζαχαριου οι και επροφητευον τω τοτε καιρω 381: cf 1
3 καιρω 58 119 245 cf Ios XI 89 = Esdr II 5₃ 𝔊 | σισηννης 55; sisesnnes La^V; σισινης 19 71 46-98 122* 125 Ios^te (σισινου); סיסינוס Sy; σισηνης 610; sisenes La^c; σισιννιος 381 58 Ios^lat: cf 7 26 71 | om ὁ 74 = Esdr | καὶ 2°⌒4° 125 | σαθραβοζανης *L*; satrabozanes (-buz. c) La^V; σαθρουβαζανης 106; σαθραβουζανιος 58; σαθραζουβανης 236; satharbuzanes La^c: cf Esdr II; σαθρουζανης 107; σαζονθρανης 71; σαθραβουζανης 55 Aeth: cf 7 26 71; סתרובורינס (סתרובורוגים G) Sy; σαρωβαζανου Ios | συνέταιροι] + αυτων A V' 74-121 *b* 119 La^V; + αυτων 58 La^c Aeth Arm: cf 7 26 71, praef p 39 et Esdr II | ειπεν B' 52 245: cf Esdr II 𝔊^ap

4 ημιν 108 762; υμεις 106-107: cf 10 | προσταξαντος 121: cf 10 | τ. οικον τούτον post οἰκοδομεῖτε tr 98 La^c: cf Esdr II 5₃ 𝔊 et 10 | οικοδομησαι 120* 58: cf Esdr II | στέγην] πολιν *a*: cf Esdr II 5₄ 𝔊 | καὶ 2°⌒3° 71 125 Arm | καὶ 2° — ἐπιτελεῖτε] επιτ. και τα αλλα παντα 381 | τὰ ἄλλα] ταλλα B' A *a* 58 Ra.: cf 4s | πάντα] ταυτα 245: cf sq; > 19 Lag. | om καὶ 3° A | om εἰσὶν 71 245 | ταῦτα] + τα B* | ἐπιτελοῦντες] τελουντες B*: cf 13; οικοδομουντες 245 La Aeth

5 χαρις 728 | επισκοποις 55 | γενομενοι B; γεναμενης 55 (η ex o corr pr m) 58 245: cf praef p 47; γινομενης 121 | ἐπί] εις *b* | παρά] περι 68 Ald | τοῦ κυρίου] τω κυριω 245; om τοῦ *L* 98 55 cf 1₃

6 μέχρι τοῦ] μεχρις (μεχις 55) ου B' *a* Sixt: cf 1₄₉; αχρι του *L* | ἀποσημανθῆναι] υποσ. A *b*-⁹⁸ 58 119 Ra.; επισ. 98 | δαριω V' 728 55: cf 2₂₅ | αὐτῶν] τούτων *L*: cf Esdr II 5₅ | προσφωνηθῆναι] προφ. 46 68; οπως αυτω προσφωνηθη *L*

7 init — ἀπέστειλεν] γεγραφε δε εν τη επιστολη ουτως (ουτος* (corr pr m)) 106; > 71-236^txt (cf praef p 10 (ad 120)) 46 (+ εσδρας βιβλιον α' 46*-52)-98^txt.728^txt 68^txt(corr pr m) 125; om init — Δαρείῳ 1° La^c: cf sq | ἧς —

Abbildungsnachweis

Abbildung 1: Seite mit dem Inhaltsverzeichnis der Ausgabe von Alfred Rahlfs, Septuaginta. Id est Vetus Testamentum graece iuxta LXX interpretes, Stuttgart 1979. Die Bücher, die im Kästchen stehen, finden sich nicht im Alten Testament.

Abbildung 2a und b: Der Septuagintatext von Esther 4,13–14 in der kritischen Ausgabe von Robert Hanhart, Esther (Septuaginta, Vetus Testamentum graecum, auctoritate Academiae Scientiarum Gottingensis editum, Bd. VIII/3), Göttingen 1966, 1983^2, S. 160–161.

Abbildung 3: Lesung einer Variante, wie sie sich im Apparat des Septuagintatextes von Esther 4,13 findet.

Abbildung 4: Kopie des Chester Beatty Papyrus, auch P 967 genannt, von Esther; die Stelle, wo die Wörter ausgelassen sind, ist gekennzeichnet. Siehe Frederic G. Kenyon, The Chester Beatty Biblical Papyri. Descriptions and Texts of Twelve Manuscripts on Papyrus of the Greek Bible. Fasciculus VII: Ezekiel, Daniel, Esther (Platten). London 1938, folio 194 verso.

Abbildung 5: Kopie des rekonstruierten Esthertextes des Chester Beatty Papyrus. Siehe Frederic G. Kenyon, The Chester Beatty Biblical Papyri. Descriptions and Texts of Twelve Manuscripts on Papyrus of the Greek Bible. Fasciculus VII: Ezekiel, Daniel, Esther (Text). London 1937, S. 42. Die Stelle, wo die Wörter ausgelassen sind, ist kenntlich gemacht.

Abbildung 6: Text und Apparat des Septuagintatextes von Josua nach der Cambridge Ausgabe (siehe A.E. Brooke und N. McLean, The Old Testament in Greek according to the text of codex Vaticanus supplemented from other uncial manuscripts, with a critical apparatus containing the variants of the chief ancient authorities for the text of the Septuagint. Part 4: Joshua, Judges and Ruth, Cambridge 1917). Ins Kästchen gesetzt ist die sich im Apparat findende Anmerkung zu Vers 15.

Abbildung 7a und b: Kopie der in die Cambridge Ausgabe eingelegten Seiten, auf denen alle Manuskripte angeführt sind, die zur Rekonstruktion des Josuabuches benutzt wurden.

Abbildung 8: Rekonstruktion von Josua 10,14–19 des Papyrus 2648 (auch als Rahlfs 816 bekannt), wie sie sich in der von Kristin De Troyer edierten Ausgabe findet. Siehe K. De Troyer, Joshua (Papyri Graeca Schøyen. PSchøyen I, ed. Rosario Pintourdi; Papyrologica Florentina, XXXV/Manuscripts in the Schøyen Collection, V), Firenze, 2005, pp. 79–145 + Plates XVI–XXVII. Die Anmerkung zu Vers 15 ist ins Kästchen gesetzt.

Abbildung 9: Der Septuagintatext von Esther (A-Text) 7,33b–38, wie er in der kritischen Ausgabe von Robert Hanhart erscheint. Siehe R. Hanhart, Esther (Septuaginta, Vetus Testamentum graecum, auctoritate Academiae Scientiarum Gottingensis editum, Bd. VIII/3), Göttingen 1966, 1983^2, S. 195–196.

Abbildung 10a und b: Die Lesungen von Aquila, Symmachus und Theodotion sind üblicherweise in einem zweiten Apparat zum Text verzeichnet. Hier als Beispiel Leviticus 12, wie in der Ausgabe von John W. Wevers wiedergegeben. Siehe J.W. Wevers, Leviticus (Septuaginta, Vetus Testamentum graecum, auctoritate Academiae Scientiarum Gottingensis editum, Bd. II/2), Göttingen 1986, S. 138–139. Die Lesungen finden sich am Fuße der Seite.

Abbildung 11: Seite der Biblia Qumranica mit dem Septuagintatext und dem Text von Naḥal Ḥever von Jona 1,10–2,2. Siehe K. De Troyer, A. Lange, B. Ego und Hermann Lichtenberger (ed), Biblia Qumranic, Fasc. Dodekapropheton, Leiden 2004. Der Text der zweiten Kolumne basiert auf Emanuel Tov, with the collaboration of R.A. Kraft and a contribution of P.J. Parsons, The Greek Minor Prophets Scroll from Nahal Hever (8HevXIIgr), (The Seiyâl Collection I), (Discoveries in the Judaean Desert, VIII), Oxford 1990.

Abbildung 12: Seite der Biblia Qumranica mit dem Septuagintatext und dem Text von Naḥal Ḥever von Habakuk 2,13–3,1. Siehe K. De Troyer, A. Lange, B. Ego und H. Lichtenberger (ed), Biblia Qumranica, Fasc. Dodekapropheton, Leiden 2004. Der Text der zweiten Kolumne basiert auf Emanuel Tov, with the collaboration of R.A. Kraft and a contribution of P.J. Parsons, The Greek Minor Prophets Scroll from Nahal Hever (8HevXIIgr), (The Seiyâl Collection I), (Discoveries in the Judaean Desert, VIII), Oxford 1990. In der zweiten Kolumne ist das für die Nahal Hever Rezension typische Wort »kaige« angezeigt.

Abbildung 13: Der Septuagintatext von Esther 7,8–10, wie er in der kritischen Ausgabe von Robert Hanhart erscheint. Siehe R. Hanhart, Esther (Septuaginta, Vetus Testamentum graecum, auctoritate Academiae Scientiarum Gottingensis editum, Bd. VIII/3), Göttingen 1966, 1983^2, S. 184. Die abweichende Lesart ist ins Kästchen gesetzt.

Abbildung 14: Der Text von 3. Esdras (d. h. 1. Esdras) 2,25, wie er sich bei Robert Hanhart findet. Siehe R. Hanhart, Esdrae Liber I (Septuaginta, Vetus Testamentum graecum, auctoritate Academiae Scientiarum Gottingensis editum, Bd. VIII/1), Göttingen 1974, S. 73.

Abbildung 15: Der Text von Esra, wie er sich bei Rudolph findet. Siehe W. Rudolph, Biblia Hebraica Stuttgartensia (K. Elliger und W. Rudolph, ed.), Stuttgart 1983. Die Namen Tattenai and Setar-Bosenai sind ins Kästchen gesetzt.

Abbildung 16: Der Septuagintatext von Esra-Nehemia, wie er in der Ausgabe von Robert Hanhart erscheint. Siehe R. Hanhart, Esdrae Liber II (Septuaginta, Vetus Testamentum graecum, auctoritate Academiae Scientiarum Gottingensis editum, Bd.. VIII/2), Göttingen 1993, S. 97. Im Kästchen stehen die Äquivalente für die Personennamen.

Abbildung 17: Der Text von 3. Esdras (d. h. 1. Esdras) 6,3 (parallel zu MT and LXX Esra 5,3), wie er sich in der Ausgabe von Robert Hanhart findet. Siehe R. Hanhart, Esdrae Liber I (Septuaginta, Vetus Testamentum graecum, auctoritate Academiae Scientiarum Gottingensis editum, Bd. VIII/1), Göttingen 1974, S. 106. Im Kästchen stehen die Äquivalente für die Personennamen.

Literaturverzeichnis

1. Textausgaben und Kommentare

Bergsträsser, G.: Introduction to the Semitic Languages: Text Specimens and Grammatical Sketches (übersetzt von P. T. Daniels), Winona Lake, IN 1983.

Beyer, K.: Die Aramäischen Texte vom Toten Meer, Ergänzungsband, Göttingen 1994.

Biblia Sacra iuxta Vulgatam versionem. B. Fischer/R. Weber/R. Gryson (Hg.), Stuttgart 1969, ²1975.

Biblia Sacra Vulgatae Editionis Sixti Quinti iussu recognita (et auctoritate Clementis Octavi edita), Rom 1592, 1593, 1598. (Sixto-Clementine Vulgate)

Bibliotheca Bodmeriana. Papyrus Bodmer XXI. Josué VI,16–25, VII,6–XI,23, XXII,1–2, 19–XXIII,7, 15–XXIV,23 en sahidique, R. Kasser (Hg.), Cologny-Genève 1963.

Brenton, L. Ch. L.: The Septuagint Version of the Old Testament and Apocrypha with an English Translation and with Various Readings and Critical Notes, London 1851, Nachdr., Grand Rapids, MI 1978.

Brooke, A. E./McLean, N.: The Old Testament in Greek according to the text of codex Vaticanus supplemented from other uncial manuscripts, with a critical apparatus containing the variants of the chief ancient authorities for the text of the Septuagint, Part 4: Joshua, Judges and Ruth, Cambridge 1917.

–: McLean, N./Thackeray, H.St.-J.: The Old Testament in Greek. Part 3.1: Esther, Judith, Tobit, Cambridge 1940.

Busto Saiz, J. R.: siehe Fernandéz.

Ceriani, H. M.: Codex Syro-Hexaplaris Ambrosianus, Monumenta sacra et profana, Tomus VII, Mediolani 1874.

Codex vaticanus graecus 1209. Bibliorum sacrorum graecorum, Vatican City 1999.

Codex Vaticanus: siehe Prolegomena zu Codex Vaticanus B.

De Troyer, K.: Ester: Belichting van het Bijbelboek, 's-Hertogenbosch, KBS, 2003.

–: Joshua (Papyri Graecae Schøyen, PSchøyen I, ed. Rosario Pintaudi; Papyrologica Florentina, XXXV/Manuscripts in the Schøyen Collection, V), Firenze, 2005, pp. 79–145 + Plates XVI–XXVII.

Dillmann, A.: Veteris testamenti aethiopici. Tomus primus sive octateuchus aethiopicus, Leipzig 1853.

Erbes, J. E.: Joshua, in: D. J. Lane/A. P. Hayman/W. M. van der Vliet u. a. (Hg.), Leviticus – Numbers – Deuteronomy – Joshua: The Old Testament in Syriac according to the Peshitta Version, Part I, Fasc. 2; Part II, Fasc. 1b, Leiden 1991.

Fernandéz Marcos, N./Busto Saiz, J. R., in Zusammenarbeit mit Spottorno Diaz-Caro, V./Peter Cowe, S.: El texto antioqueño de la Biblia griega, 1–2 Samuel, Textos y Estudios Cardinal Cisneros 50, Madrid 1989.
–: in Zusammenarbeit mit Spottorno Diaz-Caro, V: El texto antioqueño de la Biblia griega, 1–2 Reyes, Textos y Estudios Cardinal Cisneros 53, Madrid 1992.
–: in Zusammenarbeit mit Spottorno Diaz-Caro, V./Peter Cowe, S.: El texto antioqueño de la Biblia griega, 1–2 Crónicas, Textos y Estudios Cardinal Cisneros 60, Madrid 1996.
Field, F.: Origenis Hexaplorum quae supersunt; sive veterum interpretum graecorum in totum Vetus Testamentum Fragmenta, Tomus 1: Prolegomena: Genesis-Esther, Oxford 1875.
Fraenkel, D.: siehe Rahlfs.
Fritz, V.: Das Buch Josua, HAT I/7, Tübingen 1994.

García Martínez, F.: The Dead Sea Scrolls Translated. The Qumran Texts in English (transl. by W.G. E. Watson), Leiden 1994 (zuerst publiziert in Spanisch, dann in Niederländisch, 1994–1995).
Grabbe, L.: Ezra-Nehemiah. Old Testament Readings, London/New York 1998.
Grossfeld, B.: The Two Targums of Esther: Translated with Apparatus and Notes, The Aramaic Bible 18, Collegeville, MN 1991.
Gryson, R.: Altlateinische Handschriften/Manuscrits Vieux Latins: Répertoire descriptif. Premiére partie: Mss 1–275 (d'après un manuscrit inachevé de Hermann Josef Frede). Vetus Latina, Die Reste der altlateinischen Bibel nach Petrus Sabatier neu gesammelt und herausgegeben von der Erzabtei Beuron, 1/2A, Freiburg 1999.

Hanhart, R.: Esther, in: Septuaginta, Vetus Testamentum graecum, auctoritate Academiae Scientiarum Gottingensis editum Vol. VIII/3, Göttingen 1966, ²1983.
–: Esdrae Liber I, in: Septuaginta, Vetus Testamentum graecum, auctoritate Academiae Scientiarum Gottingensis editum, Vol. VIII/1, Göttingen 1974.
–: Text und Textgeschichte des 1. Esrabuches, Mitteilungen des Septuaginta-Unternehmens 12, Göttingen 1974.
–: Esdrae Liber II, in: Septuaginta, Vetus Testamentum graecum, auctoritate Academiae Scientiarum Gottingensis editum, Vol. VIII/2, Göttingen 1993.

Harrington, D. J./Saldarini, A. J.: Targum Jonathan of the Former Prophets, The Aramaic Bible 10, Edinburgh/Wilmington, DE 1987.

Holmes, R./Parsons, J.: Vetus Testamentum graecum cum variis lectionibus, 5 Volums, Oxford 1798–1827, Nachdr., Oxford 1897.

Keil, C. F.: Biblischer Commentar über die Nachexilischen Geschichtsbücher: Chronik, Esra, Nehemia und Esther, Biblischer Commentar über das Alte Testament, Leipzig 1970.

Kelley, P. H./D.S. Mynatt/T. G. Crawford: The Masorah of Biblia Hebraica Stuttgartensia: Introduction and Annotated Glossary, Grand Rapids, MI 1998.

Kenyon, F. G.: The Chester Beatty Biblical Papyri. Descriptions and Texts of the Twelve Manuscripts on Papyrus of the Greek Bible, Fasc. VII: Ezekiel, Daniel, Esther, London 1937 (Text)-1938 (Plates).

Lagarde, de P.: Hagiographa Chaldaice, Leipzig 1873. Nachdr., Osnabrück 1967.

Ders.: Bibliothecae Syriacae, Göttingen 1892.

Lee, S.: Vetus Testamentum syriace, London 1823.

Maass, F.: Librum Esther, BHS 13, Stuttgart 1977.

Margolis, M. L.: The Book of Joshua in Greek According to the Critically Restored Text with an Apparatus Containing the Variants of the Principal Recensions and of the Individual Witnesses, Publications of the Alexander Kohut Memorial Foundation, Part 1–4, Paris 1931(–1938).

Meisner, Aristeasbrief (Jüdische Schriften aus hellenistisch-römischer Zeit, Bd. II) Gütersloh, in Vorbereitung.

Mercati, G.: Psalterii Hexapli reliquiae, Vatican City 1958, 1965.

Meyer, R.: Josua et Judices. BHS 4, Stuttgart 1972/77, 1983.

Moore, C. A.: Esther, Anchor Bible 7B, Garden City 1971.

Noth, M.: Das Buch Josua, HAT I/7, Tübingen ²1953.

Omanson, R. L./Noss, Ph.A. (Hg.): A Handbook on the Book of Esther: The Hebrew and Greek Text, New York 1997.

Pérez Castro, F.: El Códice de Profetas de El Cairo, Textos y Estudios »Cardenal Cisneros« 26, Madrid 1980.

Pohlmann, K.-F.: 3. Esra-Buch: Historische und legendarische Erzählungen, JSHRZ 1, Gütersloh 1980.

Rahlfs, A.: Verzeichnis der griechischen Handschriften des Alten Testaments für das Septuaginta-Unternehmen aufgestellt, Mitteilungen des Septuaginta-Unternehmens 2, Berlin 1914.

–: Septuaginta: Id est Vetus Testamentum graece iuxta LXX interpretes, Vol. II: Libri poetici et prophetici, Stuttgart 1935.

–: bearbeitet von Detlef Fraenkel, Supplement. Verzeichnis der griechischen Handschriften des Alten Testaments. Bd. I, 1: Die Überlieferung bis zum VIII. Jahrhundert (Septuaginta. Vetus Testamentum graecum, auctoritate Academiae Scientiarum Gottingenis editum Vol. I,1), Göttingen 2004.

Robert, U.: Heptateuchi partis posterioris versio latina antiquissima e codice Lugdunensi, Lyon 1900.

Sabatier, P.: Bibliorum sacrorum latinae versiones antiquae seu Vetus Italica et caeterae quaecumque in codicibus Mss et antiquorum libris reperiri potuerunt: quae cum Vulgata Latina et cum textu graeco comparantur, Vol. 1, Reims 1743; Nachdr., Turnhout 1991.

Saebø, M.: Esther, Biblia Hebraica Quinta, 18: General Introduction and Megilloth, Stuttgart 2004.

Schenker, A.: Psalmen in den Hexapla: Erste kritische und vollständige Ausgabe der hexaplarischen Fragmente auf dem Rande der Handschrift Ottobonianus Graecus 398 zu den Ps 24–32, Studi e Testi 295, Vatican City 1982.

Schildenberger, J./Miller, A.: Die Bücher Tobias, Judith und Esther, übersetzt und erklärt, Bd. III: Das Buch Esther, Die Heilige Schrift des Alten Testaments 4/3, Bonn 1940–1941.

Soggin, J. A.: Joshua: A Commentary, OTL, Philadelphia 1972.

Sperber, A.: The Hagiographa: Transition from Translation to Midrash, The Bible in Aramaic, IV A, Leiden 1968.

Swete, H. B.: The Old Testament in Greek, according to the Septuagint, Vol. 1: Genesis-IV Kings, Cambridge 1901.

Thackeray, H. St.-J.: A Grammar of the Old Testament in Greek According to the Septuagint, Cambridge 1909; Nachdr., Hildesheim 1987.

Thompson, H.: A Coptic Palimpsest containing Joshua, Judges, Ruth, Judith and Esther in the Sahidic Dialect, Oxford 1911.

Tov, E.: The Greek Minor Prophets Scroll from Nah?al H?ever (8H?evXIIGr): The Seiyâl Collection I, DJD VIII, Oxford 1990.

–: 4Josh[b], in: Ulrich, E./Cross, F. M./White Crawford/S., Duncan/J. A., Skehan/P. W./Tov, E. und Trebolle Barrera, J.: Qumran Cave 4. IX: Deuteronomy, Joshua, Judges, Kings, DJD XIV, Oxford 1995, 153–160.

Trommius, A.: Concordantiae graecae versionis vulgo dictae LXX interpretum, cujus voces secundum ordinem elementorum sermonis graeci digestae recensentur, contra atque in Opere Kircheriano factum fuerat. Leguntur hic praeterea voces graecae pro hebraicos redditae. Ab antiquis omnibus Veteris Testamenti Interpretibus, quorum nonnisi fragmenta extant, Aquila, Symmacho, Theodotione et aliis quorum maximam partem super in lucem edidit Domnus Bernardus de Montfaucon, Amsterdam 1718; Nachdr., 2 Bde., Kampen [25]1992.

Ulrich, E.: 4QJosh[a], in: Ulrich, E./Cross, F. M./White Crawford, S./Duncan, J. A./ Skehan, P. W./Tov, E. und Trebolle Barrera, J.: Qumran Cave 4. IX: Deuteronomy, Joshua, Judges, Kings, DJD XIV, Oxford 1995, 143–152.

Vööbus, A.: The Pentateuch in the Version of the Syro-Hexapla: A Facsimile edition of a Midyat Ms. discovered 1964, CSCO 369, Leuven 1975.

Walton, B.: Biblia Polyglotta, London 1657; Nachdr., Graz 1964.

Weber, R., osb (Hg.): Biblia Sacra iuxta vulgatam versionem, Vol. I: Genesis-Psalmi, Stuttgart 1969.

Ders.: Biblia Sacra iuxta vulgatam versionem. Vol. II: Proverbia-Apocalypsis, Appendix, Stuttgart 1969.

Weil, G. E.: Massorah Gedolah iuxta Codicem Leningradensem B 19a, Vol. 1: Catalogi, Rom 1971; Nachdr. 2001.

Wevers, J. W./Quast, U.: Deuteronomium, in: Septuaginta Vetus Testamentum Graecum Auctoritate Academiae Scientiarum Gottingensis editum, Vol. III/2, Göttingen 1977.

2. Monographien

Baars, W.: New Syro-Hexaplaric Texts, Leiden 1968.

Barr, J.: Comparative Philology and the Text of the Old Testament, Oxford 1968; Nachdr. mit Zusätzen und Korrekturen, Winona Lake, IN 1987.

–: Typologies of Literalism in Ancient Biblical Translations, Mitteilungen des Septuaginta-Unternehmens 15, Göttingen 1979.

–: The Semantics of Biblical Language, Oxford 1961; Nachdr., London/Philadelphia 1991.

Barthélemy, D.: Les devanciers d'Aquila. VT.S 10, Leiden 1963.

Begg, Ch.: Josephus' Account of the Early Divided Monarch (AJ 8,212–421): Rewriting the Bible, Leuven 1993.

–: Josephus' Story of the Later Monarchy (AJ 9,1–10,185) Leuven 2000.

Bogaert, P.-M.: L'importance de la Septante et du »Monacensis« de la Vetus Latina pour l'exégèse du lime de l'exode (chap. 35–40), in: Marc Vervenne (Hg.), Studies in the Book of Exodus: Redaction, Reception, Interpretation, BETL 126, Leuven 1996.

Brock, S. P.: The Recensions of the Septuagint Version of 1 Samuel (Vorwort von N. Fernández Marcos), Quaderni di Henoch 9 (Oxford Diss. 1966), Torino 1966.

Clines, D. J. A.: The Esther Scroll: The Story of the Story, JSOT.S 30, Sheffield 1984.

Day, L.: Three Faces of a Queen: Characterization in the Books of Esther, JSOT.S 186, Sheffield 1995.
De Troyer, K.: The End of the Alpha-Text of Esther: Translation Techniques and Narrative Techniques in MT-LXX 8,1–17–AT 7,14–41, SCSt 48, Atlanta
–: Rewriting the Sacred Text. What the Old Greek Texts Tell Us about the Literary Growth of the Bible. Text-Critical Studies 4, Atlanta/Leiden 2003.
Dietrich, W.: Von David zu den Deuteronomisten: Studien zu den Geschichtsüberlieferungen des Alten Testaments, Stuttgart 2002.
Dorothy, Ch. V.: The Books of Esther: Structure, Genre and Integrity, JSOT.S 187, Sheffield 1997.

Fernández Marcos, N.: Scribes and Translators: Septuagint and Old Latin in the Books of Kings, VT.S 54, Leiden 1994.
–: The Septuagint in Context. Introduction to the Greek Version of the Bible (übersetzt von W. Watson), Leiden 2000.
Fox, M. V.: Character and Ideology in the Book of Esther, Studies on the Personalities of the Old Testament 6, Columbia, SC 1991.
–: The Redaction of the Books of Esther: On Reading Composite Texts, SBL.M 40, Atlanta 1991.

Hanhart, R.: Ein unbekannter Text zur griechischen Esra-Überlieferung, Lothar Perlitt zum 65. Geburtstag am 2. Mai 1995, Mitteilungen des Septuaginta-Unternehmens 22, Göttingen 1995.

Jobes, K. H.: The Alpha-Text of Esther: Its Character and Relationship to the Masoretic Text, SBL.DS 153, Atlanta 1996.
Josephus.: Jewish Antiquities: Books IX–X, in: R. Marcus (Hg.), Loeb Classical Library, Cambridge 1958.
–: Jewish Antiquities: Books XVIII–XX, in: L. H. Feldman (Hg.), Loeb Classical Library, Cambridge 1969.

Kossmann, R.: Die Esthernovelle: Vom Erzählten zur Erzählung, VT.S 79, Leiden 1999.
Kratz, R.: Die Komposition der erzählenden Bücher des Alten Testaments, Göttingen 2000.

Lipiński, E.: Semitic Languages: Outlines of a Comparative Grammar, OLA, Leuven 1979.
Longton, J.: Uit Abraham Geboren: Jodendom, Christendom, Islam en hun vertakkingen, Turnhout 1990.

Maier, J./Schäfer, P.: Kleines Lexikon des Judentums, Stuttgart 1981.
Masius, A.: Josuae Historia, Antwerpen 1574.
–: In Critici sacri: sive Annotata doctissimorum virorum in Vetus ac Novum Testamentum, Amsterdam/Ultrajecti 1698. Siehe auch: Critici sacri sive doctissimorum virorum, in: S.S. Biblia Annotationes et Tractatus, London 1660.
Mazor, L.: The Septuagint Translation of the Book of Joshua: Its Contribution to the Understanding of the Textual Transmission of the Book and Its Literary and Ideological Development, Diss., Jerusalem 1994.
Meer, van der M.: Formation and Reformulation: The Redaction of the Book of Joshua in the Light of the Oldest Textual Witnesses, Diss., Leiden 2001.
Moore, C. A.: The Greek Text of Esther, Diss., Baltimore, MD 1965.

Noort, E.: Das Buch Josua: Forschungsgeschichte und Problemfelder, EdF 292, Darmstadt 1998.

Pohlmann, K.-F.: Studien zum dritten Esra: Ein Beitrag zur Frage nach dem ursprünglichen Schluss des chronistischen Geschichtswerks, FRLANT 104, Göttingen 1970.
Prolegomena to Codex Vaticanus B: Codex vaticanus graecus 1209 (Bibliorum sacrorum graecorum), P. Canart/P.-M. Bogaert/S. Pisano (Hg), Vatican City 1999.

Salvesen, A.: Symmachaus in the Pentateuch, JSSt.M 15, Manchester 1991
–: (Hg.): Origen's Hexapla and Fragments, TSAJ 58, Tübingen 1998.
Schenker, A.: Hexaplarische Psalmenbruchstücke, OBO 8, Fribourg/Göttingen 1975.
Schmid, K.: Buchgestalten des Jeremiabuches. Untersuchungen zur Redaktions- und Rezeptionsgeschichte von Jer 30–33 im Kontext des Buches, WMANT 72, Neukirchen 1996, besonders 12–43.
Sipilä, S.: Between Literalness and Freedom: Translation Technique in the Septuagint of Joshua and Judges regarding the clause connections introduced by w and yk, Publications of the Finnish Exegetical Society 75, Helsinki/Göttingen 1999.
Steck, O. H.: Exegese des Alten Testaments. Leitfaden der Methodik. Ein Arbeitsbuch für Proseminare, Seminare und Vorlesungen, Neukirchen-Vluyn 1971, ^{12}1989.
Sweeney, M.: King Josiah of Judah: The Lost Messiah of Israel, Oxford 2001.

Talshir, Z.: 1 Esdras: From Origin to Translation, SBLSCSt 47, Atlanta 1999.
Tov, E.: The Text-Critical Use of the Septuagint in Biblical Research, Jerusalem Biblical Studies 8, Jerusalem 1981, ²1997.
–: Textual Criticism of the Hebrew Bible, Minneapolis 1992, ²2001.
–: The Greek and the Hebrew Bible: Collected Essays, VT.S 72, Leiden 1999.

Ulrich, E.: The Qumran Text of Samuel and Josephus, HSM 19, Chico, CA 1978.
–: The Dead Sea Scrolls and the Origins of the Bible, Studies in the Dead Sea Scrolls and Related Literature, Grand Rapids, MI/Leiden 1999

Veijola, T.: Die ewige Dynastie: David und die Entstehung seiner Dynastie nach der deuteronomistischen Darstellung, Suomalainen Tiedeakatemia Toimituksia B 193, Helsinki 1975.

Weippert, H.: Palästina in vorhellenistischer Zeit, Handbuch der Archäologie 2, Bd. I, München 1988.

3. Artikel in Zeitschriften und Bücher

Aejmelaeus, A.: The Septuagint of I Samuel, in: L. Greenspoon/O. Munnich (Hg.), VIII Congress of the International Organization for Septuagint and Cognate Studies 41, Atlanta 1995, 109–129.
Attridge, H. W.: Historiography, in: M. E. Stone (Hg.), Jewish Writings of the Second Temple Period: Apocrypha, Pseudepigrapha, Qumran Sectarian Writings, Philo, Josephus. Compendia rerum iudaicarum ad Novum Testamentum II: The Literature of the Jewish People in the Period of the Second Temple and the Talmud, Assen/Philadelphia 1984, 157–184.

Bickerman, E. J.: The Colophon of the Greek Book of Esther, JBL 63 (1944) 339–362.
Bogaert, P.-M.: Septante et Versions Grecques, in: J. Briend/E. Cothenet (Hg.), Supplément au Dictionnaire de la Bible, Paris 1993, Fasc. 68, c, 536–692.
Busto Saiz, R. J.: El Texto Teodociónico de Daniel y la Traducción de Símaco, Sefarad 40 (1980) 41–55.

Cook, H.: The A Text of the Greek Versions of the Books of Esther, ZAW 81 (1969) 369–376.
Crawford, S.: Siehe White Crawford.
Cross, F. M.: A New Qumran Biblical Fragment Related to the Original Hebrew Underlying the Septuagint (4QSam^a), BASOR 132 (1953) 15–26.

–: The History of the Biblical Text in the Light of Discoveries in the Judaean Desert, HThR 57 (1964). Nachdr. in: F. M. Cross/S. Talmon, Qumran and the History of the Biblical Text, Cambridge 1975, 177–195.

Dell'Acqua, A. P.: The Liberation Decree of Add. E in Esther LXX: Some Lexical Observations Starting from a New Papyrus. Vortrag präsentiert beim Internationalen Kongress der Society of Biblical Literature, Rom 2001.

De Troyer, K.: An Eastern Beauty Parlour: An Analysis of the Hebrew and the Two Greek Texts of Esther 2:8–18, in: A. Brenner (Hg.), Judith, Esther, and Susannah. A Feminist Companion to the Bible, Band 7, Sheffield 1995, 47–70.

–: Septuagint and Gender Studies: The Very Beginning of a Promising Liaison, in: A. Brenner/C. Fontaine (Hg.), A Feminist Companion to Reading the Bible: Approaches, Methods and Strategies, Sheffield 1997, 326–343.

–: Once More the So-Called Esther Fragments of Cave 4, RdQ 75/19 (2000) 401–422.

–: Translation or Interpretation? A Sample from the Books of Esther, in: B. A. Taylor (Hg.), X Congress of the International Organization for Septuagint and Cognate Studies, Oslo 1998, SCSt 51, Atlanta, GA 2001, 343–353

–: Fifty Years of Qumran Research: A Different Approach. RSR 28 (2002/2) 15–22.

–: The Letter of the King and the Letter of Mordecai: An Analysis of MT & LXX 8.9–13 and AT 7.33–38, Textus 21 (2002) 175–207.

–: The Many Texts of the Esther Story, Folio: The Newsletter of the Ancient Biblical Manuscript Center 19 (2002/2) 3 und 7–8.

–: Zerubbabel and Ezra: A Revived and Revised Solomon and Josiah? A Survey of Current 1 Esdras Research, Currents of Biblical Research 1 (2002) 30–61.

–: 4Q550 in the Context of the Darius Traditions: The Need for Integration of Different Tools, in: J. Cook (Hg.), Bible and Computer: The Stellenbosch AIBI-6 Conference, Proceedings of the Association Internationale Biblique et Informatique, »Alpha to Byte«, Leiden 2002, 573–581.

–: Did Joshua Have a Crystal Ball? The Old Greek and the MT of Joshua 10:15,17 and 23, in: M. P. Shalom/R. A. Kraft/H. L. Schiffmann u. a. (Hg.), Emanuel: Studies in Hebrew Bible, Septuagint and Dead Sea Scrolls in Honour of Emanuel Tov, Leiden 2003, 571–589.

–: ›And God Was Created . . .‹ On Translating Hebrew into Greek, in: K. Feyaerts (Hg.), The Bible through Metaphor and Translation: A Cognitive Semantic Perspective, Religions and Discourse 15, Edinburgh 2003, 205–218.

–: Joshua, in: R. Pintaudi (Hg.), Catalogue of the Schøyen Greek, J. Braarvig (Gesamthg.), The Schøyen Collection 1, Oslo/London 2004, 99–159.

–: Der lukianische Text. Mit einen Beitrag zum sogenannten lukianischen Text des Estherbuches, in: S. Kreuzer/J. Lesch (Hg.), Die Septuaginta. Studien zur Entstehung und Bedeutung der griechischen Bibel, BWANT, Stuttgart 2004, 229–246.

–: Esther in Text- and Literary Critical Paradise, in: L. Greenspoon/S. White Crawford (Hg.), The Book of Esther in Modern Research, JSOT.S 380, Sheffield 2004, 31–49.

–: Reconstructing the Old Greek of Joshua, in: W. Kraus/G.Wooden (Hg.), The Septuagint in Ancient Judaism and Early Christianity, SCSt, Atlanta, in Vorbereitung.

–: Building The Altar and Reading the Law: The Journeys of Joshua 8:30–35, in Kristin De Troyer/Armin Lange (Hg.) with the assistance of Katie Goetz and Susan Bond, Reading the Present: Scriptural Interpretation and the Contemporary in the Texts of the Judean Desert, SBL Symposium Series, Atlanta, in Vorbereitung.

Dimant, D.: Literary Typologies and Biblical Interpretation in the Hellenistic-Roman Period, in: S. Talmon (Hg.), Jewish Civilization in the Hellenistic-Roman Period, Philadephia 1991, 73–80.

Fernández Marcos, N.: Some Reflections on the Antiochian Text of the Septuagint, in: D. Fraenkel/U. Quast/J. W. Wevers (Hg.), Studien zur Septuaginta – Robert Hanhart zu Ehren: Aus Anlass seines 65. Geburtstages, Mitteilungen des Septuaginta-Unternehmens 20, Göttingen 1990, 219–229.

Flusser, D.: Psalms, Hymns, and Prayers, in: M. E. Stone (Hg.), Jewish Writings of the Second Temple Period: Apocrypha, Pseudepigrapha, Qumran Sectarian Writings, Philo, Josephus. Compendia rerum iudaicarum ad Novum Testamentum II: The Literature of the Jewish People in the Period of the Second Temple and the Talmud, Assen/Philadephia 1984, 551–577.

García Martínez, F.: Biblical Borderlines, in: F. García Martínez/J. Trebolle Barrera (Hg.), The People of the Dead Sea Scrolls: Their Writings, Beliefs and Practises, Leiden 1995, 123–138.

Haar Romeney, B., ter.: Techniques of Translation and Transmission in the Earliest Text Forms of the Syriac Version of Genesis, in: P. B. Dirksen/A. van der Kooij (Hg.), The Peshitta as a Translation: Papers read at the II Peshitta Symposium Held at Leiden 19–21 August 1993, Leiden 1995, 177–185.

Haelewyck, J.-C.: Le texte dit ›Lucianique‹ du livre d'Esther. Son etendue et sa cohérence, Le Muséon 98 (1985) 5–44.

–: La version latine du livre d'Esther dans le ›Monacensis‹ 6239, Revue Bénédictine 101 (1991) 7–27; 103 (1993) 289–306.

–: La version latine du livre d'Esther dans la première Bible d'Alcalá: Avec un appendice sur les citations patristiques vielles latines, in: J. M. Auwers/A. Wénin (Hg.), Lectures et relectures de la Bible, FS P.-M. Bogaert, BEThL 144, Leuven 1999, 165–193.

Hertog, den C. G.: Anmerkungen zu Margolis' The Book of Joshua in Greek, BIOSCS 28 (1995) 51–56.

Japhet, S.: »History« and »Literature« in the Persian Period: The Restoration of the Temple, in: M. Cogan/I. Eph'al (Hg.), Ah, Assyria ... Studies in Assyrian History and Ancient Near Eastern Historiography Presented to Hayim Tadmor, Scripta Hierosolymitana 33 (1991) 174–188.

Kharanauli, A.: Ein Chanmeti-Fragment der georgischen Übersetzung von Esra I (Fragen der Authentizität, Vorlage und Übersetzungstechnik), Le Muséon 2003, 181–216.

Kasher, R./Klein, M. L.: New Fragments of Targum to Esther from the Cairo Genizah, HUCA 61 (1990) 89–124.

Kasser, R.: Siehe Bibliotheca Bodmeriana.

Kooij, van der A.: On the Ending of the Book of 1 Esdras, in: C. Cox (Hg.), VII Congress of the IOSCS-Leuven 1989, SCSt 31, Atlanta 1991, 31–49.

–: Zur Frage des Anfangs des 1. Esrabuches, ZAW 103 (1991) 239–252.

Kreuzer, S.: Text, Textgeschichte und Textkritik des Alten Testaments: Zum Stand der Forschung an der Wende des Jahrhunderts, ThLZ 127 (2002) 127–155.

Legrand, Th.: Les Targums d'Esther. Essai de Comparaison des Targums I et III du livre d'Esther, Semitica 37 (1987) 71–94.

Lust, J.: The Identification of Zerubbabel with Sheshbassar, EThL 63 (1987) 90–95.

Martin, R. A.: Syntax Criticism of the LXX Additions to the Book of Esther, JBL 94 (1975) 65–72.

Milik, J. T.: Les modèles araméens du livre d'Esther dans la grotte 4 de Qumran, RdQ 59 (1992) 321–406.

Moore, C. A.: A Greek Witness to a Different Hebrew Text of Esther, ZAW 79 (1967) 351–358; Nachdr., C. A. Moore (Hg.), Studies in the Book of Esther, Library of Biblical Studies, New York 1981, 521–528.

Motzo, B.: La Storia del Testo di Ester, Ricerche Religiose 3 (1927) 205–208.

–: I Testi greci di Ester, SMSR 6 (1930) 223–231.

Nickelsburg, G. W. E.: The Bible Rewritten and Expanded, in: M. E. Stone (Hg.), Jewish Writings of the Second Temple Period: Apocrypha, Pseudepigrapha, Qumran Sectarian Writings, Philo, Josephus. Compendia rerum iudaicarum ad Novum Testamentum II: The Literature of the Jewish People in the Period of the Second Temple and the Talmud, Assen/Philadephia 1984, 89–156.

Passoni, A.: siehe Dell'Aqua.

Purvis, J. D.: Exile and Return: From the Babylonian Destruction to the Reconstruction of the Jewish State, in: H. Shanks (Hg.), Ancient Israel: From Abraham to the Roman Destruction of the Temple, rev. by E. M. Meyers, Washington, DC/Upper Saddle River, NJ 1999, 201–229.

Sanders, J. A.: Text and Canon: Concepts and Method, JBL 98 (1979) 5–30.

Schenker, A.: La Relation d'Esdras A' au texte massorétique d'Esdras-Néhémie, in: G. J. Norton/S. Pisano (Hg.), Tradition of the Text: Studies offered to Dominique Barthélemy in Celebration of His 70th Birthday, OBO 109, Fribourg/Göttingen 1991, 218–248.

Seeligmann, I. L.: Menschliches Heldentum und göttliche Hilfe, ThZ 19 (1963) 385–411.

Smend, R.: Das Gesetz und die Völker: Ein Beitrag zur deuteronomistischen Redaktionsgeschichte, in: H. Wolff (Hg.), Probleme biblischer Theologie, München 1971, 494–504.

Torrey, Ch. C.: The Older Book of Esther, HThR 37 (1944) 1–40; Nachdr., C. A. Moore (Hg.), Studies in the Book of Esther, Library of Biblical Studies, New York 1982.

–: Review of The Old Testament in Greek, by A. E. Brook/N. McLean/H. St.-J. Thackeray, JBL 61 (1942) 130–136.

Tov, E.: Lucian and Proto-Lucian, RB 79 (1972) 101–113

–: The ›Lucianic‹ Text of the Canonical and Apocryphal Sections of Esther: A Rewritten Biblical Book, Textus 10 (1982) 1–25.

–: The Fifth Fascicle of Margolis' The Book of Joshua in Greek, JQR 74 (1984) 397–407.

–: The Growth of the Book of Joshua in the Light of the Evidence of the LXX Translation, Scripta Hierosolymitana 31 (1986) 321–339; Nachdr., The Greek and the Hebrew Bible: Collected Essays, VT.S 72, Leiden 1999, 385–396.

Ulrich, E.: Josephus' Biblical Text for the Books of Samuel, in: L. H. Feldman/G. Hata (Hg.), Josephus, the Bible, and History, Detroit 1989, 81–96; Nachdr. in: Ulrich, E.: The Dead Sea Scrolls and the Origins of the Bible, Studies in the Dead Sea Scrolls and Related Literature, Leiden/Grand Rapids, MI 1999, 184–201.

White Crawford, S.: Has Esther been found at Qumran? 4QProto-Esther and the Esther Corpus, RdQ 65–68 (1996) 307–325.

Register

Stichwortverzeichnis

Abfassung(szeit) 10, 32f, 61, 94f, 100f, 120, 146, 162
Alpha-Text; A-Text 22, 29f, 48, 84–120, 123
Änderung; ändern; geändert, *siehe* Neufassen
Apokryphen, apokryph 16, 21, 161
Aquila, *siehe* Zeugenverzeichnis
Aramäisch(er Text u. ä.), *siehe* Andere Zeugen
Ausgabe, *siehe* Edition
Auslassung; aus(ge)lassen 44, 54, 68f, 72f, 101, 104, 135, 144
Autograph 10, 15, 60, 104, 109
Bearbeitung; BearbeiterIn; bearbeiten 49
Cambridge Edition 53ff, 87, 96, 98, 107
Chrysostomos 101
Clemens, *siehe* Zeugenverzeichnis
Deuteronomistisch(es Geschichtswerk) 17, 60, 152f
Edition; EditorIn 12, 15f, 33, 55, 80f
– editorische Bearbeitung u. ä. 60, 93, 154, 160
Einfügung; eingefügt u. ä., *siehe* Zusätze
Göttinger Unternehmen 15, 54f
– Göttinger Liste, Nummer 53, 61, 98
Griechisch(er Text u. ä.) 28, 41, 47f, 55, 58, 60f, 68, 70, 72ff, 76f, 80, 82, 85f, 88, 90–97, 100, 102ff, 108, 110f, 113ff, 117–120, 123ff, 131, 135, 142, 144, 154, 160ff
Halachisch 18
Hebräisch(er Text u. ä.) 27f, 33, 37, 42, 44, 47f, 58, 60f, 67f, 70, 72ff, 76f, 80, 85, 87, 90ff, 94f, 98, 100–104, 106, 109f, 112f, 123ff, 131, 134, 140, 144, 154, 158f, 161f
Hebraismus 105
HerausgeberIn, *siehe* Edition
Hexapla; hexaplarisch, *siehe* Zeugenverzeichnis
Hieronymus 124
Hinzufügung; hinzugefügt u. ä., *siehe* Zusätze
Homoioteleuton 59
Interpretation; interpretieren; interpretiert 20, 22f, 27, 40ff, 47f, 60, 72, 94
Judäa; Judäische Wüste, *siehe* Qumran
Kanon(ischer Text u. ä.) 12, 16, 60, 91, 126, 161
Kirchenväter 14, 89, 101
Korrektur(en); KorrektorIn; korrigiert 32f, 59, 88, 90f, 98, 100–104, 109f
Literarisch(e Prozesse; Entwicklung u. ä.) 82, 91, 113, 123, 127, 131, 133, 162

Literarkritik; literarkritisch 20, 24, 61, 162
Lukian(ischer Text u. ä.), *siehe* Zeugenverzeichnis
Masoreten; masoretisch(er Text); MT 23f, 29, 53, 161
- prä-masoretisch 22f, 49f, 77, 80, 161
- proto-masoretisch 23, 77, 81
Neufassen; neugefasst u. ä. 9, 16f, 21f, 26, 28, 31, 33, 48, 60, 82, 84, 87f, 91, 93ff, 97f, 102, 104, 109, 119f, 122, 154, 160ff
- Neufassung, *siehe* Version
Pseudepigraph(en) 21, 161
Qumran(forschung) 23, 60f, 87–91, 154ff
Redaktion; RedaktorIn 15, 162
- redaktionelle Bearbeitung u. ä. 16f, 60, 110
Redaktionsgeschichte; redaktionsgeschichtlich 24
Rekonstruktion; rekonstruiert 11, 15, 23, 31, 33
Revision, revidierende Tätigkeit u. ä. 13, 16, 18f, 30, 32f, 82, 87f, 100, 102
Rezension(sprozess u. ä.); rezensionistisch 13, 15f, 19, 88, 90f, 98, 100, 102, 104
SchreiberIn 59, 144
Septuagintagriechisch 105f, 109, 113
Septuaginta-Unternehmen, *siehe* Göttinger Unternehmen
Standard(isierung) 90f

Symmachus; *siehe* Zeugenverzeichnis
Textgeschichte; textgeschichtlich 10, 15, 88, 91f, 109
Theodotion, *siehe* Zeugenverzeichnis
Textkritik; textkritisch 23f, 53, 103, 162
Überarbeitung; bearbeitet u. ä., *siehe* Neufassung
ÜbersetzerIn 10–13, 15, 28, 41f, 47f, 60f, 72ff, 80, 123, 154
- Übersetzung, *siehe* Zeugenverzeichnis
- Übersetzung(stechnik u. ä.) 13, 21f, 73f, 88, 125, 132
Umarbeiten; umgearbeitet, *siehe* Neufassung
Umschreiben; umgeschrieben u. ä., *siehe* Neufassung
Umstellung; umstellen; umgestellt 73, 96, 136f, 159
Varianten 15, 24, 30, 92, 102ff
VerfasserIn 11, 18, 34, 60, 62, 65, 76, 116, 125, 128, 131, 133, 140, 142, 144, 148f, 153f, 157
Version 16
Vorlage, (hinter . . . liegende) 22f, 61, 76f, 82, 87f, 90, 102, 104, 106f, 110f, 120f, 123, 126, 140, 150, 154f, 160
Weglassen; weggelassen; fehlen, *siehe* Auslassung
Zusätze; Zusatz 18ff, 41ff, 47, 68f, 72f, 78f, 81f, 85f, 88, 92ff, 101f, 106, 108ff, 112f, 115, 117ff, 133, 142, 145, 154f, 156, 160

Autorenverzeichnis

Aejmelaeus, Anneli 90
Attridge, Harold W. 20
Baars, W. 57
Barr, James 21, 88
Barthélemy, Dominique 89
Begg, Christopher 92
Beyer, Klaus 154
Bickerman(n), Elias 95
Bogaert, Pierre-Maurice 61, 92, 124f
Brenton, Lancelot Ch. L. 50, 111
Brock, Sebastian 89, 100
Brooke, Alan E. 49, 53, 98
Busto Saiz, José R. 89
Canart, Paul 61, 124
Castro Pérez, F., *siehe* Pérez
Ceriani, H. M. 57
Clines, David J. A. 87, 92f, 96, 106–109
Crawford, Sidnie, *siehe* White
Crawford, Timothy G. 52
Cook, Herbert 106
Cross, Frank 60, 89f, 100
Day, Linda 28
De Lagarde, Paul 29, 57f
Dell'Acqua, Anna Passoni 32
den Hertog, *siehe* Hertog, den
De Troyer, Kristin 21, 28, 30, 41f, 49, 54, 61, 67, 70, 74, 82, 86f, 91, 95f, 98, 101, 106, 109, 115, 119f, 125f, 151, 155, 160
Dietrich, Walter 60
Dillmann, Augustus 58
Dimant, Devorah 20
Dorothy, Charles V. 107, 109
Duncan, J. Ann 60
Erbes, Johann E. 51
Fernández Marcos, Natalio 10, 89f, 98ff
Field, Fridericus 57

Fischer, Bonifatius 28
Flusser, David 20
Fox, Michael V. 28, 87, 92, 106, 108f
Fraenkel, Detlef 54, 61, 98
Fritz, Volkmar 60
García Martínez, Florentino 155
Grabbe, Lester 126
Grossfeld, Bernhard 29
Gryson, Roger 28, 52, 86
Haar Romeney, Bas ter 56
Haelewyck, Jean-Claude 28, 86, 92, 106
Hanhart, Robert 26, 29f, 41f, 84, 86ff, 99, 101, 103f, 111f, 121, 124, 132, 151, 160
Harrington, Daniel J. 51
Hendel, Robert 124
Hertog, Cees den 59
Holmes, R. 53
Japhet, Sara 158
Jobes, Karen H. 87, 92, 100, 105
Kharanauli, Anna 124
Kasher, Rimon 29
Kasser, Rudolphe 55
Keil, Carl Friedrich 28, 38
Kelley, Page H. 52
Kenyon, Frederic G. 30f
Klein, Michael L. 29
Kooij, Arie van der 153f
Kossmann, Ruth 109, 155
Kratz, Reinhard 60
Kreuzer, Siegried 77
Lagarde, P. de, *siehe* De Lagarde
Lee, S. 28
Legrand, Th. 29
Longton, Joseph 90
Lust, Johan 134
Maass, F. 26, 121
Marcos, N., *siehe* Fernández

Margolis, Max L. 59
Martin, Raymond A. 105
Martínez, F., *siehe* García
Masius, Andreas 57
Mazor, Leah 74, 83
McLean, Norman 49, 53, 98
Meisner 10
Mercati, Giovanni 32
Meer, Michael van der 83
Milik, Josef 154
Miller, Athanasius 86
Moore, Carey A. 28, 34, 38, 87, 106
Motzo, Bernardo 86
Mynatt, Daniel S. 52
Nickelsburg, George W. E. 17ff, 126
Noort, Ed 60
Noss, Philip A. 44
Noth, Martin 60
Omanson, Roger L. 44
Parsons, J. 53
Passoni, A., *siehe* Dell'Acqua
Pérez Castro, F. 53
Pintaudi, Rosario 61
Pisano, Stephen 61, 124
Pohlmann, Karl-Friedrich 125
Purvis, James D. 127
Quast, Udo 53
Rahlfs, Alfred 9, 11, 53f, 61, 98, 123
Robert, Ulysse 52
Romeney, B. ter, *siehe* Haar
Sabatier, Petrus 28f, 51f, 86
Saebe, Magne 26
Saiz, José, *siehe* Busto
Saldarini, Anthony J. 51

Salvesen, Alison 56, 89
Sanders, James A. 90
Schenker, Adrian 32, 141
Schildenberger, Johannes 86
Schmid, Konrad 90
Seeligman, Isac L. 28, 38
Sipilä, Seppo 73
Skehan, Patrick W. 60
Smend, Rudolf 60
Soggin, John A. 60
Sperber, Alexander 29
Steck, Odil H. 24
Sweeney, Marvin 16, 17, 153f
Swete, Henry B. 124
Talshir, Zipora 126
Thackeray, Henry St. J. 31, 98
Thompson, Herbert 55
Torrey, Charles C. 87, 107
Tov, Emanuel 9, 13, 32, 58, 60f, 76f,
    82, 87, 89f, 102, 105f, 108
Trebolle Barrera, Julio 60
Trommius, Abraham 31
Troyer, K. De, *siehe* De Troyer
Ulrich, Eugene 19, 60, 90, 100
van der Kooij, *siehe* Kooij
van der Meer, *siehe* Meer
Vööbus, Arthur 57
Walton, Brian 51
Weber, Robert 28, 124f
Weil, Gérard E. 52
Weippert, Helga 130
Wevers, John W. 54, 99
White Crawford, Sidnie 60, 155

Zeugenverzeichnis

Aramäische Manuskripte
1Q20, 1QapGenar, *Genesis Apokryphon* 18
4Q550, 4QprEstherar 155

Äthiopische Manuskripte
Codex F (äthiopisch) 58

Griechische Manuskripte
18   53ff
19, b'   53–56, 73, 86, 123
30   53ff
38   53ff
46   31
54   53ff, 77
56   53ff
58   53ff, 103
64   31
68   53ff
71   30
75   53ff
82   53ff
85   53ff, 73
93, e₂   56, 86, 88, 98, 103
98   31
108, *b*   53–56, 73, 86, 123
120   53ff
121   53–56
122   53ff
125   77
126   53ff
129   53ff
243   31
246   53ff, 77
248   31
249   103
311   30
319, y   86
343   53ff
344   53ff
346   53ff
370   53ff
376   53ff, 73
381   31
392   77
426   53ff, 73
458   53ff
488   53ff
489   53ff
509   56
583   103
628   53ff
630   53ff
646   53ff
669   53ff
670   103
707   53ff
728   31
730   53ff
731   31
799   77
816, Schøyen 2648   32, 61, 76ff
A, Alexandrinus, Codex   11, 30, 53ff
B, Vaticanus, Codex   11, 31, 53–56, 61, 123f
F, Ambrosianus, Codex   53ff
Freer, Codex, *siehe* W
G, Vossius, Sarraviani-Colbertini, Codex   53ff, 58, 73
N, Codex, *siehe* V
S, Sinaiticus, Codex   11, 103
V, Basiliano-Vaticano, Codex, auch N   53ff
W, Washington, Codex   53ff
Q, Codex, siehe W
P⁹⁶⁷   25, 30f, 104
Papyrus von Esther, Oxyrhynchus 4443   31

205

Papyrus von Hiob, Oxyrhynchus 3522 24
b (= *b* + b')
b, siehe 108
b', *siehe* 19
c_2 98
e_2, *siehe* 93
o 98
y, *siehe* 319
8HevXIIgr, Zwölf-Prophetenrolle 88ff

Hebräische Manuskripte
1QIsa^a 24
4QSam^a 89f, 100
4QSam^c 100
4QJer^b 90
4QJer^d 90
4QJosh^a 61
4QJosh^b 61
Aleppo, Codex 12
Cairo, Codex 12, 52f
L, Leningradensis, Codex 12, 24, 53

Lateinische Manuskripte
Corbeiensis, Codex 29
La^X 112
Lugdunensis, Lyon, Codex 52
Monacensis, Codex 6225 25

Syrische Manuskripte
Ambrosianus, Codex 57

Andere Zeugen
Altlateinische Übersetzung, *siehe* Vetus Latina
Antiochenischer Text 56, 89f, 98–102, 104, 109, 123f, 156f
Apokalypse des Mose 19
Aquila 32, 88f, 102
Aramäische Übersetzung 14, 24, 48
Armenische Übersetzung 19, 54, 56, 58, 73, 85
Äthiopische Übersetzung 54, 56, 58, 73, 85
b (Sahidische, Bodmer Edition) 55
Biblia sacra, *siehe* Vulgata
Biblische Altertümer 18
Hexapla; hexaplarisch 32, 56, 88, 100f, 104, 110
Josephus 29, 38, 48, 86ff, 91f, 111ff, 119f, 143
Jubiläen 18
Kaige 31, 90
Koptische Übersetzung 55, 85
Lateinische Übersetzung, *siehe* Vulgata, Vetus Latina
Leben von Adam und Eva 18
Lukianischer Text, Lukian, *siehe* Antiochenischer Text
Origenes, *siehe* Text des Origenes
Pesharim 20
Peschitta 24, 28f, 48, 51, 56
Sahidische Übersetzung, *siehe* Koptische
Slawische Übersetzung 19
Symmachus 32, 88f, 100, 102
Syrische Übersetzung, *siehe* Peschitta
Syrohexapla 54, 56ff, 73, 157
t (Sahidische, Thompson Edition) 55
Targumim 1–2, Esther 29, 38
Targum Jonathan 51
Text des Origenes 25, 30–33, 53–56, 87ff, 100–104, 112, 157
Theodotion 32, 88f, 102, 123
Vetus Latina 24, 28f, 51f, 54, 86ff, 92, 104, 111, 113, 119f
Vulgata 14, 24, 28f, 48, 51, 124

Bücher für das Theologiestudium

Hans-Christoph Schmitt
Arbeitsbuch zum Alten Testament
Grundzüge der Geschichte Israels und der alttestamentlichen Schriften

UTB 2146 M
2005. 478 Seiten mit 5 Karten, kartoniert
ISBN 3-8252-2146-6

Das Arbeitsbuch zum Alten Testament enthält zwei für sich verständliche Teile: Es setzt ein mit einer Darstellung der Geschichte Israels. Ein zweiter Teil gibt einen Überblick über die literarhistorischen und theologischen Probleme der einzelnen Schriften des Alten Testaments und behandelt zentrale Themen in Beziehung zur gesamtbiblischen Theologie. Arbeitsaufgaben, Übersichten, Landkarten und Literaturhinweise erschließen den umfangreichen Stoff und ermöglichen eine Verwendung des Buches sowohl in Examensgruppen als auch bei der Einzelvorbereitung.

Udo Schnelle
Einleitung in das Neue Testament

UTB 1830 M
5., durchgesehene Auflage 2005.
616 Seiten, kartoniert
ISBN 3-8252-1830-9

Diese Einleitung behandelt die Entstehungsverhältnisse der 27 neutestamentlichen Schriften und stellt die theologischen Grundgedanken jeder Schrift und die Tendenzen der neuesten Forschung dar. Darüber hinaus werden Themen wie die Chronologie des paulinischen Wirkens, die Paulus-Schule, methodische Überlegungen zu Teilungshypothesen, die Gattung Evangelium, Pseudepigraphie und das Werden des neutestamentlichen Kanons ausführlich erörtert.

„Ein ausgezeichnetes und kompetentes, auch didaktisch sorgfältig gestaltetes Einleitungswerk."
Zeitschrift für Katholische Theologie

Vandenhoeck & Ruprecht

Bücher für das Theologiestudium

Susanne Heine
Grundlagen der Religionspsychologie
Modelle und Methoden

UTB 2528 M
2005. 442 Seiten mit 10 Abbildungen, kartoniert
ISBN 3-8252-2528-3

Erstmals systematisch und umfassend erschließt Susanne Heine die geistesgeschichtliche Herkunft der verschiedenen religionspsychologischen Richtungen anhand derjenigen Persönlichkeiten, die in diesem Fach innovativ waren und bahnbrechende Konzepte entwickelt haben. Die wichtigsten Theoretiker – von Wilhelm Wundt und William James über Sigmund Freud, Erich Fromm und Carl Gustav Jung zu Fritz Perls, Carl Rogers und Hjalmar Sunden – werden unter der Frage betrachtet, wie sich der biographische Hintergrund des jeweiligen Denkers und sein religionspsychologischer Entwurf zueinander verhalten und einander beeinflussen.

Gunda Schneider-Flume
Grundkurs Dogmatik
Nachdenken über Gottes Geschichte

UTB 2564 M
2004. 414 Seiten, kartoniert
ISBN 3-8252-2564-X

Dieser besonders für den Studienbeginn geeignete Grundkurs behandelt die Themen des Apostolischen Glaubensbekenntnisses und die methodischen Grundprobleme der Dogmatik. Die dogmatischen Texte werden jeweils durch Wortmeditationen eingeleitet, um den Zugang zu erleichtern und als Brücke für die Praxis zu dienen. Die didaktische Aufbereitung des Stoffs umfasst zu jedem Paragraph Motto, These, ausführliche Gliederung, wichtige Texte der Tradition und einige Literaturhinweise.

Vandenhoeck & Ruprecht